ERICH SCHMIDT VERLAG

Kinderliteratur im Medienzeitalter

Grundlagen und Perspektiven für den Unterricht in der Grundschule

von

Anja Ballis und Mirjam Burkard

ERICH SCHMIDT VERLAG

Bibliografische Information der Deutschen Nationalbibliothek
Die Deutsche Nationalbibliothek verzeichnet diese Publikation in der Deutschen Nationalbibliografie; detaillierte bibliografische Daten sind im Internet über http://dnb.d-nb.de abrufbar.

Weitere Informationen zu diesem Titel finden Sie im Internet unter
ESV.info/978 3 503 15539 2

Gedrucktes Werk: ISBN 978 3 503 15539 2
eBook: ISBN 978 3 503 15540 8

www.ESV.info

Dieses Papier erfüllt die Frankfurter Forderungen der Deutschen Bibliothek und der Gesellschaft für das Buch bezüglich der Alterungsbeständigkeit und entspricht sowohl den strengen Bestimmungen der US Norm Ansi/Niso Z 39.48-1992 als auch der ISO-Norm 9706.

Druck und Bindung: Strauss, Mörlenbach

Vorwort

Vorliegender Band ist aus der Arbeit mit Studierenden an Hochschulen und Universitäten entstanden. In Seminaren und Vorlesungen haben wir zentrale Themen der Kinderliteratur mit Studierenden diskutiert und uns mit Neuerscheinungen des Buchmarkts befasst. Viele Texte wurden in Praktika mit Schüler(inne)n erkundet. Dabei wurde uns immer wieder deutlich, wie produktiv sich die Auseinandersetzung mit dem Medienverbund und der Mediensozialisation gestaltet.

Kinderliteratur im Medienzeitalter. Grundlagen und Perspektiven für den Unterricht in der Grundschule versteht sich als eine Einführung und wendet sich an Studierende, Berufsanfänger(innen) und pädagogische Fachkräfte, die mit Kindern im Alter von fünf bis zwölf Jahren arbeiten. Auch mag der Band aufgrund der Konzentration auf aktuelle Publikationen Anregungen für erfahrene Lehrkräfte bieten.

Ausgehend von aktuellen Tendenzen und Herausforderungen haben wir den Versuch unternommen, Kinderliteratur aus einer doppelten Perspektive für die schulische und pädagogische Arbeit zu beleuchten: Zum einen schaffen wir Orientierung hinsichtlich der Einteilungsmöglichkeiten von Kinderliteratur, wobei der Schwerpunkt auf aktuellen Veröffentlichungen liegt. Unberücksichtigt bleiben dramatische und szenische Texte für Kinder sowie das erstarkende Zeitschriftenwesen. Stattdessen haben wir ein Kapitel zur „Kinderliteratur auf neuen Wegen" eingefügt, um auf aktuelle Entwicklungen hinzuweisen. Zum anderen haben wir uns bemüht, die Prägekraft der Medien aufscheinen zu lassen und ihr Potenzial in Verbindung mit der Kinderliteratur zu nutzen. Der Band verfolgt eine didaktische Zielrichtung und ist weniger als eine Einführung in die (historische) Kinderliteratur zu verstehen. Vielmehr geht es uns um die Vielfalt der Lernchancen, die kinderliterarische Texte und ihre medialen Adaptionen bieten. Daher finden sich in den Kapiteln immer wieder didaktisch-methodische Hinweise und pädagogische Schlussfolgerungen.

Der Band wäre ohne die Unterstützung von Studierenden, Schüler(inne)n und Lehrkräften nicht entstanden. Ein besonderer Dank gebührt Lena Posingies, die diese Publikation gefördert und in das Programm des Erich Schmidt Verlags aufgenommen hat. Zuletzt möchten wir einen persönlichen Dank an unsere „Berater(innen)" richten: Wir danken Amelie (4 Jahre), Isabel (6 Jahre), Konrad (10 Jahre) und Klara (12 Jahre) für anregende Gespräche und schöne Stunden, in denen wir die gemeinsame und gemeinschaftliche Beschäftigung mit Literatur als Glück empfunden haben.

München, Sommer 2014

Inhaltsverzeichnis

Vorwort 5

1 Grundlagen der Kinderliteratur 9

1.1 Kinderliteratur im Medienverbund 9
1.1.1 Kinderliteratur 9
1.1.2 Kindermedienverbund 21
1.1.3 Schlussfolgerungen für die pädagogische Praxis 25

1.2 Kindlicher Lebenslauf und Medien 31
1.2.1 Begrifflichkeiten und Befunde 31
1.2.2 Lebenslauf und Medien 35
1.2.3 Prägende Akteure einer Medienkindheit 39
1.2.4 Schlussfolgerungen für die pädagogische Praxis 41

1.3 Kinderliteratur im Überblick 45
1.3.1 Erzählen mit Bildern 45
1.3.2 Erzählen in Reimen und mit Klängen 53
1.3.3 Erzählen vom Guten und Bösen 64
1.3.4 Erzählen mit Spannung 73
1.3.5 Erzählen im Reich der Fantasie 80
1.3.6 Erzählen aus dem wahren Leben 89

1.4 Kinderliteratur auf neuen Wegen 99
1.4.1 Mehrsprachige und übersetzte Kinderliteratur 99
1.4.2 Intertextualität 105
1.4.3 E-Reader und Tablet 111

1.5 Umgang mit Kinderliteratur in der Grundschule 117
1.5.1 Heterogenität und Individualisierung 117
1.5.2 Aufbau von Kompetenzen 119
1.5.3 (Unterrichts-)Methoden 123

2 Werkanalysen und Unterrichtsvorschläge ... 132

2.1 K. Kimura/Y. Murakami: *999 Froschgeschwister ziehen um* ... 132
2.1.1 Werkanalyse ... 133
2.1.2 Unterrichtsvorschlag ... 134

2.2 H. Janisch: *Kommt ein Boot ... Ein Gedicht in 11 Bildern und vielen Sprachen* ... 139
2.2.1 Werkanalyse ... 140
2.2.2 Unterrichtsvorschlag ... 142

2.3 A. Steinhöfel: *Rico, Oskar und die Tieferschatten* ... 147
2.3.1 Werkanalyse ... 148
2.3.2 Unterrichtsvorschlag ... 150

2.4 Helden! ... 154
2.4.1 Grundlegende Gedanken ... 154
2.4.2 Unterrichtsvorschlag ... 155

Literatur- und Medienverzeichnis ... 159

Register ... 197

1 Grundlagen der Kinderliteratur

1.1 Kinderliteratur im Medienverbund

1.1.1 Kinderliteratur

Den Begriff ‚Kinderliteratur' zu definieren, ist in zweierlei Hinsicht schwierig: Zum einen wird der Terminus in der Forschung meist im Verbund mit der Jugendliteratur genannt, sodass von Kinder- und Jugendliteratur (KJL) als einer festen Einheit gesprochen wird; zum anderen ist die Abgrenzung der Kinderliteratur von der Jugendliteratur hinsichtlich des Alters der Rezipient(inn)en nicht klar umrissen, da dieses historischen Schwankungen unterliegt. Während Kinderliteratur in den 60er-Jahren in der DDR Kinder bis 14 Jahre einschloss, ist in der BRD in den 70er-Jahren von Jugendliteratur ab dem Alter von zwölf Jahren die Rede (Ewers 2005, S. 14). Wenn wir im Folgenden nun von Kinderliteratur sprechen, subsumieren wir darunter all die Literatur, die sich an Kinder im Alter von null bis zwölf Jahren richtet. Aufgrund dieser Altersspanne muss die Kinderliteratur – anders als die Jugendliteratur – den Bedürfnissen einer sehr heterogenen Zielgruppe gerecht werden, deren Spektrum vom Vorlese- über das erste Selbstlesealter bis hin zur ‚Phase der selbstständigen kindlichen Lektüre' reicht (Hurrelmann/Becker/Nickel-Bacon 2006, S. 29).

Um diesen Anforderungen gerecht zu werden, bringt die Kinderliteratur verschiedene Buchgattungen hervor, die als ‚Bilderbuch', ‚kinderliterarische Anthologie', ‚Erstlesebuch' sowie ‚Kinderbuch' firmieren und Bezug auf das Alter des anvisierten Adressatenkreises nehmen. Dabei sind diese **Buchgattungen**, die „durch Aufmachung und Illustrierung ein besonderes Gepräge aufweisen und über eine eigene Geschichte verfügen" (Ewers 2005, S. 10), jedoch nicht trennscharf auf eine bestimmte Altersspanne zu begrenzen: So gibt es beispielsweise Bilderbücher, die sich an kindliche Rezipient(inn)en richten, die bereits lesen können. Weiter werden Kinderbücher publiziert, deren komplexeren Lesestoff Erstleser(innen) zwar bereits verstehen, aber aufgrund des noch nicht automatisierten Leseprozesses nicht selbstständig erlesen können und die daher von anderen vorgelesen werden (Rosebrock/Nix 2013, S. 18).

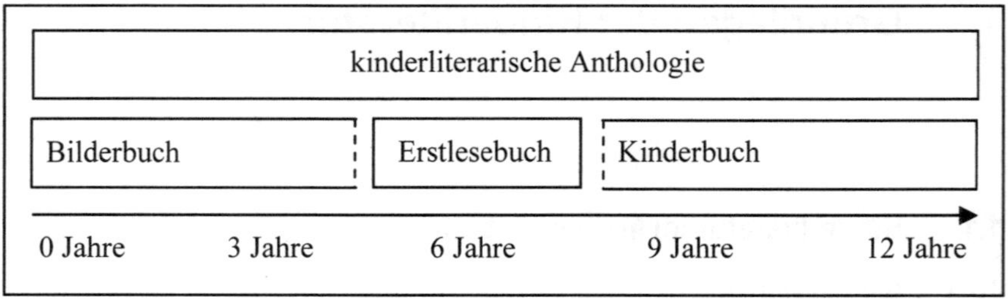

Abb. 1: Rezeption der Buchgattungen nach (fokussiertem) Alter

Die Unterscheidung der Buchgattungen, die unter Kinderliteratur gefasst werden, ist in der Forschung nicht unumstritten und bedingt sich – bei näherer Betrachtung – aus verschiedenen am Buch und dessen Entstehung beteiligten Institutionen und Wissenschaften: Lange wurden daher literarische, pädagogische, buch- sowie medienwissenschaftliche und bibliothekarische Kategorien synonym verwendet und vermischt (Ewers 2005, S. 9).

Dabei wurden Termini benutzt, die sich mit denen der Buchgattungen teilweise überschnitten, sich aber an anderen Ordnungskriterien orientierten: Beispielsweise wurden Bilder- und Erstlesebücher in eine Reihe mit den sogenannten Mädchenbüchern gestellt, weil das Kriterium der Lese- und Altersgruppen der Auswahl zugrunde lag. Weitere Unterscheidungen wurden hinsichtlich des Inhalts bzw. der Thematik vorgenommen, wobei gleiche Inhalte wiederum in mehreren Buchgattungen zu finden sind. Ein sogenanntes Tierbuch – definiert als ein Buch, in dem „Tiere allein oder zusammen mit Menschen den *Mittelpunkt* der Handlung ausmachen und […] zum *Subjekt* der Handlung werden“ (Haas 2005, S. 287) – kann zum Beispiel sowohl in der Buchgattung ‚Bilderbuch‘ realisiert sein als auch im Kinderbuch. Auch die Bezeichnung ‚Kinderroman‘ kann nicht als Buchgattung geführt werden, denn dabei handelt es sich vielmehr um eine Begrifflichkeit, die auf die Textsorte bzw. das Genre rekurriert. Ähnliches gilt für den Begriff der Kinderlyrik. Dass die Termini auch heute noch nicht einheitlich voneinander abgegrenzt werden, zeigt ein Blick in die aktuelle Forschungsliteratur und die Verlagskataloge, wenn dort neben die Buchgattungen ‚Bilderbuch‘ und ‚Kinderbuch‘ das ‚Sachbuch‘ tritt, als dessen zugrunde liegendes Ordnungskriterium aber eindeutig der Inhalt bzw. das Thema zu nennen ist.

Buchgattungen der Kinderliteratur

Im Wissen, dass die Buchgattungen als solche nicht festgeschrieben sind und dass in der aktuellen Kinderliteratur die Grenzen innerhalb der Genres immer mehr verschwimmen (vgl. Kap. 1.3), werden im Folgenden zur besseren Orientierung vier für die Kinderliteratur charakteristische Buchgattungen näher ausgeführt.

Mit dem **Bilderbuch** ist eine spezielle Untergattung der Kinderliteratur benannt, die fast alle kinderliterarischen Genres umfasst (Thiele 2003b, S. 71). Als Merkmale, die das Bilderbuch konstituieren, werden die „Wechselbeziehung von Bild und Text“ sowie das „Erzählen mit bzw. in Bildern“ angeführt (Kümmerling-Meibauer 2011, Sp. 146). Ein Bilderbuch kann entweder von einer Person entworfen sein (Autor-Illustrator) oder Text und Bild stammen von unterschiedlichen Personen. Generell ist der Text eines Bilderbuchs in Prosa oder Reimen verfasst, während für das Bild verschiedene Stile und Verfahren herangezogen werden können (vgl. dazu Hollstein/Sonnenmoser 2010, S. 39–42).

Das Bilderbuch ist ein relativ spätes Phänomen der Kinder- und Jugendliteratur, als dessen Vorläufer das lateinisch-deutsche Schulbuch *Orbis sensualium pictus* von Johann Amos Comenius gilt. In diesem werden die Illustrationen als Anschauungsmittel eingesetzt, mit deren Hilfe Aufmerksamkeit, Verständlichkeit und Einprägsamkeit gefördert werden (Kümmerling-Meibauer 2011, Sp. 150). Mit dem Entstehen des kinderliterarischen Buchmarkts Mitte des 18. Jahrhunderts vollzieht sich ein „umfassende[r] Formen- und Funktionswandel des Bilderbuchs“ (ebd., Sp. 152): Während in der Aufklärung insbesondere der Erziehungszweck im Vordergrund steht, erweitern die Philanthropen diesen um den Unterhaltungszweck. In der Romantik avanciert das Bilderbuch zum eigenständigen Genre, in dem nun die kindlichen Emotionen angesprochen werden. Mit dem Aufkommen neuer Drucktechniken in der Zeit des Biedermeiers und der damit verbundenen Möglichkeit, farbige Bücher in hohen Auflagen herzustellen, gewinnt das Bilderbuch immer mehr an Bedeutung. In dieser Zeit entsteht auch *Der Struwwelpeter* (1845) Heinrich Hoffmanns, der als Wegbereiter des modernen Bilderbuchs gilt, da „sich Bild- und Textebene gegenseitig ergänzen und Informationen vermitteln, die in dem jeweils anderen Medium nicht ausgedrückt werden“ (ebd., Sp. 154). Die Fokussierung auf die ästhetische Qualität des Bilderbuchs erfolgt ab dem Ende des 19. Jahrhunderts in der Kunsterziehungs- und Jugendschriftenbewegung, die grundlegend für die späteren sogenannten künstlerisch wertvollen Bilderbücher wird. ‚Tendenziöse Bilderbücher‘, die politische bzw. ideologische Inhalte vermitteln, bestimmen den Bilderbuchmarkt vom Ausgang des 19. Jahrhunderts bis zum Ende des Zweiten Weltkriegs. Mit dem veränderten Verständnis von Kindheit, das in der BRD maßgeblich durch die antiautoritäre Bewegung der 68er-Jahre beeinflusst wurde, wird der Weg für das moderne Bilderbuch geebnet, dem „die Funktion zugeschrieben [wird], im Sinne der literarischen Enkulturation mit den poetischen Regeln und Genres vertraut zu machen und dem Leser den Übergang zur Lektüre von unbebilderten kinderliterarischen Texten zu erleichtern“ (ebd., Sp. 157).

Innerhalb der Bilderbücher werden verschiedene Typen unterschieden: Als Sonderform des Bilderbuchs gelten textlose Bilderbücher, in denen die die Buchgattung konstituierende Text-Bild-Beziehung auf die Bilder reduziert und die Geschichte ausschließlich durch die Bildfolge fixiert ist (vgl. Kümmerling-Meibauer 2011, Sp. 146). Neben der Sonderform des textlosen Bilderbuchs stehen die Bilderbücher, die sich per definitionem durch eine Wechselbeziehung von Text und Bild auszeichnen. Innerhalb dieser sogenannten Bild-Text-Interdependenzen werden drei vorherrschende Ausprägungsformen unterschieden: die Parallelität von Bild und Text, der ‚geflochtene Zopf' und die kontrapunktische Beziehung von Bild und Text (Thiele 2005, S. 230ff.). Geläufig ist die Text-Bild-Parallelität, bei der beide narrativen Ebenen die Geschichte erzählen. Dabei haben die Bilder aber weit mehr als nur dekorative Funktion: Sie treten in einen produktiven Austausch mit der Aussage des Texts und ergänzen und erweitern damit die Textebene (vgl. ebd.). Übernehmen Bild und Text abwechselnd das Erzählen der Geschichte und bedingen sich gegenseitig, sodass der eine Strang ohne den anderen nicht auskommt, spricht man vom sogenannten geflochtenen Zopf (Thiele 2003b, S. 79). Eine kontrapunktische Beziehung hingegen liegt vor, wenn Bild und Text nicht zusammenpassen, sodass „das [durch den Text] assoziierte Vorstellungsbild [bewusst] mit der visuellen Aussage" bricht (Thiele 2005, S. 232). Neben diesen drei Text-Bild-Interdependenzen finden sich noch weitere Korrelationen, die sich teilweise aus Vermischung dieser Formen ergeben (vgl. Forytta 2006).

Die Wahl des Verhältnisses von Bild und Text durch den (Autor-)Illustrator ist auch davon abhängig, welcher Bilderbuchtyp entstehen soll. Thiele (2005, S. 237) unterscheidet hier zunächst das erzählende Bilderbuch vom Sachbilderbuch (vgl. die Definitionen in Kap. 1.3.1), um in einem zweiten Schritt Möglichkeiten der Differenzierung erzählender Bilderbücher vorzuschlagen: Auf thematischer Ebene können fantastische von realistischen abgegrenzt werden; auf ästhetisch-stilistischer Ebene können abstrakte Bilderbücher von Bilderbüchern mit figürlich-gegenständlichen Illustrationen geschieden werden. Während Bilderbücher in abstrakter Gestaltungsweise wie Paul Köntopps *Weiß weiß Bescheid* (1998) eher selten sind, lassen sich für figürlich-gegenständliche zahlreiche Beispiele finden (vgl. die *Pettersson und Findus*-Bände von Sven Nordqvist [OA 1984–2012, dt. EA 1984–2013] u. v. m.). Zu den bereits angeführten Bilderbuchtypen treten gestalterische Sonderformen wie Bilderbücher mit beweglichen Elementen, Pop-up-Bilderbücher, Aufstellbücher, Leporellos und viele weitere (vgl. dazu Kap. 1.3.1).

Das Bilderbuch zeigt sich mit den verschiedenen Formen, Funktionen, dem unterschiedlichen verwendeten Material sowie den inhaltlichen Aspekten als äußerst vielseitige Buchgattung. Diese fokussiert zwar insbesondere Kinder bis zum Vorschulalter als Adressat(inn)en, schließt aber aufgrund der differenten Ausprägungsformen auch Kinder in den Adressatenkreis ein, die den Text schon selbst erlesen können, und wird mittlerweile – nicht nur im Rahmen der Mehrfachadressiertheit – auch auf Erwachsene ausgerichtet.

Noch weiter als im Falle des Bilderbuchs erstreckt sich die Altersspanne der Rezipient(inn)en, die die Buchgattung der **kinderliterarischen Anthologie** anspricht. Unter Anthologien werden all die Bücher subsumiert, die allgemein als Sammlung von ausgewählten, bereits gedruckten Texten (Gedichte, kurze Prosastücke, Auszüge aus epischen, selten auch dramatischen Werken) angelegt sind (Heinz 2007,

S. 28). Anthologien werden „von ihren Herausgebern zu unterschiedlichen Zwecken und nach unterschiedlichen Kriterien zusammengestellt" (Häntzschel 2007, S. 98). Die Kriterien der Zusammenstellung von Text(teil)en können dabei von der Qualität über thematische, historische und gattungsmäßige Gesichtspunkte reichen (Bark 1992, Sp. 678). Der Begriff der kinderliterarischen Anthologie folgt dieser Definition, bezieht sich aber ausschließlich auf die Anthologien, die speziell für Kinder konzipiert werden.

Seit dem ausgehenden 18. Jahrhundert finden sich in der deutschsprachigen Literatur Anthologien, die sich explizit an Kinder und Jugendliche richten: Während die frühen Anthologien belehrende und moralisierende Tendenzen aufweisen, haben die Anthologien der Vertreter des Philanthropinismus zwar weiter bildenden Charakter, der aber mit altersgemäßen und unterhaltsamen Texten verknüpft wird (Dierks 1995, S. 43). Insbesondere die epische Kurzform ‚Fabel', die dem Grundsatz *prodesse et delectare* folgt, ist häufig in Anthologien dieser Zeit vertreten. Mit der Romantik ändert sich die Art der Zusammenstellung von Texten für Kinder dahingehend, dass volkstümliche und kindgemäße Formen ins Zentrum rücken. Die Volksliedsammlung *Des Knaben Wunderhorn* von Achim von Arnim und Clemens Brentano wird für lange Zeit prägend. Von der Reichsgründung im Jahr 1871 bis zum Ende des Zweiten Weltkriegs beherrschen vornehmlich Anthologien mit „nationalerzieherischer Tendenz" die Jugendliteratur (ebd., S. 44). Kinderliterarische Anthologien der Nachkriegszeit sowie der Gegenwart hingegen zeigen sich bzgl. der pädagogischen Maßstäbe wie auch der zugrunde liegenden Auswahlkriterien sehr vielfältig.

Die Zusammenstellung der Texte kann sich dabei an verschiedenen Kriterien orientieren: So gibt es kinderliterarische Anthologien, die ein gemeinsames Thema aufweisen (wie das von Arnhild Kantelhardt zusammengestellte und von Philip Waechter illustrierte *Funken in den Augen, Rosinen im Kopf. Das Hausbuch der Liebe* [2012]). Weiter können Texte eines bestimmten Autors darin versammelt sein (*Das große Nöstlinger Lesebuch* [1996], eine Sammlung von Texten Christine Nöstlingers) oder es wird auf eine literarische Gattung abgehoben (z. B. kinderlyrische Texte in *Zauberwort. Die schönsten Gedichte für Kinder aus vier Jahrhunderten* [2004] von Rita Harenski und Christine Brand). Oftmals werden bzgl. der Gruppierung von Texten im Bereich der kinderliterarischen Anthologien die Kriterien des Autors und der literarischen Gattung kombiniert: In dem von Kathrin Schärer illustrierten *Es war einmal ein Igel* (2011) sind z. B. ausschließlich Texte des Autors Franz Hohler zusammengestellt, die der Kinderlyrik zuzuordnen sind.

Auf dem Buchmarkt gibt es eine Vielzahl von Ausprägungsformen kinderliterarischer Anthologien, die als Hausbücher, Lesebücher, literarische Kalender, Märchenbücher und Vorlesegeschichten publiziert werden. Das Hausbuch von den anderen Ausprägungsformen abzugrenzen, ist allerdings kaum möglich, da der Begriff ‚Hausbuch' als Titelbestandteil von Druckwerken oftmals synonym zum Terminus ‚Anthologie' verwendet wird und damit sehr weit gefasst ist (Burdorf 2007, S. 305). Die Offenheit dieses Begriffs spiegelt sich auch in der Themenvielfalt der Hausbücher wider: So sind im Bereich der Kinderliteratur Hausbücher zu epischen Kleinformen wie der Fabel, dem Märchen, der Sage und dem Schwank veröffentlicht worden (z. B. *Fabeln aus aller Welt* [2012], *Das Hausbuch der Märchen* [2006], *Heldenmut und Götterwut. Die schönsten Sagen* [2012], *Narren- und Schelmengeschichten* [2012]). Diese Beispiele zeigen, dass der Begriff ‚Hausbuch' teils im Titel verwendet und damit synonym mit ‚Anthologie' gebraucht wird. Auch kinderlyrische Sammlungen werden zum Teil als Hausbücher herausgebracht – angefangen von Werken für das Kleinkindalter (z. B. *Schnick Schnack Schabernack. Das Hausbuch der Reime und Lieder für die Allerkleinsten* [2008] von Renate Raecke, Monika Blume und Gerda Raidt) bis hin zu Lyrik-Anthologien für (Grund-)Schulkinder (wie das von Jens Sparschuh herausgegebene und von Susanne Straßer illustrierte *Firlefanz. Ganz und gar und gar und ganz. Sinn- und Unsinnsgedichte* [2012]). Während bei den bereits angeführten Hausbüchern Überschneidungen zu anderen Ausprägungsformen der kinderliterarischen Anthologien wie den Märchenbüchern oder der Kinderlyrik evident sind, gelten als ‚klassische' Hausbücher zumeist diejenigen, die Texte verschiedener literarischer Gattungen unter einem bestimmten Thema vereinigen – wie beispielsweise zu Jahreszeiten oder Festen (*Das Hausbuch der Weihnachtszeit. Geschichten, Lieder und Gedichte* [2007] von Rotraut Susanne Berner) und zur Literatur berühmter Autor(inn)en (z. B. Daniela Bunges *Und dann und wann ein weißer Elefant. Eine literarische Karussellfahrt* [2011]).

Hinsichtlich der äußeren Aufmachung kinderliterarischer Anthologien ist auffällig, dass die Textzusammenstellung durch ein bildliches Angebot unterstützt wird, das meist durchgängig von einem Illustrator stammt. Die Illustrationen sind Teil der medialen Adaption, also der Gestaltungsprinzipien der Texte (Gansel 1999, S. 15), die auf den jeweiligen Adressatenkreis abgestimmt sind. Da dieser hinsichtlich der kinderliterarischen Anthologien vom Kleinkind- bis ins Grundschulalter (und darüber hinaus) reicht, differieren mediale Adaptionsformen innerhalb dieser Buchgattung stark. So unterscheiden sich die zum Vorlesen konzipierten kinderliterarischen Anthologien in der Wahl der Schriftart und -größe, dem Zeilenabstand, etc. von denen, die für Kinder zusammengestellt wurden, die schon selbst lesen können.

Für die Buchgattung ‚**Erstlesebuch**' ist die mediale Adaption von besonderer Bedeutung: So gilt es, das Buchformat, die Illustrationen, die Schriftart, die Schriftgröße, die Schriftsatzart (Zeilenfall), den Schrifttyp und die Zeilenlänge in ein für Erstleser(innen) angemessenes Verhältnis zu bringen. Neben der medialen Adaption erweist sich weiter die stoffliche Adaption, also die Wahl des Gegenstands bzw. Inhalts der Geschichte, als wichtig, da die Kinder eigentlich schon viel komplexere Texte mit schwierigeren Inhalten verstehen können, aber noch nicht in der Lage sind, diese zu erlesen. Damit erklärt sich auch die notwendige sprachlich-stilistische Anpassung, die in Hinblick auf die Erstleser(innen) vornehmlich bei der

Wortwahl, den Satzkonstruktionen sowie Perspektivwechseln bedacht werden muss (vgl. Conrady 2004 und 2010).

Unter Erstleseliteratur werden daher diejenigen Bücher verstanden, die für Kinder in den ersten Lesejahren publiziert werden und hinsichtlich „Layout, Umfang, Syntax und Semantik auf die Fähigkeiten der Kinder während des Lesenlernens Rücksicht nehmen" (Stenzel 2009, S. 1). Damit wenden sich Erstlesebücher insbesondere an Schüler(innen) zwischen sechs und acht Jahren und ermöglichen ihnen, bereits während des Schriftspracherwerbs Bücher selbstständig zu lesen.

Die Erstleseliteratur ist die jüngste unter den vier in diesem Kapitel behandelten Buchgattungen: Seit den 70er-Jahren erscheinen Erstlesebücher in diversen (Kinder-und-Jugendbuch-)Verlagen in eigenen Reihen – wie die *Leselöwen* (Loewe), *Der Bücherbär* (Arena) oder die Reihe *Sonne, Mond und Sterne* (Oetinger), die seit kurzem unter dem Reihennamen *Büchersterne* publiziert wird. Das Aufkommen der Erstleseliteratur in den 70er-Jahren speist sich aus zwei Entwicklungen: Zum einen machte sich die Bildungspolitik dieser Zeit die Chancengleichheit zum erklärten Ziel, mit dem die Öffnung der Kinderliteratur für populäre Stoffe, Medien und Themen einherging. Weiter war man der Auffassung, dass Kindern der Zugang zur (selbstständigen Lektüre von) Literatur erleichtert werden müsse (Stenzel 2009, S. 1). Zum anderen führte die Einführung moderner literarischer Techniken und Verfahren in der Kinderliteratur dazu, dass erhöhte Anforderungen an die Rezipient(inn)en gestellt wurden (ebd.). Mit der Erstleseliteratur sollte ein Weg beschritten werden, der auch den jüngeren Leser(inne)n einen eigenständigen Zugang zur Literatur möglich macht. Diese Funktion haben die Erstlesebücher auch heute noch – nach zahlreichen kontrovers geführten Diskussionen über Zweck und Nutzen dieser Buchgattung. Die Zahl der Verlage, die Erstleseliteratur (zumeist in Reihen) publizieren (vgl. die Übersicht bei Stenzel 2009, S. 22–26), wächst weiter und es entstehen immer ausdifferenziertere Reihenkonzepte, die auf unterschiedliche Phasen im Leselernprozess Bezug nehmen und auf die verschiedenen Fähigkeiten der Lesenlernenden zugeschnitten sind. Jüngst nehmen die Verlage auch die Mehrsprachigkeit in den Klassenzimmern in Blick und publizieren Erstlesebücher, die in zwei Sprachen abgedruckt werden, sogenannte mehrsprachige Erstleseliteratur (Mikota 2013).

Im Wissen um die nicht eingrenzbare thematische wie auch formale Vielfalt versucht sich Stenzel (2009, S. 2–13) dennoch an einer Typologie der Erstleseliteratur: Zu ‚Alltagsgeschichten' zählt sie diejenigen Erstlesebücher, in denen der Kinderalltag sowie Kinderprobleme im Mittelpunkt stehen. Als Beispiel kann hier Christine Nöstlingers Serie *Geschichten vom Franz* (1984–2011) dienen, die von dem kleinen Jungen Franz mit den blonden Ringellocken, den blauen Kornblumenaugen und dem roten Herzkirschenmund handelt, der aufgrund seines Aussehens häufig mit einem Mädchen verwechselt wird. Die *Franz*-Bände haben innerhalb der Erstleseliteratur mittlerweile fast schon einen Klassikerstatus erreicht. Unter ‚Tiergeschichten' werden Erstlesebücher subsumiert, die „Kinder und ihr

Verhältnis zu (Haus-)Tieren […], die sie sich wünschen, aber nicht bekommen" (Stenzel 2009, S. 7) thematisieren. Das Thema ‚Haustier' greift beispielsweise Anne Maars *Ein Wunschhund für Oskar* (2009) auf, in dem der Junge Oskar keinen eigenen Hund haben kann, da sein Vater gegen Hundehaare allergisch ist. Das innige, von Verlustängsten geprägte Verhältnis von Kind und Tier beschreibt Jo Pestum in dem Erstlesebuch *Das kleine Mädchen und das große Pferd* (1991). Ebenso gehören Geschichten von anthropomorphisierten Tieren zu den Tiergeschichten, in denen Tiere als Identifikationsfiguren angelegt sind und Szenen aus dem Kinderalltag nachahmen (ebd., S. 5f.). Hierzu zählen Paul Maars *Geschichten von dem kleinen Känguru* (1989–1998), das gemeinsam mit der kleinen Springmaus zahlreiche Abenteuer erlebt.

Unter ‚fantastischen Geschichten' werden zum einen Erstlesebücher gefasst, die von fantastischen oder märchenhaften Figuren handeln. Diese dienen als Identifikationsfiguren für Kinder, da sie oft mit ähnlichen Problemen konfrontiert werden (z. B. *Die Olchis* [1990–2013] von Erhard Dietl). Zum anderen wird darunter auch Erstleseliteratur verstanden, die mit den „Grenzen zwischen Phantasie und Realität" (Stenzel 2009, S. 9) spielt, wie es in Cornelia Funkes *Der Mondscheindrache* (1996) deutlich wird. Zu ‚Abenteuer'-Erstleseliteratur werden all die Geschichten gezählt, in denen Cowboys, Detektive, Indianer, Piraten, Räuber, Ritter oder Wikinger eine wichtige Rolle spielen (beispielsweise die Bände von Jochen Till über den *Raubritter Rocko* [2012–2013], die von Zapf illustriert wurden; die Abenteuer vom *Cowboy Klaus* [2007–2014], die Eva Muszynski und Karsten Teich geschrieben und bebildert haben; oder auch Detektivgeschichten über den *Kommissar Kugelblitz* [2009–2013] von Ursel Scheffler).

Auch ‚Klassiker' werden von Verlagen nach entsprechender Adaption als Erstlesebücher publiziert. Diese können aus dem Bereich der Erwachsenenliteratur stammen (wie Jules Vernes *20.000 Meilen unter dem Meer* [2012], das von Wolfgang Knape bearbeitet wurde) oder auch Klassiker der Kinderliteratur, die die Kinder bereits vom Vorlesen kennen (Astrid Lindgrens *Kindertag in Bullerbü* [2011]). Weiterhin können ‚Sprachspiele' Thema von Erstleseliteratur sein, wie die *Lustigen Reimgeschichten* von Ulrike Kaup (2012) oder Manfred Mais *ABC-Detektive* (2012) zeigen.

Viele der Erstlesebücher haben den Charakter von Anthologien, wenn beispielsweise Ausschnitte aus Kinderbüchern zusammengestellt werden; so das von Manfred Mai herausgegebene *Mein Geschichtenbuch für das 3. und 4. Schuljahr* (2006), in dem sich Texte von Jostein Gaarder, Klaus Kordon, Mirjam Pressler, Jutta Richter u. v. m. finden. Anthologischen Charakters sind ebenso Erstlesebücher, die Geschichten zu einem bestimmten Thema versammeln (z. B. *Die schönsten Feenmärchen* [2007] von Irma Krauß). Auch ‚Sachbücher' können so gestaltet werden, dass es Leseanfänger(inne)n möglich ist, diese selbstständig zu lesen. Zumeist adressieren Verlage diesen Typus des Erstlesebuchs an Jungen: Die Reihe

Bücher-Bär veröffentlicht unter *Sachwissen für Erstleser* Bücher mit Themen wie *Auf dem Flughafen* (2012), *Von Rittern und Burgen* (2012), *Vulkane* (2011).

Es wäre zu kurz gefasst, die Erstleseliteratur auf eine inhaltliche Typologie zu beschränken, da die meisten Verlage innerhalb der Erstlese-Reihen eine Differenzierung bzgl. der Lesefähigkeiten vornehmen: Diese sogenannten Lesestufen, die sich auf die inhaltliche wie die sprachliche Komplexität beziehen und sich an den verschiedenen Phasen des Schriftspracherwerbs orientieren (Stenzel 2009, S. 14), sind von Reihe zu Reihe unterschiedlich, sodass erst eine Auseinandersetzung mit der jeweiligen Unterteilung erfolgen muss. Während in der Reihe *Der Bücherbär* des Arena-Verlags fünf Lesestufen unterschieden werden, nimmt der Carlsen-Verlag in der Reihe *Lesemaus* nur eine Dreigliederung vor. Die *Lesedetektiv*-Reihe des Duden-Verlags hingegen ordnet ihre Erstlesebücher den einzelnen Klassenstufen zu und der Tulipan-Verlag weist in der Reihe *Tulipan ABC* die Lesestufen A, B und C aus, die sich am Alter der Erstleser (sechs, sieben bzw. acht Jahre) orientieren. Die jeweiligen Zuweisungen der Erstlesebücher zu Lesestufen, Klassenstufen oder Lesealter bedürfen einer sorgfältigen und kritischen Prüfung, die auch die Konzeptionen der Reihen, die im Folgenden dargestellt werden, einschließen muss.

Neben den Lesestufen, die den (erwachsenen) Käufer(inne)n als Orientierung dienen sollen, liegen den Erstlesereihen verschiedene Konzeptionen zugrunde. So versuchen einige Erstlesereihen den Leselernprozess durch Methoden oder lesemotivationale Elemente zu unterstützen: Die Reihe *Leserabe* (Ravensburger) arbeitet in Kooperation mit dem Mildenberger-Verlag mit der sogenannten Silbenmethode. Die abwechselnd farbige Markierung der Silben in blau und rot soll beim Lesenlernen helfen und auch beim korrekten Schreiben behilflich sein (www.silbenmethode.de). Einigen Erstlesebüchern der Reihe *Der Bücherbär* sind Leseübungshefte beigegeben, die in Zusammenarbeit mit dem Schulbuchverlag Westermann entstehen und mithilfe derer das Leseverständnis auf spielerische Art und Weise gefördert werden kann. So firmiert unter *Mein LeseBilderbuch* Erstleseliteratur, die sich an die jüngsten Leseanfänger(innen) wie auch an Kinder im Vorschulalter richtet, und innerhalb derer einzelne Begriffe als Bilder abgedruckt sind, um das Leseverständnis zu erleichtern. Weiter sind diesen Büchern Stickerbilder beigegeben, die im Übungsheft zum Mitmachen animieren. Den Übergang vom Vorlesebuch zum Erstlesebuch zu erleichtern, versucht die Reihe *Erst ich ein Stück, dann du* (cbj), die zum gemeinsamen Lesen einlädt. Welche Textteile der erfahrene Vorleser vorlesen und welche Textteile der Leseanfänger selbst lesen soll, wird durch die Typografie verdeutlicht.

Dass innerhalb der Erstlesebücher verschiedene Anforderungen an die Leseanfänger(innen) gestellt werden, wurde bereits angedeutet. Dabei reichen die Lesestufen vom Beginn des Leselernprozesses über die Stabilisierung des Lesens, das sinnentnehmende Lesen bis hin zum flüssigen Lesen (vgl. dazu Stenzel 2009, S. 15–22). Mit zunehmender Lesestufe nehmen die Illustrationen ab und der Text an inhaltlicher und sprachlicher Komplexität zu. Somit wird ein Übergang zu kinderliterarischen Texten geschaffen, die als Kinderbücher bezeichnet werden.

Der Buchgattung ‚**Kinderbuch**' ist die Literatur zuzuordnen, die sich (vornehmlich) an Rezipient(inn)en im Alter bis zu zwölf Jahren richtet. Da es sich beim Kinderbuch sowohl um Literatur handelt, die Kindern vorgelesen wird, als auch um Literatur, die Kinder selbstständig lesen, ist eine Eingrenzung bzgl. eines ‚Mindestalters' schwierig. Dieses muss in Bezug auf die Fähigkeiten des Kindes individuell gedacht werden und ist abhängig von den inhaltlichen wie sprachlichen Anforderungen des jeweiligen Buchs. Die Definition des Kinderbuchs muss daher ex negativo erfolgen: Kinderbücher sind im Rahmen der Kinderliteratur diejenigen Bücher, die nicht Bilderbücher, kinderliterarische Anthologien und Erstlesebücher sind. In der Forschungsliteratur wird für das Kinderbuch oftmals irrtümlicherweise der Terminus ‚Kinderroman' synonym gebraucht. Der Kinderroman nimmt zwar innerhalb der Buchgattung ‚Kinderbuch' eine wichtige Stellung ein, es handelt sich bei diesem aber lediglich um eine Ausprägungsform des Kinderbuchs. Das Kinderbuch umfasst vielmehr weitere epische Genres (wie beispielsweise Erzählungen) und auch Sachbücher fallen unter diese Buchgattung.

Historisch gesehen hängt die Entstehung der Buchgattung ‚Kinderbuch' eng mit der Entwicklung der Kinder- und Jugendliteratur zum eigenständigen Literatursystem zusammen: In der Zeit des Biedermeiers etabliert sich die Kinder- und Jugendliteratur mit ihren spezifischen Genres neben der Allgemeinliteratur als Literatursystem. Ein geschärftes Adressatenbewusstsein führt weiter dazu, dass es zu einer „allmählichen Auseinanderentwicklung der Kinder- und Jugendliteratur" kommt (Brunken 2005, S. 38), deren Trennung in ‚Kinderliteratur' und ‚Jugendliteratur' sich endgültig in der Kaiserzeit vollzieht. Innerhalb der Kinderliteratur bildet sich sodann das Kinderbuch heraus, das bereits in der Kaiserzeit inhaltlich in fantastische bzw. realistische Erzählliteratur geschieden wurde. Im Bereich des realistischen Kinderbuchs entwickeln sich in der Kaiserzeit sogenannte Dorf- und Heimatgeschichten heraus – allen voran Johanna Spyris *Heidis Lehr- und Wanderjahre* (1880). Für die fantastische Kinderliteratur dieser Zeit sind insbesondere die Märchen aus der romantischen Tradition prägend, wie am Kinderbuch *Peterchens Mondfahrt* (1915) von Gerdt von Bassewitz deutlich wird. Dass der Einfluss der Märchen auch auf die Tiererzählungen Einfluss hatte, zeigt Waldemar Bonsels Erzählung *Die Biene Maja und ihre Abenteuer* (1912), „die sich der Erzählmuster des Märchens und der Entwicklungsgeschichte bedient und im Tier ein vorbildhaftes Modell ‚natürlichen' Lebens vorführt" (Brunken 2005, S. 48). Der Erfolg der Tiergeschichten setzt sich in der Zeit der Weimarer Republik fort, in der Felix Saltens *Bambi. Eine Lebensgeschichte aus dem Walde* (1923) entsteht. Ab Mitte der 20er-Jahre spiegelt sich auch die „Hinwendung zum Gegenwärtigen" (Brunken 2005, S. 69) in den Kinderbüchern wider: Realistische Gegenwartsromane für Kinder werden publiziert, die insbesondere die Großstadt und deren Alltag fokussieren. Erich Kästners Großstadt- und Detektivroman *Emil und die Detektive* erscheint 1929 (vgl. dazu Kap. 1.3.4) und drei Jahre später folgt *Pünktchen und An-*

ton, in dem Kästner die sozialen Zu- bzw. Missstände der Großstadt aufzeigt. Neben vielen anderen werden seine (Kinder-)Bücher wie auch die von Felix Salten im Zuge der Bücherverbrennung (1933) von den Nationalsozialisten vernichtet und zur verbotenen Literatur erklärt. In dieser Zeit wird das Kinderbuch, mithilfe dessen die Kinder gefühlsmäßig an den Führer und die Bewegung gebunden werden sollten, politisch instrumentalisiert (Brunken 2005, S. 83).

Mit dem Ende des Zweiten Weltkriegs ist der kinderliterarische Wiederbeginn zunächst auf Neuauflagen beschränkt und die „Verlage nahmen ferner, wohl auch aus taktischen Überlegungen, die klassischen Kinderbücher der Besatzungsmächte und immer mehr Übersetzungen aus dem anglo-amerikanischen und französischen Sprachraum in ihr Programm auf" (Steinz/Weinmann 2005, S. 100). Doch schon Ende der 40er-Jahre publiziert beispielsweise Erich Kästner neue Titel wie *Das doppelte Lottchen* und *Die Konferenz der Tiere* (beide 1949). Mit Astrid Lindgrens *Pippi Langstrumpf* kommt 1949 ein Kinderbuch auf den deutschsprachigen Markt, das die bestehenden Kindheitsvorstellungen der BRD revolutioniert. Es markiert den Endpunkt der als Erziehungs- und Sozialisationsliteratur verstandenen Kinderliteratur und leitet Kinderliteratur ein, die das Vergnügen an der Lektüre in den Vordergrund stellt und von Kindheitsautonomie geprägt ist (Steinz/Weinmann 2005, S. 102f.).

In den 50er- und 60er-Jahren bestimmt die Erzählform des kinderliterarischen Geschichtenerzählens die Kinderbücher. Diese zeichnet sich u. a. durch eine fiktive mündliche Erzählsituation mit häufiger Leseranrede aus sowie durch unzweideutige Bewertungen, eine übersichtliche Handlungskonstruktion, eine einprägsame Gestaltung von Figuren und ein Happy End (ebd., S. 104). Die Erzählform spiegelt sich insbesondere in drei Genres wider, die in dieser Zeit populär sind und anhand der Kinderbücher Otfried Preußlers aufgezeigt werden können: Unter ‚literarischen Märchenromanen' firmieren *Der kleine Wassermann* (1956), *Die kleine Hexe* (1957) sowie *Das kleine Gespenst* (1966). Als ‚Kasperleromane' sind die drei Bände rund um den *Räuber Hotzenplotz* (1962, 1969, 1973) angelegt. Zu den Lügen- und Schwankgeschichten zählt beispielsweise *Bei uns in Schilda* (1958). Das Kinderbuch erlebt in den 50er- und 60er-Jahren nicht nur durch das kinderliterarische Geschichtenerzählen seinen bisherigen Höhepunkt, auch das erweiterte Spektrum hinsichtlich der fantastischen wie realistischen Kinderliteratur trägt dazu bei: In den fantastischen Kinderbüchern lässt sich zum einen die Tendenz ausmachen, dem kindlichen Lesebedürfnis nach Recht auf Fantasie nachzukommen (z. B. die *Jim Knopf*-Bände [1960, 1962] von Michael Ende). Zum anderen wird in einer Art ‚Psychologisierung der Fantastik' auf reale Ängste und Probleme der Kinder wie Krankheit bzw. Tod eines Familienangehörigen oder auch Einsamkeit Bezug genommen. In *Mio, mein Mio* (1955) beispielsweise erzählt Astrid Lindgren von dem Waisenjungen Bosse, der sich nach Zuneigung sehnt und mithilfe eines Flaschengeists in das ‚Land der Ferne' aufbricht, in dem sein Vater König ist. Trost finden die Protagonisten dieser fantastischen Kinderbücher zumeist in der sekundären, also der fantastischen Welt (vgl. auch Kap. 1.3.5). In den realistischen Kinderbüchern haben sich die sogenannten Umwelterzählungen etabliert. Hier werden dörfliche oder kleinstädtische Lebenswelten beschrieben, die Kindheit im familiären bzw. nachbarschaftlichen Raum verwurzelt zeigen (Steinz/Weinmann 2005, S. 107). Hierzu zählen neben anderen Astrid Lindgrens Geschichten über *Die Kinder aus Bullerbü* (OA 1947–1952, dt. EA 1955–1956).

In den 70er-Jahren ändert sich infolge der studentischen Bewegung (1968) das Verständnis von Kindheit: Das Kind wird als gleichberechtigt neben dem Erwachsenen verstanden. Daraus resultiert hinsichtlich der Themen eine Enttabuisierung in den Kinderbüchern, die in den sogenannten problemorientierten Kinderromanen evident wird, die sich ihrerseits weiter einem sozialen Realismus verpflichtet fühlen (Steinz/Weinmann 2005, S. 121). Peter Härtling veröffentlicht zahlreiche dieser realistischen, problemorientierten Kinderromane: In *Theo haut ab* (1977) sind der Alkoholismus des Vaters wie auch der ständige Streit zwischen den Eltern die zentralen Themen; das Kinderbuch *Oma* (1975) kreist mit dem Jungen Kalle, dessen Eltern bei einem Autounfall ums Leben gekommen sind und der bei seiner Oma groß wird, um das Thema Tod; *Das war der Hirbel* (1973) erzählt von dem Heimkind Hirbel, das an den Folgen einer Verletzung mit der Geburtszange leidet. In den 80er-Jahren entwickelt sich neben dem problemorientierten der psychologische Kinderroman im Bereich der realistischen Kinderbücher heraus. Dieser richtet den Blick nach innen, in die Psyche der Protagonisten (Steinz/Weinmann 2005, S. 128). Formal zeichnet es sich – nach Wilhelm Steffens (1998) – durch das personale Erzählen, innere Monologe sowie zeitdehnendes Erzählen aus (vgl. Gudrun Mebs' *Sonntagskind* aus dem Jahr 1983 oder Kirsten Boies *Mit Kindern redet Jahr keiner* aus dem Jahr 1990). Die 90er-Jahre bringen mit dem komischen Kinderroman eine weitere Ausprägungsform des realistischen Kinderbuchs hervor. Thematisch steht eine Familie im Zentrum, die in den meisten Fällen ein Familienmitglied in den verschiedensten Situationen in Blick nimmt bzw. aus dessen Sicht erzählt, wobei sich die Komik aus den verschiedenen Vorstellungen, Weltbildern sowie Lebensformen von Jung und Alt ergibt (vgl. Gansel 2010, S. 126–130). Uwe Timms *Rennschwein Rudi Rüssel* (1989) wie auch die Bände über *Niklas* (OA 1987–1999, dt. EA 1990–2005) von Anders Jacobsson und Sören Olsson zählen zu diesen realistischen, komischen Kinderromanen. Mit Joanne K. Rowlings Bänden rund um den Zauberschüler *Harry Potter* (OA 1997–2007, dt. EA 1998–2007) erlebt die Fantastik in den 90er-Jahren einen Aufschwung, der weit in den kinderliterarischen Markt reicht (vgl. Kap. 1.3.5).

Nach dieser Darstellung der für die Kinderliteratur typischen Buchgattungen soll anhand von Astrid Lindgrens *Pippi Langstrumpf* aufgezeigt werden, wie ein ursprünglich als Kinderbuch publiziertes Werk durch Adaptionen auch in andere kinderliterarische Buchgattungen übertragen werden kann: Zunächst erschienen in der BRD in den Jahren von 1949 bis 1951 die drei *Pippi*-Bände (*Pippi Langstrumpf*, *Pippi Langstrumpf geht an Bord* und *Pippi in Taka-Tuka-Land*, OA 1945–1951) als Kinderbuch. Der Erfolg der Kinderbücher führte zur Verfilmung des Stoffs, der 1969 in Westdeutschland in die Kinos kam. Fotos aus diesem Kinofilm dienten als Grundlage für das Bilderbuch *Pippi außer Rand und Band*, das 1971 publiziert wurde, womit die erste Übertragung des Texts in eine andere Buchgattung vorgenommen wurde. Nachdem *Pippi Langstrumpf* zunehmend zum Klassiker der Kinderliteratur avancierte, erschien im Jahr 1981 die Geschichte *Pippi plündert den Weihnachtsbaum* als Erstlesebuch, das bis heute noch verlegt wird. Dies soll die Erstleser(innen) insofern lesemotivational bestärken, als sie die Figur der Pippi Langstrumpf bereits aus Vorlesesituationen und dem Fernsehen kennen und ‚lieben' gelernt haben. In der Reihe *einfach lesen!*, in der Bestseller der Kinder- und Jugendliteratur mit vereinfachtem Text publiziert werden, wurde Astrid Lindgrens *Pippi Langstrumpf* (2006) von Caroline Roeder für Leseeinsteiger adaptiert, wobei dieses Leseprojekt den Fokus mehr auf das Leseverständnis richtet, das durch beigefügte Aufgaben geprüft werden kann. Auch in Form einer kinderliterarischen Anthologie ist Pippi Langstrumpf seit dem Jahr 2011 veröffentlicht worden: In der Sammlung *Von Bullerbü bis Lönneberga* stellte der Oetinger-Verlag *Die schönsten Geschichten von Astrid Lindgren* zusammen, an deren erster Stelle *Pippi Langstrumpf zieht in die Villa Kunterbunt ein* steht, was zum einen die Prominenz des Kinderbuchs zeigt, als auch das Werk zuvörderst anführt, mit dem Astrid Lindgren Berühmtheit erlangte.

1.1.2 Kindermedienverbund

Pippi Langstrumpf ist heutzutage nicht mehr nur in den verschiedenen Buchgattungen präsent. Die Figur tritt auch im Kindermedienverbund, der im Folgenden näher beschrieben wird, in den vielfältigsten Erscheinungsformen zutage: Neben den sogenannten alten Medien, unter die Josting und Maiwald (2007, S. 7) Buch, Film und Hörspiel fassen, ist Pippi Langstrumpf in den neuen Medien auch als interaktives Computerspiel *Apselut Spunk* auf CD-ROM erhältlich sowie als App *Kennst du Pippi Langstrumpf?* für Smartphone und Tablet verfügbar. Weiter finden sich zahlreiche Fanseiten in sozialen Netzwerken sowie diverse, auch von Privatpersonen initiierte Homepages (z. B. www.efraimstochter.de) und Blogs im Internet, auf denen sich die User über die Figur austauschen.

Während die ‚alten' und ‚neuen' Medien insbesondere die Geschichte von Pippi Langstrumpf erzählen (lassen) – auch die App fokussiert auf diese –, wird im weiteren Medienverbund die Figur als Bestandteil diverser Merchandising-Produkte vermarktet. In die Produktion von solchen Kindermedienverbünden sind neben Spielzeug- und Bekleidungsherstellern auch Lebensmittelbranche sowie Papierindustrie eingebunden (Josting/Maiwald 2007, S. 7), wie am Beispiel des Kindermedienverbunds von Pippi Langstrumpf deutlich wird: Im printmedialen Bereich finden sich Freunde-, Mal- und Spielebücher sowie (Geburtstags-)Kalender. Für Kindergarten- und Schulkinder wurden Artikel wie Butterbrotdose, Frühstücksbrett, Tasse und Trinkflasche, Kindergartentasche und Schultüte, Federmäppchen, Farbstifte, Spitzer und Radiergummi entwickelt. Weiter kann ein ganzer Kindergeburtstag mit Produkten von Pippi Langstrumpf gestaltet werden. Beschäftigen können sich die Kinder auch mit einer Vielzahl an Spielen und Puzzles sowie mit Gummitwist, Jojo, Murmelbox, Seifenblasen, Springseil, Straßenmalkreiden u. v. m. All diese Produkte lehnen sich in ihrer Gestaltung an die Illustrationen der deutschen Neuauflage des Kinderbuchs mit Illustrationen von Kathrin Engelking an. Neben den genannten Produkten, deren Bezug zum Buch zumeist auf die Abbildung der Figur auf dem Gegenstand bzw. lediglich auf der Verpackung beschränkt bleibt, werden auch Accessoires produziert, die im Buch Erwähnung finden (Augenklappe, Fernrohr, Flagge, Goldmünzen, Halskette, Strümpfe, ...). Mit diesen ausgestattet bzw. verkleidet können Kinder die Geschichten rund um Pippi Langstrumpf nachspielen. Die Stofffiguren von Pippi, ihrem Pferd, dem kleinen Onkel, und ihrem Affen Herrn Nilsson ermöglichen den Kindern weiter ein Nachspielen mit Puppen.

Der hier nur in Ansätzen aufgezeigte, kommerzielle Medienverbund um das Kinderbuch *Pippi Langstrumpf* macht deutlich, dass „Medienverbünde [als] planvoll erzeugte fiktional-ästhetische Erlebnis- und Konsumzonen“ (Maiwald 2007, S. 39) angelegt sind. Weiter zeigt diese crossmediale Vermarktung, dass die Kinder von der Industrie als potenziell kaufkräftige Konsumenten eingeschätzt werden und vielfältige Strategien entwickelt wurden, um diese Kunden für sich zu gewinnen (Hopp/Lieber 2008, S. 296). Der Markt macht sich damit bestimmte Verhaltensweisen und Sehnsüchte von Kindern wie deren Sammelleidenschaft oder den Wunsch, für längere Zeit in einer fiktionalen Welt zu verharren, zunutze.

Sowohl der Medienwechsel vom Kinderbuch *Pippi Langstrumpf* (OA 1945, dt. EA 1949) zur Fernsehserie, zum Kinderfilm (beide erstmals 1969 in Schweden und 1971 in der BRD ausgestrahlt) bzw. zum PC-Spiel auf CD-ROM (2007) als auch die Entstehung der Merchandising-Produkte rund um die Figur der Pippi Langstrumpf, von der bis heute neue Konsumgüter auf den Markt kommen, zeigt eine Entwicklung des Medienverbunds, der über mehrere Jahrzehnte hinweg entstanden ist und weiter wächst. Heutzutage erfolgt der **Medienwechsel**, also die Umformung eines Mediums in ein anderes, wie auch die Herstellung der **Merchandising-Produkte**, die durch Verkauf von Nebenrechten an diverse Produktionszweige entstehen, oft nur mit geringer zeitlicher Verzögerung, nachdem sich der Erfolg eines Kinderbuchs eingestellt hat (Kümmerling-Meibauer 2007, S. 13).

Am Beispiel von *Gregs Tagebuch* (OA 2007, dt. EA 2008) können neben dem Medienwechsel Phänomene wie ‚Remediation‘, ‚mediale Erzählweise‘ und ‚Serienprinzip‘ aufgezeigt werden, die in aktuell verbreiteten Medienverbünden deutlich werden: Im Jahr 2007 erschien in den USA *Diary of a Wimpy Kid* von Jeff Kinney, einem Videospiel-Designer, der dieses Buch „eigentlich für Erwachsene schrieb [und] eine Art Kindheits-Retrospektive im Sinn [hatte], die die Leute an ihre Kindheit erinnern sollte“ (Rehfeld 2012). Zwar wurde und wird das Buch auch von Erwachsenen gelesen, als eigentlicher Rezipientenkreis haben sich aber Kinder im Alter von zehn bis zwölf Jahren herausgebildet. Dieses Faktum führt dazu, dass *Gregs Tagebuch* zur sogenannten Crossover- bzw. All-Age-Literatur gerechnet wird (vgl. dazu Kap. 1.3.5). Bereits drei Jahre später – nach der Veröffentlichung dreier weiterer Bände um den Tagebuchschreiber Gregory ‚Greg' Heffley – wurde der erste Band *Von Idioten umzingelt!* verfilmt und kam 2010 in die amerikanischen und deutschen Kinos. Mittlerweile sind auch der zweite und der dritte Band verfilmt worden und auf DVD und Blu-Ray erhältlich. Neben dem Medienwechsel vom Buch zum Film ist ein ‚doppelter' Medienwechsel hin zum Hörspiel zu verzeichnen: Zum einen sind alle sieben Bände von *Gregs Tagebuch* als Hörspiel umgesetzt worden, zum anderen wurden eigens zu den drei Realfilmen Hörspiele produziert. Als weiterer Medienwechsel erschien ausgehend von der Verfilmung des ersten Bands im Jahr 2010 ein Begleitbuch zum Film (*Gregs Filmtagebuch*), in dem der Autor Jeff Kinney in typischer Greg-Manier über die Entstehung des Films berichtet und den Rezipient(inn)en beispielsweise durch Fotografien Einblicke hinter die Kulissen und damit in den erfolgten Medienwechsel gewährt. Der Medienwechsel muss also nicht immer nur klassischerwiese vom Leitmedium – in diesem Fall dem Kinderbuch – ausgehen, sondern es kann auch ein Folgemedium – wie hier der Realfilm – zum zweiten Leitmedium avancieren, von dem ausgehend weitere Medienwechsel vollzogen werden.

Auch das Phänomen der ‚**Remediation**', das die Umsetzung älterer Medien in die neuen, digitalen Medien beschreibt (Kümmerling-Meibauer 2007, S. 13), lässt sich im Medienverbund von *Gregs Tagebuch* zeigen: So sind im Jahr 2012 die sieben gedruckten Kinderbücher als E-Books erschienen. Neben den Medien, die im Rahmen des Medienwechsels und der Remediation zu *Gregs Tagebuch* veröffentlicht wurden, zählt zum Medienverbund auch die vom Verlag betriebene, kommerzielle Homepage (www.gregstagebuch.de), auf der *Greg*-Bildschirmschoner zum Download bereitstehen, E-Cards mit Zeichnungen aus den *Greg*-Bänden versandt und unter *Fun* Ausreden à la Greg gefunden werden können. Auch bietet die Homepage den Greg-Fans ein Forum zum Austausch und den Verweis auf die vom Verlag erstellte Facebook-Seite *Von Idioten umzingelt*, auf der alle Neuigkeiten zu Greg und seinem Erfinder veröffentlicht werden. Im Medienverbund weiter verankert ist eine ganze Palette von Merchandising-Produkten zu der Figur des Greg, die zeitnah bzw. zeitgleich zum Erscheinen der Kinderbücher und deren Verfilmungen hergestellt wurden.

Im Zusammenhang mit dem Medienverbund ist an *Gregs Tagebuch* auch die Erzählweise des Kinderbuchs von Interesse: Alle *Greg*-Bände tragen den Untertitel *Comic-Roman* und weisen damit bereits auf die Besonderheiten des Texts hin. Der Text der einzelnen Bände wird immer wieder durch Zeichnungen im Comic-Stil unterbrochen, sodass eine Integration der spezifischen **medialen Erzählweise** des Comics erfolgt.

Auch das Prinzip der Serialisierung, durch das sich viele Kindermedienverbünde auszeichnen, lässt sich an *Gregs Tagebuch* zeigen: Nach dem Erscheinen (und dem Erfolg) des ersten Bands *Von Vollidioten umzingelt* schrieb Jeff Kinney – auf

Druck des Verlags hin – sechs weitere Bände binnen fünf Jahren, in denen sein „Terminkalender […] gespickt mit Abgabeterminen“ und er „panisch mit der Fertigstellung“ der Folgebücher beschäftigt war (Rehfeld 2012). Das **Serienprinzip** spiegelt sich für *Gregs Tagebuch* weiter in der seriellen Produktion der Hörspiele wie der Filme wider.

Diese anhand von *Gregs Tagebuch* aufgezeigten Phänomene finden sich nicht nur in Kinderbüchern, sondern zeigen sich auch in anderen Buchgattungen der Kinderliteratur: Die Integration medialer Erzählformen (wie des Comics und des Films) lässt sich speziell in Bilderbüchern nachweisen, die auf den Einfluss der neuen Medien zurückzuführen ist (Kümmerling-Meibauer 2011, Sp. 158): Sowohl der Comic als auch der Film beeinflussten Yvan Pommaux' Bilderbuch *Detektiv John Chatterton* (1994), das im Jahr 1995 den Deutschen Jugendliteraturpreis in der Sparte ‚Bilderbuch‘ erhielt. In der Jurybegründung heißt es dazu: „Aufgebaut wie ein Comic, im Stil des ‚Ligne Clair‘, verbindet die Bildgeschichte altbekannte Märchenmotive mit neuen Sehgewohnheiten aus Film und Fernsehen und verknüpft Elemente der Detektivgeschichte mit solchen des ‚film noir‘.“ Insbesondere die Verwendung von Soundwords und die angedeuteten Sprechblasen lassen den Comic-Stil auch für die jüngeren Rezipient(inn)en erkennbar werden. Das Bilderbuch spielt weiter auf der Ebene des Medienverbunds mit den Medienerfahrungen, indem dem Bilderbuch eine CD beigegeben ist, mit der der Medienwechsel hin zum Hörspiel erfolgt ist.

Auch das Serienprinzip ist ein Phänomen, das sich nicht nur auf den Medienverbund und das Kinderbuch festlegen lässt, sondern in den anderen Buchgattungen eine immer wichtigere Rolle einnimmt und damit in der gesamten Kinderliteratur zunehmend an Bedeutung gewinnt: Im Bereich des Bilderbuchs wird dies beispielsweise an Pija Lindenbaums *Franziska*-Büchern (OA 2000–2011, dt. EA 2002–2013) wie auch an den Geschichten über *Garman* (OA 2006–2010, dt. EA 2009–2012) von Stian Hole deutlich. Insbesondere die Buchgattung der Erstlesebücher setzt auf das Serienkonzept. Kirsten Boie (2001, S. 11), die neben Bilder-, Kinder- und Jugendbüchern auch Bücher für Leseanfänger(innen) schreibt, begründet das serielle Erscheinen von Erstlesebüchern folgendermaßen:

> Lesedidaktisch sind Serien sinnvoll: Nach dem ersten Buch kennt das lesende Kind die Figuren und ihr Umfeld und greift so eher nach einer weiteren Geschichte [der bereits bekannten] Figur als nach einer völlig neuen Geschichte mit ihm unbekannten Personal. Denn statt der Mühe, sich in eine [sic!] neues Figurenensemble einzufinden, neue Charaktere in ihren Beziehungen zueinander kennen zu lernen, trifft es hier auf alte Bekannte. Die Serie bietet ihrem Nutzer immer auch einen Wohlfühleffekt […].

Kirsten Boie erfand für Erstleser(innen) die Geschichten rund um das Meerschweinchen *King-Kong* (1989–2011), das mit dem Jungen Jan-Arne zahlreiche Abenteuer erlebt. Zu bekannten Serien der Erstleseliteratur, die in den 80er-Jahren entstanden sind, gehört weiter Ursel Schefflers Tintenmonster *Ätze* (1986–2006).

Aber auch die moderne Kinderliteratur bringt zahlreiche Erstleseserien hervor wie die Detektivgeschichten von *Leo und Lucy*, die Sabine Ludwig seit 2008 schreibt, oder auch die Bände *Papa, ich und ...* von Antonia Michaelis, die seit 2011 erscheinen. Das lesemotivierende Potenzial der Erstlesebücher wird auch dazu genutzt, Leseanfänger(innen) mit einer Figur vertraut zu machen, die seriell ‚eigentlich' in Kinderbüchern verankert ist: So erschien 2013 (nachträglich) ein Erstlesebuch zu *Millie*, einer Kinderbuch-Serie von Dagmar Chidolue, deren erster Band im Jahr 1991 publiziert wurde.

Jüngst spielen Verlage auch mit dem digitalen Potenzial als Motivationsfaktor und animieren Erstlesebücher, aber auch Bilder- und Kinderbücher, wie sich am Onilo-Projekt zeigen lässt (www.onilo.de): Hier werden kinderliterarische Texte zu sogenannten Boardstories, die online ‚gelesen' werden können. Beamer oder Whiteboard im Klassenzimmer ermöglichen einen interaktiven Umgang im Unterricht und machen die Geschichten digital erlebbar.

Texte für Kinder stehen heute also nicht mehr allein, sondern werden im Medienverbund produziert. Dabei erfolgen Remediationen (insbesondere E-Books) wie auch Medienwechsel (Hörspiele) oft zeitgleich mit dem Erscheinen des gedruckten Buchs, während die Merchandising-Produkte (orientiert am Erfolg des Texts) etwas zeitversetzt auf den Markt kommen.

1.1.3 Schlussfolgerungen für die pädagogische Praxis

Das Potenzial der Medienverbünde im schulischen Kontext zu nutzen, lässt sich zunächst allgemeindidaktisch damit begründen, dass Schüler(innen) bei ihren Vorerfahrungen und ihrem Vorwissen abgeholt werden (Maiwald 2007, S. 39f.): Da die Medienverbünde im Alltag der Kinder stark präsent sind und eine wichtige Rolle beim Heranwachsen spielen, können sie als Anknüpfungspunkte gewinnbringend eingesetzt werden. Aus fachdidaktischer Perspektive hat Maiwald den ertragreichen Umgang mit dem Medienverbund in der Schule in Bezug zu den vier Aufgabenfeldern des Deutschunterrichts gesetzt (ebd., S. 45f.):

1. Medienvergleiche fördern das Lesen, Sehen und Hören und stiften ein Bewusstsein für die qualitativen Besonderheiten und Differenzen medialer Ausdrucksformen.
2. Inhalte und mediale Ausdrucksformen von Medienverbünden eignen sich in besonderem Maße für die Leseförderung.
3. Da Medienverbünde ein wichtiger Teil unserer Kultur sind, gehören entsprechendes Wissen und Teilhabe zur Enkulturation und zur literarischen Bildung.
4. Die Reflexion der eigenen Medien(verbund)nutzung ist ein pädagogisches und fachliches Anliegen im Sinne der Medienerziehung und der Ich-Entwicklung.

Grundlegend für den Einbezug des Medienverbunds in das unterrichtliche Geschehen ist die Vermittlung von **Medienkompetenz**. Während beispielsweise die Kindermedienforschung den kognitiven Aspekt fokussiert, sieht der deskriptive Ansatz Abrahams (2013, S. 203) Medienkompetenz aus sechs verschiedenen Dimensionen zusammengesetzt: Dazu gehören neben der kognitiven Dimension die ethische, die soziale, die affektive und die ästhetische sowie die Handlungsdimension.

Kognitive Dimension	Wissen über gedruckte, technische und elektronische Medien und deren Anwendungs- und Nutzungsbedingungen
Ethische Dimension	Kritikfähigkeit gegenüber und kritischer Umgang mit Medienprodukten aller Art
Soziale Dimension	Gemeinsame Nutzung und Gestaltung von Medien
Affektive Dimension	Ausdruck, Mitteilung und Reflexion emotionaler Reaktionen im Anschluss an Medienrezeption
Ästhetische Dimension	Vergleich und Bewertung von Medienprodukten sowie Entwicklung von Genussfähigkeit bzgl. der spezifischen Ausdrucksformen von Medien
Handlungsdimension	Handhabung von und Zielerreichung mithilfe der Medien

Tab. 1: Dimensionen der Medienkompetenz (nach Abraham 2013, S. 203)

Baacke (1999) hingegen formuliert für die Medienkompetenz eine Einteilung in vier Dimensionen, die er als grundlegend für das Medienlernen erachtet: Unter Medienkritik wird dabei verstanden, dass Medienentwicklungen nicht kritiklos hingenommen, sondern vielmehr ‚unterscheidend' angewandt und in reflexiver Art und Weise auf das eigene Handeln übertragen werden. Mit der Medienkunde ist eine Dimension benannt, die informativ auf das Wissen über Medien(systeme) sowie instrumentell-qualifikatorisch auf deren Bedienung zielt. Ähnlich verhält es sich mit der Mediennutzung, die zum einen anwendend in der Rezeption erfahren werden kann, die zum anderen aber auch interaktiv gelebt werden kann. Die vierte Dimension der Mediengestaltung meint auf innovativer Ebene das Wissen um die Veränderungen der Medien(systeme) sowie auf kreativer Ebene die Möglichkeit daran teilzunehmen.

Während sich der Deutschunterricht in der Grundschule bislang noch häufig auf die Herausbildung basaler Kompetenzen im Umgang mit Buch- und anderen Printmedien konzentriert (Abraham 2013, S. 204), muss sich ein zeitgemäßer Primarstufenunterricht an die veränderten Bedingungen der Mediennutzung anpassen. Insbesondere das Fach Deutsch darf sich dem medialen Wandel nicht verschließen und muss nach Möglichkeiten suchen, die die Schüler(innen) befähigen, sich medial vermittelte Inhalte zu erschließen und kompetent wie auch kritisch mit den verschiedenen Einzelmedien umzugehen (vgl. dazu auch Kap. 2.4). Neben den sogenannten Printmedien, zu denen Kinderbücher, Kinderzeitschriften und andere gedruckte Medien zählen, müssen auch Hörmedien (Kinderhörspiel, Kinderradio etc.), Film und Fernsehen sowie Computer und Internet und nicht zuletzt die Kindermedienverbünde zum Gegenstand des Deutschunterrichts gemacht werden. Für die pädagogische Praxis ist daher zum einen eine intensive Auseinandersetzung mit den verschiedenen Einzelmedien und deren Einsatzmöglichkeiten im schulischen Kontext vonnöten, zum anderen muss ein Überblick über das Mediennutzungsverhalten der Schüler(innen) gewonnen werden, um die kindlichen Präferenzen kennenzulernen und die unterschiedlichen Voraussetzungen zu erfassen. Weiter erweist sich ein Rückblick auf die eigenen Mediengewohnheiten in der Kindheit als hilfreich.

Anhand des folgenden Auszugs einer Lesebiografie soll auf die Bedeutung des eigenen Medienverhaltens in der Kindheit und deren Auswirkungen auf das spätere Verhalten eingegangen werden. Es handelt sich um die Lesebiografie einer Lehramtsstudentin des Fachs Deutsch, die im Jahr 1984 geboren wurde.

> Ich habe als Kind nur sehr ungern und fast gar nicht gelesen.
>
> Im Alter von etwa sieben Jahren habe ich im Urlaub *Die Kinder aus Bullerbü* mit meiner Mutter gelesen. Ich durfte morgens ins Bett meiner Eltern kommen und wir beide haben abwechselnd gelesen. Das ist mir in so schöner Erinnerung geblieben, dass ich gerade meiner sechs Monate alten Tochter aus diesem Buch vorlese und obwohl sie den Inhalt noch nicht erfassen kann, hört sie mir gerne zu und ich hoffe, dass sie mir in ein paar Jahren auch aus diesem Buch vorlesen wird und sich ebenso gerne daran erinnern wird.
>
> Fernsehen war in meiner Kindheit kein großes Thema. Wenn Verfilmungen von Pippi liefen, war es trotzdem etwas ganz besonderes. Meine Eltern haben sich mit mir vor den Fernseher gesetzt, um eine Sendung für mich anzusehen.
>
> In meiner Erinnerung bringt das nicht so starke Gefühle von Geborgenheit hervor, wie die gelesenen Geschichten, aber es waren trotzdem besondere Momente. (Oktober 2012)

Die Studentin blickt in diesem Ausschnitt der Lesebiografie insbesondere auf die frühe Grundschulzeit zurück, in der der Erwerb der Lesekompetenz im Mittelpunkt der Aufmerksamkeit steht. Sie beschreibt diese Zeit als eine Phase, in der sie nur sehr ungern und fast gar nicht gelesen habe. Für viele Kinder erweist sich der Leselernprozess aufgrund der kognitiv anspruchsvollen Leistungen, die erbracht werden müssen, als sehr mühsam. Lesen kann noch nicht als etwas Schönes oder Entspannendes empfunden werden, da mit dem Erlesen von Wörtern und Sätzen Anstrengung verbunden ist. Die Prozesse, die für das Lesen notwendig sind, sind noch nicht automatisiert. Die Erinnerung an den beschwerlichen Weg zum flüssigen Lesen schafft Verständnis für die Schwierigkeiten der Leseanfänger(innen).

Die weiteren Ausführungen der Studentin, in denen sie das gemeinsame Lesen beschreibt, zeigen die Bemühungen der Mutter, die Tochter beim Leseerwerb zu unterstützen: Die Mutter versucht, die Tochter zu entlasten, indem sie sie nicht alleine lesen lässt, sondern abwechselnd (vor-)gelesen wird. Somit schafft die Mutter einen Übergang vom Vorlesen zum Selbstlesen. Damit verhindert sie zum einen Frustration beim Lesen, die mit einer möglichen kognitiven Überforderung einhergehen könnte; zum anderen schafft sie Motivation, da die Tochter nach der gemeinsamen Lektüre das Gefühl entwickelt, ein Buch selbst erlesen zu haben.

Dieser lesemotivationale Aspekt wird positiv durch die Situation verstärkt, in der das (Vor-)Lesen stattfindet: Die Studentin beschreibt, wie sie morgens in das Bett ihrer Eltern kommen durfte, um dort gemeinsam zu lesen. Diese körperliche Nähe, die den Kindern insbesondere aus den Vorlesesituationen bekannt ist, in denen sie auf dem Schoß eines Elternteils sitzen oder sich an dieses kuscheln, erfährt die Tochter in diesem Beispiel auch noch in der Phase des selbstständigen Lesens. Daraus wird insbesondere die Relevanz des vertrauten Kontakts auf sozialer Ebene, hier mit den Eltern, deutlich, der der Studentin bis heute in schöner Erinnerung geblieben ist. Dass sie aufgrund dieser Erfahrungen nun ihrer eigenen Tochter vorliest, unterstreicht die Wichtigkeit, die sie diesen gemeinsamen Vorlesesituationen zuspricht. Weiter zeigt die Übertragung auf ihre eigene Situation als Mutter im Umgang mit ihrer Tochter das selbstreflexive Verhalten der Studentin, wenn sie das Erlebte imitiert – verbunden mit dem Wunsch, dass später sowohl ähnliche Vorlesesituationen zwischen ihrer Tochter und ihr stattfinden können, als auch ihre Tochter positive Erinnerungen daran hegen wird. Wie das Verhalten gegenüber den eigenen Kindern so wird auch das der professionellen pädagogischen Kraft zu den Schüler(inne)n immer wieder durch die eigene Erlebnisebene beeinflusst.

Der Aspekt der familiären Nähe kommt ebenso in den Ausführungen der Studentin zum Fernsehkonsum zum Ausdruck: Zunächst einmal schildert sie das Fernsehen – insbesondere auf die *Pippi-Langstrumpf*-Filme bezogen – als etwas ganz Besonderes. Dies zum einen weil audiovisuelle Medien ihre Kindheit wenig bestimmt haben, zum anderen weil ihre Eltern, die die Sendungen bestimmt haben, diese gemeinsam mit ihr angesehen haben. Die Fernsehrezeption mit ihren Eltern bewertet sie im Rückblick als besondere Momente, die in ihr jedoch nicht die Geborgenheitsgefühle hervorgerufen haben, die sie in den gemeinsamen (Vor-)Lesesituationen erlebt hat.

Wie die Erinnerungen der Studentin zeigen, dienen Lesebiografien dazu, den eigenen Fall zu reflektieren und auf diese Weise Verständnis zu wecken. Weiter helfen Lesebiografien, allgemeine Tendenzen zu erkennen, eine unreflektierte Weitergabe eigener Normen und Gewohnheiten zu vermeiden, Einsicht in sich verändernde Lebenswelten zu gewinnen sowie Differenzen und Gemeinsamkeiten festzustellen (vgl. Garbe/Philipp/Ohlsen 2009, S. 215–243). Die reflektierende Auseinandersetzung mit der eigenen, individuellen Lesegeschichte bietet damit die Möglichkeit, die eigene Prägung offenzulegen und die Schüler(innen) in dem Prozess der Lese- und Mediensozialisation zu unterstützen, wie auch durch den Vergleich geeignet und zeitgemäß zu reagieren.

Im Folgenden sind exemplarisch einige Fragen zusammengestellt, anhand derer eigenständig eine Lesebiografie erstellt werden kann, die auch Mediengewohnheiten – insbesondere Medienrituale, Genrevorlieben und Medienpräferenzen (Biermann 2014, S. 129) – in den Blick nimmt:

Für Printmedien lassen sich beispielsweise folgende Fragen formulieren:

- Welche Bedeutung hatte das Vorlesen für Sie im Vorschulalter? (Erinnern Sie sich an bestimmte Bücher, die Ihnen vorgelesen wurden? Gab es typische Vorlesesituationen in Ihrer Familie?)
- Inwiefern hat sich die Bedeutung des Lesens für Sie mit dem Erwerb der Lesekompetenz verändert? (Erinnern Sie sich an das erste Buch, das Sie alleine gelesen haben? Hatten Sie Lesevorbilder in der Schule oder zu Hause?)
- Haben sich Ihre Lesegewohnheiten in der Zeit der Pubertät verändert? (Welchen Einfluss hatten Ihre Freunde auf die Auswahl der Literatur? Gab es Phasen, in denen Sie gar nicht gelesen haben?)

Diese Fragen zu den gedruckten Medien können auch auf andere Medien wie Film und Fernsehen, die Rezeption von Hörmedien oder auf Computer- und Internetnutzung übertragen werden. Dabei sollte auf die Besonderheiten der Medien und ihrer Anwendung eingegangen und nicht das auf Printmedien bezogene Verhalten als Maßstab angesehen werden.

Während diese Fragen Erwachsene zur Eigenreflexion anregen sollen, erweist es sich als schwieriger, medienbiografische Informationen von Schüler(inne)n in Erfahrung zu bringen, da Kinder in der Artikulation solcher reflexiver Ereignisse vergleichsweise weniger geübt sind. Um dennoch Auskunft über den Mediengebrauch der Schüler(innen) zu erhalten, hat Biermann (2014, S. 133) Möglichkeiten aus der medienbiografischen Forschung zusammengestellt: Dabei nennt er neben narrativen Landkarten, Beobachtungen und Interviews mit Kindern und deren Eltern, eigenständige non-verbale Ausdrucksformen wie Zeichnungen und selbst erstellte Medienprodukte. Inwiefern selbst erstellte Medienprodukte Eingang in den

Deutschunterricht finden können, zeigt die Unterrichtseinheit in Kapitel 2.4, mithilfe derer die Lehrkraft Einblick in die Medien(nutzung) der Schüler(innen) bekommen kann.

Dass sich insbesondere das Medienverhalten der Kinder in Bezug auf die Relevanz von Film und Fernsehen sowie Computer-, Internet- und Smartphonenutzung in den letzten Jahrzehnten aufgrund der technischen Weiterentwicklungen grundlegend verändert hat, gilt es, für den Unterricht zu bedenken. So können mit dem Einsatz diverser Medien Möglichkeiten entfaltet werden, die einen Mehrwert für die schulische Arbeit darstellen, wie Abraham (2013, S. 209f.) anhand eines Beispiels aufzeigt: „Das begleitend eingesetzte Hörbuch kann die Lektüre eines Kinderromans entlasten, das ‚Buch zum Film‘ (meist eine Textausgabe mit Screenshots) leseungewohnte Schüler besonders ansprechen, und Ausschnitte aus einer Verfilmung wiederum können helfen, die Figuren und ihre Beziehung zueinander im Unterricht zu klären.“ Neben diesem Einsatz der Medien, denen entlastende Funktion zugeschrieben wird, können Medien weiter auch als eigenständige (Kunst-)Produkte Eingang in den Unterricht finden. Generell gibt Abraham bezüglich der Medien zu bedenken, dass diese heute neben der Familie, den Peergroups und Bildungseinrichtungen wie der Schule zu „Miterziehern“ geworden sind, die als Sozialisationsinstanz fungieren (ebd., S. 201).

1.2 Kindlicher Lebenslauf und Medien

1.2.1 Begrifflichkeiten und Befunde

Für angehende Lehrkräfte ist es wichtig, sich eine Vorstellung darüber zu verschaffen, wie Kinder im Allgemeinen zu kompetenten Mediennutzer(inne)n und im Speziellen zu gewohnheitsmäßigen und habituellen Leser(inne)n werden. Daher gilt es zu überlegen, wie sich dieser Prozess ausgestaltet und welche Faktoren dabei auf das Individuum einwirken. Die Auseinandersetzung mit Medien wird einführend in den größeren Kontext der Sozialisationsforschung gestellt, die seit den 80er-Jahren die Diskussion prägt. Bedeutsam sind die Überlegungen von Hurrelmann (2002) geworden, der **Sozialisation** als Persönlichkeitsentwicklung auffasst, die von ‚innerer Realität‘ bzw. Anlagen sowie ‚äußerer Realität‘ bzw. Umwelt geprägt ist. Seine Definition wird in vollem Wortlaut wiedergegeben, da sie das hier zugrunde gelegte Verständnis von Sozialisation prägt:

> Sozialisation bezeichnet den Prozess der Entwicklung der Persönlichkeit in produktiver Auseinandersetzung mit den natürlichen Anlagen, insbesondere den körperlichen und psychischen Grundmerkmalen (der ‚inneren Realität‘), und mit der sozialen und physikalischen Umwelt (der ‚äußeren Realität‘). Die Definition geht von der Annahme aus, dass der Mensch durch seine Umwelt stark beeinflusst wird, sie aber zugleich durch seine eigenen Aktivitäten mit gestaltet. Der Begriff ‚produktive Auseinandersetzung‘ soll auf diese aktiven Impulse für die Gestaltung der eigenen Lebenspraxis verweisen, die jeder Mensch in jedem Lebensabschnitt und jeder Lebenslage gibt. (Ebd., S. 7)

Bezogen auf das Individuum arbeitet der Soziologe Hurrelmann eine sich gegenseitig bedingende Wechselwirkung zwischen Individuum und Gesellschaft heraus. An innerer Realität können beispielsweise genetische Veranlagung, körperliche Konstitution, Intelligenz, Temperament und Grundstrukturen der Persönlichkeit genannt werden; an äußerer Realität sind Familie, Freunde, Erziehungs- und Bildungseinrichtungen, soziale Organisationen, Medien, Arbeitsbedingungen, Wohnbedingungen und physikalische Umwelt anzuführen (ebd., S. 27). Hurrelmanns Ansatzpunkt der gegenseitigen Durchdringung von äußeren und inneren Realitäten ist anschlussfähig an Überlegungen der **Kindheitsforschung**. Seit den 80er-Jahren wird auch dort von einem Paradigmenwechsel gesprochen, da Kinder zunehmend als kompetente soziale Akteure aufgefasst werden: Ihr Einfluss auf generationale Ordnungen und Kultur wird immer wieder hervorgehoben (Tillmann/ Hugger 2014, S. 35; Hoffmann 2010, S. 12). In jüngster Zeit wird über die Bedeutung der Mediatisierung in entwickelten Konsumgesellschaften nachgedacht: „Wer heute ein Massenpublikum erreichen will, setzt auf integriertes Marketing. In der Flut von Medienprodukten, Spielwarten und Freizeitartikeln scheint nur noch eine Zeitlang Aufmerksamkeit erregen zu können, was durch multimediale Präsentation aufgewertet wird.“ (Hengst 2013, S. 118)

Einflüsse auf Heranwachsende sind mannigfaltig und oft schwer fassbar, sodass es zu Schwerpunktsetzungen kommt. In der fachdidaktisch akzentuierten Forschung wird die Herausbildung der Persönlichkeit in Wechselwirkung mit der literarischen Kultur, d. h. mit literarischen Texten, ihrer Produktion und Rezeption in der Gesellschaft, als ‚**literarische Sozialisation**' bezeichnet; darunter sind auch unterschiedliche Präsentationsformen von Literatur eingeschlossen, wie Film, Lesungen, Theater und Online-Präsentationen. Es wird der Frage nachgegangen, welche Menschen in welchem Alter welche Texte und Medien wie lesen bzw. nutzen und welche Faktoren dieses Nutzungs- und Leseverhalten hervorbringen (Leubner/Saupe/Richter 2010, S. 75). Literarische Sozialisation ist von ‚**Lesesozialisation**' abzugrenzen, auch wenn Lesesozialisation zuweilen als Oberbegriff für beide Bereiche dient: Lesesozialisation bezeichnet den Kompetenzerwerb im Umgang mit Schriftlichkeit in Medienangeboten unterschiedlicher Herkunft (z. B. Printmedien, audiovisuelle Medien, Computermedien) und unterschiedlicher Modalität (z. B. fiktionale und pragmatische Texte) (Garbe 2009, S. 170). Literarische Sozialisation ist zum einen weiter als der Begriff der Lesesozialisation zu verstehen, da er die Rezeptionen verschiedener Medien umschließt; zum anderen ist er enger zu sehen, da ausschließlich literarische Texte erfasst werden. In fachdidaktischen Überlegungen zur Lesesozialisation wird ‚**Mediensozialisation**' oft analog gebildet: als Sozialisation durch Medien und als Sozialisation zum angemessenen Umgang mit Medien. Zwar wird wiederholt konstatiert, dass Medien einen wichtigen Teil der Umwelt von Heranwachsenden darstellen; selten jedoch werden systematisch literarische Sozialisation sowie Lese- und Mediensozialisation aufeinander bezogen; vielmehr gehen Lese- und literarische Sozialisation in Mediensozialisation auf, oft aber verbunden mit einer Gegenüberstellung von Printmedien und ‚anderen' Medien (Garbe 2010, S. 23f.; Piper 2010, S. 94ff.).

Dies liegt maßgeblich an Dynamiken des medialen Alltags von Kindern, die schwer zu fassen sind. Bei der Modellierung von Mediensozialisation sind soziale Voraussetzungen (Zugang zu Medien), das Selbst des Kinds (Identität und Entwicklung), Umweltfaktoren (Familie, Institutionen) sowie subjektive Bedeutungsleistungen der Kinder zu berücksichtigen (Vollbrecht 2014, S. 121). Ausgehend von der Annahme, dass **Kindheit** heute in umfassender Weise **mediatisiert** sowie alle Altersphasen und Lebensbereiche davon betroffen sind, muss ein differenzierter Blick auf Kinder und Medien erfolgen: Einerseits durchdringen technische, v. a. digitale Medien ihr Leben und das ihrer Eltern, indem sie Möglichkeiten der Kommunikation, Interaktion und der Unterhaltung bieten. Gerade die damit einhergehenden individuellen, sozialen und kulturellen Dimensionen der Mediennutzung und -entwicklung nehmen Einfluss auf Alltag und Persönlichkeitsentwicklung (Tillmann/Hugger 2014, S. 32). Andererseits ist der Blick für die tatsächliche Nutzung zu schärfen: Eine Vielfalt an Medien ist verfügbar, die – neben digitalen Medien – das Fernsehen ebenso umschließen wie Printtexte und audiovisuelle Medien. Nicht automatisch müssen printbasierte durch digitale Medien verdrängt werden. Vielmehr werden in der kindlichen Lebenswelt unterschiedliche Medien zusammengeführt und integriert, wobei – je nach Sozialisationskontext – verschiedene Schwerpunkte hinsichtlich der Medialität gesetzt werden: „Kindheit und mediatisierte Sozialisation bedeuten heute in hohem Maß Medienkonvergenz." (Fuhs 2014, S. 315) Unter ‚**Medienkonvergenz**' ist das Zusammenrücken bzw. die Annäherung von Einzelmedien zu verstehen, die durch das Internet in den 90er-Jahren an Bedeutung gewonnen hat. Neben dieser technischen Medienkonvergenz, die sich in der Digitalisierung von Daten und der Vernetzung von Geräten widerspiegelt, sind auch ökonomisch geprägte und inhaltlich akzentuierte ‚Verschmelzungen' auszumachen. Während die ökonomische Konvergenz auf Merchandising von Kindermedien anspielt, das äußerst gewinnbringend ist, zielt die inhaltliche Verschmelzung auf die Herausbildung von ‚Marken' ab; als prominentes Beispiel wären die *Harry Potter*-Romane und ihre medialen Adaptionen zu nennen (Schuegraf 2014, S. 338–341).

Welche medialen Vorlieben im Laufe ihrer Sozialisation ausgebildet werden, wird alle zwei Jahre vom „Medienpädagogischen Forschungsverbund Südwest" in der **KIM-Studie** erhoben. Regelmäßig werden Kinder im Alter zwischen sechs und 13 Jahren befragt, um Einblicke in deren Medienverhalten zu bekommen. Die knapp 1.220 Proband(inn)en geben zu folgenden Themen Antworten: Geräteausstattung und Medienbeschäftigung, Verzichtbarkeit und Wichtigkeit der Medien, Nutzungsmuster bei Radio und Fernsehen, Computer- und Internetaktivitäten sowie Umgang mit dem Handy; ergänzt werden diese Informationen zum Medienverhalten der Eltern sowie Einstellung und Medienverhalten in der Familie. Da die KIM-Studie alle zwei Jahre erscheint, kann man sich einen guten Überblick über die Zielgruppe verschaffen. Für das Jahr 2012 ergibt die Untersuchung, dass die Befragten das größte **Interesse** am Thema „Freunde und Freundschaft" haben (95 % aller befragten Kinder, 70 % der Mädchen, 56 % der Jungen). Zudem zeigen sich drei Viertel der Befragten an Musik interessiert (37 % der Mädchen; 25 % der Jungen); Computer-, Konsolen- und Onlinespiele stoßen bei den Jungen auf größere Begeisterung (47 %) als bei den Mädchen (19 %); für Film- und Fernsehstars können sich 20 % der Mädchen und 9 % der Jungen begeistern; Interesse an Internet und Computer wird von den Mädchen mit 23 %, von den Jungen mit 39 % beziffert; Interesse am Lesen und an Büchern wird von 20 % der Mädchen und von 8 % der Jungen bekundet. Bilanzierend zeigt sich zum einen, dass die Kinder im Alter zwischen sechs und 13 Jahren vielen verschiedenen Medien gegenüber aufgeschlossen sind; zum anderen ist ablesbar, dass Jungen und Mädchen durchaus verschiedene Medien favorisieren und diese in unterschiedlicher Intensität nutzen.

Des Weiteren wird in der KIM-Studie auch der **Gerätebesitz** von Kindern im Alter zwischen sechs und 13 Jahren erhoben; befragt wurden die Haupterzieher (also die primären Erziehungspersonen, in der Regel Mütter) nach den Medien, die ihre Kinder selbstbestimmt in ihrem eigenen Zimmer oder unterwegs nutzen. Das Feld der Geräte führen die CD-Player an, wobei 58 % der Kinder über dieses Gerät frei verfügen können; 51 % der Kinder besitzen eine (feste oder tragbare) Spielekonsole. Knapp 49 % der Kinder im Alter zwischen sechs und 13 Jahren haben ein eigenes Handy und 45 % der Kinder einen eigenen MP3-Player. Des Weiteren finden sich in den Kinderzimmern Fernsehgeräte (36 %) und Radios (32 %). Demgegenüber sind Computer und Laptops seltener vorhanden (21 %), einen Internetanschluss haben 15% der befragten Kinder. Die Aufschlüsselung nach Geschlecht zeigt deutliche Unterschiede: Jungen weisen im Allgemeinen eine höhere Ausstattungsquote auf, v. a. bei Spielekonsolen; Mädchen nennen etwas häufiger CD-Player und Digitalkameras ihr eigen. Hinzuweisen ist auf folgende Entwicklungsdynamik, die sich mit zunehmendem Alter verstärkt und für die Zehn- bis Elfjährigen folgendes Bild ergibt: Mit Ausnahme von Kindercomputer und Kassettenrekorder nimmt der Eigenbesitz nimmt zu. Besonders deutlich ist dies bei Handy, Fernseher, Spielekonsolen sowie Computer und Internetzugang. „So besitzen bereits knapp zwei Drittel der Zehn- bis Elfjährigen ein eigenes Handy (63 %), etwa je zwei Fünftel haben einen eigenen Fernseher (39 %) und eine Spielkonsole (54 %); jeder fünfte verfügt in dieser Altersstufe über einen eigenen Computer (19 %).“ (Ebd., S. 9)

Der Gerätebesitz spiegelt sich auch in den **Freizeitaktivitäten** und **Medienbeschäftigungen** der Befragten wider: Unmittelbar auf „Hausaufgaben machen“ bzw. „Lernen“ folgt das „Fernsehen“, das 96 % der befragten Sechs- bis 13-Jährigen als regelmäßigen Zeitvertreib angeben und dem eine große Bedeutung zukommt. „Freunde treffen“ (94 %) und das „Spielen draußen“ (90 %) und drinnen (88 %) zählen zu weiteren wichtigen Aktivitäten der Kinder. Etwa die Hälfte der Kinder nutzt regelmäßig den Computer und das Internet. Demgegenüber rangiert das Lesen von Büchern mit 48 % auf den hinteren Plätzen; spezifiziert man das Leseverhalten der Kinder in ihrer Freizeit, so zeigt sich Folgendes: 44 % der Befragten lesen regelmäßig Comics, 35 % widmen sich Zeitschriften und 7 % blättern in Zeitungen, 10 % suchen regelmäßig eine Bücherei auf. Dieser Nutzung von printbasierten Formen stehen die Nutzung des Internets (52 %), das Anschauen von DVDs bzw. Videos (38 %) sowie das Anhören von Hörspielen (30 %) gegenüber. Wiederholt wird in der Studie auf die geschlechtsspezifischen Unterschiede hingewiesen, die sich besonders deutlich im Lesen zeigen: „Während 58 Prozent der Mädchen regelmäßig in ihrer Freizeit zu einem Buch greifen, zählen nur 39 Prozent der Jungen zu den regelmäßigen Lesern. Die größere Affinität der Mädchen zum Lesen spiegelt sich auch in der Häufigkeit der Nutzung von Zeitschriften sowie dem Besuch von Bibliotheken wider.“ (Ebd., S. 11)

Im Rahmen der Befragung der Nutzungsfrequenz von **Internet- und Onlinediensten** geben die Haupterzieher an, dass im Durchschnitt der Einstieg in die Nutzung des Internets im Alter von acht Jahren erfolgt; besonders beliebt bei der täglichen Nutzung sind Suchmaschinen (23 %) und Communities (22 %). 44 % der befragten Kinder sind in einer Community wie Facebook und schülerVZ angemeldet. Das Durchschnittsalter für die Nutzung dieser Netzwerke liegt bei ca. 10 Jahren: „Die derzeitige Beliebtheit von Communities lässt sich auch mit der großen Vielfalt an Funktionen erklären, die diese Netzwerke ihren Mitgliedern bieten. Bei der

Nutzung der sechs- bis 13-jährigen Community-Mitglieder steht die direkte Kommunikation mit anderen im Vordergrund.“ (Ebd., S. 42)

Rekapituliert man die Befunde der KIM-Studie 2012, so zeigt sich, dass viele verschiedene Medien den Alltag von Kindern in unterschiedlicher Intensität und mit unterschiedlichem Vernetzungsgrad prägen. Zwar kommt dem Fernsehen als Leitmedium noch heute eine herausragende Bedeutung zu. Jedoch kann nicht mehr von einer einheitlichen Kindermedienkultur gesprochen werden; im Laufe der Kindheit wandeln sich die medialen Vorlieben, was im Nutzungsverhalten von Mädchen und Jungen exemplarisch ablesbar ist: Jungen und Mädchen sind in unterschiedlichen medialen Welten zu Hause. Um das skizzierte Spannungsfeld im Sozialisationskontext zu beschreiben, dient der Begriff der ‚**Mediendifferenz**‘: Das Individuum und seine konvergente Nutzung von Medien stehen dabei im Mittelpunkt; gemäß der Etymologie des Worts Differenz (lat. *differentia*, i. e. Verschiedenheit, Unterschied) lassen sich darunter Unterschiede im Grad der individuellen Nutzung von Medien durch Heranwachsende subsumieren, die im Laufe der Kindheit Wandlungen unterworfen und als Prozess zu denken ist. Zum anderen wird gezielt auf den Vergleich der Subjekte und ihrer jeweiligen Medienvorlieben angespielt, die zwar verallgemeinerbare Tendenzen erkennen lassen, aber im Wesentlichen von ihrer Verschiedenheit geprägt sind und sich in einer fragmentierten Mediennutzung äußern (vgl. Kap. 1.4.3). Schließlich kann der Begriff heranzogen werden, um die Verschiedenheit der Beurteilung von medialen Nutzungsverhalten und -mustern durch Individuum und Gesellschaft zum Gegenstand von Diskursen zu machen.

1.2.2 Lebenslauf und Medien

Eingedenk der Verschiedenheit von Mediennutzung sowie ihrer individuellen und gesellschaftlichen Beurteilung werden Antworten auf folgende Fragen gesucht: Welche Medien werden im Verlauf der Kindheit genutzt? Welche Akteure prägen die Medienkindheit von der Geburt bis zum zwölften Lebensjahr?

Vom Baby- zum Kleinkindalter (null bis drei Jahre)

Bereits mit Neugeborenen nehmen Bezugspersonen nonverbalen und verbalen Kontakt auf, singen ihnen Lieder nicht nur zum Einschlafen vor, nutzen Reim-, Vers- und Fingerspiele, verbinden Zärtlichkeit mit Lauten und Worten. Zu Beginn des Lebens ist diese Aktivität eng mit der Mutter verbunden und vom Zusammenspiel taktiler, körperlicher und rhythmischer Sensationen geprägt. Die Bedeutung dieser präliterarischen Praxis kann nicht hoch genug eingeschätzt werden. Allmählich weitet sich die Mutter-Kind-Dyade aus und weitere Bezugspersonen werden in den ersten Lebenswochen und -monaten wichtig: Väter, Großeltern, Geschwister, Tanten und Onkel sowie Erzieher(innen) von Krippen treten in das

'Sprachumfeld' des Kinds ein und bereichern sukzessive seinen Klangraum (Härle 2012, S. 12). Diese sich ausweitenden Räume hat Baacke (1999) in einem sozialökologischen Zonenmodell skizziert: Als ökologisches Zentrum gilt die Familie und das Zuhause, in dem das Kind eng mit seinen Bezugspersonen verbunden ist; daran schließt sich der ökologische Nahraum bestehend aus Nachbarschaft und unmittelbarer Wohnumgebung an. Schließlich folgen Ausschnitte, in denen Kinder mit bestimmten Regeln und Rollenerwartungen konfrontiert werden (Kindergarten, Kinderkrippe, Straßenverkehr). An der Peripherie befinden sich Begegnungen jenseits der Lebensroutinen, wie Urlaubsreisen, Besuch bei den Großeltern: „In dieses Modell können die Medien aufgenommen werden, die alle Zonen durchziehen und das Handeln in diesen beeinflussen." (Fleischer 2014, S. 305)

In den von Baacke beschriebenen Phasen sind mediale Interaktionen oft an bestimmte Situationen und Rituale geknüpft, die sich wiederholen und so zu einem festen Bestandteil des Alltags von Kindern und Bezugspersonen werden. Zu denken ist hier an Begrüßungsrituale mit Liedern und Bewegungen, dem Sprechen von Reimen – oder auch Gebeten – zu Beginn einer Mahlzeit sowie dem Erzählen von Geschichten, dem Singen von Liedern und/oder dem Sprechen von Gebeten am Ende eines Tags vor dem Einschlafen.

Bereits für Kinder unter drei Jahren werden vielfältige Medien bereitgestellt: So finden sich Fühlbücher in unterschiedlichsten Variationen, die gemeinsam mit Kindern erkundet werden können; Pappbilderbücher mit Fühlelementen schließen sich an, die in die Welt der Farben, Formen, Tiere und Gegenstände einführen. In der Regel sind diese Bücher mit wenig Text ausgestattet, sodass sie sehr individuell mit den Kindern befühlt, betrachtet und 'besprochen' werden können (vgl. Kap. 1.3.1). Daneben existieren Bilderbücher, die Geschichten erzählen und einen Vermittler benötigen: Sie werden als sogenannte Bilderbuchkinos und Apps animiert und können den Kindern vorgespielt bzw. gemeinsam mit ihnen erkundet werden. Auch die Fernsehsender, v. a. der Kinderkanal KiKA, unterbreiten entsprechende Angebote. Darüber hinaus helfen Tonträger (CDs, DVDs, Blu-Rays), sich mit Kinderliedern und Geschichten vertraut zu machen. Die Nutzung der Medien kann mit Ritualen verknüpft werden, wenn beispielsweise Kindern zum Einschlafen Lieder vorgespielt werden, das *Sandmännchen* vor dem Zubettgehen angesehen oder eine „Gute-Nacht-App" aufgerufen wird. Diese Formen präliterarischer Praxis sind nicht einseitig als Konkurrenz zur face-to-face-Kommunikation zu sehen; es gilt sorgsam abzuwägen, welche Medien wann und zu welchem Zwecke eingesetzt werden. Wichtig ist, darauf hinzuweisen, dass Medien – gerade in Familien – als wohltuende und anregende sowie emotionale, Nähe erzeugende Erlebnisse wahrgenommen werden können (Fleischer 2014, S. 309).

Vom Vorschul- zum Grundschulalter (drei bis sechs Jahre)

Im Alter zwischen drei und sechs Jahren besuchen Kinder in Deutschland in der Regel Kindertagesstätten bzw. Kindergärten. Sofern sie noch nicht in Einrichtungen untergebracht gewesen sind, erweitert sich der Kreis der Bezugspersonen um die Erzieher(innen); entscheidend ist auch, dass neue Erwartungen an Kinder gestellt werden.

In dieser Altersspanne sind Kinder für die Betrachtung von Bilderbüchern im Medienverbund empfänglich, die dialogisch und prozesshaft angelegt sein sollte. Gerade die Forschungen von Wieler haben offengelegt, wie bedeutsam das Zusammenspiel von Vertrautheit, Ritualisierung und Horizonterweiterung ist. Wünschenswert ist eine dialogische Vorlesesituation: Erwachsene Bezugspersonen handeln mit Kindern in Vorlesegesprächen gemeinsam Bedeutungen des Gelesenen aus; dies erfordert eine Sensibilität der Erwachsenen, da der Dialog über das Gelesene an die kindliche Erfahrungswelt angepasst sein sollte (Wieler 1997). Die Gesprächsqualität der Vorlesesituation ist bedeutsam für das frühe literarische Lernen; förderlich erweist sich die Kombination von literarischer Rede und emotionaler Nähe, sodass sich Leseerfahrung und körperlich-sinnliches Beziehungserleben miteinander verschränken (Härle 2012, S. 14ff.). Vorleseaktivitäten und die damit einhergehende Nähe müssen nicht auf Printmedien beschränkt bleiben, sondern lassen sich durchaus mit anderen Speichermedien erzeugen (z. B. Bilderbuch-Apps, E-Reader). Zudem ist auf neuere Angebote v. a. im Bereich der Sachliteratur hinzuweisen: Mithilfe von ‚Lesestiften' können die Bücher zum ‚Sprechen' gebracht und die Kinder zu Aktivitäten aufgefordert werden.

Die Auseinandersetzung mit dem Fernsehen und seinen Helden gewinnt in dieser Altersspanne an Bedeutung (vgl. auch Kap. 2.4); bereits im Alter von zwei Jahren spielen Kinder mit Spielzeug aus Fernsehserien, wie beispielweise *Bob, der Baumeister* (v. a. an Jungen adressiert) und *Prinzessin Lillifee* (an Mädchen adressiert). Das gemeinsame Fernsehen in der Familie kann durchaus als gewinnbringend und emotional beglückend erfahren werden. Auch zeigen die Kinder verstärkt eine Auseinandersetzung im Rollenspiel mit Inhalten und Helden ihrer Lieblingsserien: „Die Rolle des Helden vereint verschiedene Themen und Wünsche der Kinder: narzisstische Größenphantasien, Geschlechtsidentität, Gut und Böse, Freundschaft." (Baacke 1999, S. 375) Für pädagogische Fachkräfte stellen gerade diese medienbezogenen Spiele immer wieder eine Herausforderung dar, wenn ihnen die Medienhelden der Kinder unbekannt sind und sie mit ihnen sich kaum erschließenden Interpretationen konfrontiert werden. Hilfreich ist hier die Vorstellung, dass die aus den Medien stammenden Themen und Spiele einen Einblick in die Lebenswirklichkeit der Kinder bieten und einen Zugang zu ihren Gefühlswelten ermöglichen (Fleischer 2014, S. 306ff.).

Vom Grundschulalter bis zur Vorpubertät (sechs bis zwölf Jahre)

Eine Zäsur im Leben der Kinder ist der Schuleintritt im Alter zwischen fünf und sieben Jahren. Die Kinder werden systematisch in die Welt der Schriftkultur sozialisiert, indem sie mit der Schriftsprache vertraut gemacht werden; dies verlangt ihnen kognitive Fähigkeiten ab. Viele der Kinder, die als kompetente Mediennutzer(innen) die Schule betreten, nehmen diese Herausforderungen gerne an und sind sehr motiviert, um dem Ziel der selbstständigen und autonomen Lektüre von Texten näher zu kommen. Diese Motivation lässt allerdings bei einigen Schüler(inne)n nach, wenn deutlich wird, wie mühsam das Entziffern von Texten ist. Hinderlich wirkt sich bei einigen Schüler(inne)n auch der Umstand aus, dass aufgrund ihres Kenntnisstands in der Schriftsprache relativ einfach strukturierte Texte mit einem überschaubaren Wortschatz gelesen werden. Nicht zuletzt aufgrund ihrer Medienerfahrung sind die Schüler(innen) aber mit komplexeren Handlungsverläufen vertraut. Vereinzelt schlägt im Laufe der zweiten Jahrgangsstufe die Lust auf Lektüre in Frust über Lektüre um, wenn der Übergang vom Lesenlernen zum Selberlesen nicht bzw. nur mühsam vollzogen wird: Einige Schüler(innen) weisen sowohl Defizite beim Rekodieren (Lautgruppen werden zu Wörtern zusammengezogen) als auch beim Dekodieren (Entschlüsseln der Bedeutung von Wörtern und Wortgruppen) auf, sodass ihnen ein Verstehen des Gelesenen kaum möglich ist. Insbesondere Jungen sind davon betroffen; man spricht von einem ‚ersten Leseknick', der in der dritten Jahrgangsstufe offenkundig wird. Eine Begründung für diese Entwicklung sieht Garbe in der Konkurrenz der ‚Bildschirmmedien', wenn v. a. bei den Jungen das Lesen zugunsten von interaktiven Bildschirmspielen verdrängt wird. Mädchen sind von dieser Lesekrise weniger oft betroffen; ihnen gelingt häufiger, den Übergang zum Selbstlesen zu vollziehen und im Alter von acht und neun Jahren in die Phase der lustvollen Kinderlektüre einzumünden (Garbe 2009, S. 199).

Die Vermittlung der Schriftkultur ebnet Grundschüler(inne)n auch den Weg zu weiteren Onlineaktivitäten. Das Alter der Internetnutzer(innen) sinkt kontinuierlich, da zum einen die Bedienung mobiler Endgeräte immer einfacher wird. Zum anderen nehmen Lese- und Schreibkompetenzen sowie Tastaturkompetenzen zu. In der Grundschulzeit ruht der Schwerpunkt v. a. auf der Nutzung audiovisueller Angebote und Spiele flankiert von Webseiten, die Informationen zu Hobbys und schulischen Themen bereitstellen. Interessant ist, dass in der dritten Jahrgangsstufe Youtube zu den beliebtesten ‚Kinderwebseiten' zählt, mutmaßlich da hier eine Fülle an Filmen und Animationen – z. T. mit Hintergrundinformationen – bereitstehen. Mit Youtube, Facebook und jüngst WhatsApp erobern sich Kinder zunehmend virtuelle Räume von Jugendlichen und Erwachsenen, sodass die Anmeldung in diesen Netzwerken durchaus einer ‚Initiation' in das Jugendalter gleichkommt. An dieser Stelle ist zu erwähnen, dass dies nicht auf alle Kinder und Jugendliche in gleichem Umfang zutrifft. Gerade in der Altersgruppe der Elf- bis 13-Jährigen ‚tobt' ein Kampf zwischen dem Leitmedium Internet und Fernsehen (Lampert 2014, S. 430f.).

Die Grundschulzeit ist daher medial von einem Spannungsfeld gekennzeichnet: Einerseits eröffnet der Zugang zur Schrift eine Anbindung an die Kultur des Buchs, die lange Traditionen besitzt und bis heute schulisches Lernen in weiten Teilen prägt. Andererseits ebnen die erworbenen Kompetenzen den Weg zu weiteren bzw. neuen virtuellen Räumen, die gleichermaßen Chancen und Risiken für Kinder bergen. Dieses Spannungsfeld gilt es, in unterrichtlichen Kontexten bewusst und bearbeitbar zu machen.

1.2.3 Prägende Akteure einer Medienkindheit

Familie gilt als wichtiger Akteur bei der Herausbildung von Mediengewohnheiten und -vorlieben Heranwachsender: In ihrem sozialen Gefüge werden die ersten und entscheidenden Zugänge zu Medien und im weitesten Sinne zu Kultur eröffnet. Familie ist der Ort, an dem Kindermedien in ihrer Vielfalt und Fülle verfügbar gemacht werden und das Gespräch über Gesehenes, Gehörtes und Gelesenes gesucht wird. Diese Interaktion wird als ‚**Anschlusskommunikation**' bezeichnet und als zentral für das Erleben von Bedeutsamkeit kultureller Phänomene erachtet. Gerade Vorlesen und Erzählen von Geschichten schafft Gelegenheit, den Austausch über Gelesenes zu pflegen und einen Zugang zur Welt der Kunst und Fiktion zu eröffnen. Auf die Bedeutung des **Vorlesens** wird in den Studien der „Stiftung Lesen" wiederholt hingewiesen: Kinder und Jugendliche, denen im Kindesalter regelmäßig vorgelesen wurde, lesen im Jugendalter häufiger, länger und mit mehr Spaß, sind im Durchschnitt eine drittel Schulnote besser sowie musisch, kreativ und körperlich aktiver als Kinder, denen nicht vorgelesen wurde (Vorlesestudie 2012, S. 4). Positiv wirkt sich auch das Medienvorbild der Eltern aus, wenn diese Interesse und Wertschätzung insbesondere von Literatur nicht nur äußern, sondern auch leben. Garbe weist der Familie eine elementare Rolle für eine gelingende literarische Sozialisation zu, da sie Kindern einen emotionalen, motivationalen und kognitiven Zugang zu Literatur im Medienverbund eröffnet (Garbe 2009, S. 181). Oft wird im Alltagswissen die Auffassung kolportiert, dass die Verfügbarkeit der Medien Fernsehen, Videogeräte, DVD-Spieler und Computer der Lesesozialisation abträglich sei. Jedoch haben Studien festgestellt, dass eine häufige Nutzung von Printtexten durch Kinder in der Mehrzahl der Fälle mit einer ebenso häufigen Nutzung von Fernsehsendungen, Filmen und Computerspielen einhergeht (Leubner/Saupe/Richter 2010, S. 81).

Versteht man Familie als Ausdruck von sozialer Schicht, dann muss über den Zusammenhang Bildungsnähe und Bildungsferne nachgedacht werden: Auch im 21. Jahrhundert kann noch davon ausgegangen werden, dass das Bereitstellen von Medien und das Gespräch darüber sowie das Medienvorbild der Eltern eher in sogenannten Mittelschichtsfamilien oder bildungsnahen Schichten zu finden sind. Bildungsferne Schichten, worunter auch ein Großteil der Migrantenfamilien zu rechnen ist, zählen oft zur Risikogruppe der literarischen Sozialisation, da eine einseitige Nutzung von Medien vorherrscht sowie der gemeinsame Austausch über Gesehenes fehlt (ebd., S. 81f.). Diese Feststellungen erfahren gestützt auf empirische Erhebungen eine gewisse Modifizierung: Auch Kinder aus sogenannten bildungsnahen Schichten beklagen vermehrt, dass ihnen zu wenig vorgelesen wird. In der repräsentativ angelegten Vorlesestudie 2008 bedauern 37 % der befragten Kinder im Alter zwischen vier und elf Jahren, dass ihnen weder im Elternhaus noch in Kindergarten oder Schule vorgelesen wird (Vorlesestudie 2008, S. 11). Im Hinblick auf den Gerätebesitze von Tablets kommt es zu Annäherungen: Familien mit formal niedriger Bildung haben genauso häufig Tablets im Haushalt wie Familien mit formal hoher Bildung. Hinsichtlich der Nutzung von Bilder- und Kinderbuch-Apps ergab die Befragung der Eltern, dass diese von jeder dritten Familie mit Tablets im Haushalt aufgerufen werden. Die Schlussfolgerungen sind optimistisch, schreibt man diesen Medien doch ein ‚hohes Potenzial' zu, auch Familien mit formal niedriger Bildung mit neuen Vorleseangeboten zu erreichen (Vorlesestudie 2012, S. 13). Ob sich diese Hoffnung bewahrheiten wird, ist eine der spannenden Fragen der nächsten Jahre (vgl. auch Kap. 1.4.3).

Der Einfluss der Familie auf die Mediensozialisation der Kinder erfährt durch den Schuleintritt eine Zäsur: Der Schriftspracherwerb erweitert das Spektrum der Medienrezeption. Am Ende der Grundschulzeit wählen Kinder verstärkt ihre Lektüre selbst und lassen sich von Gleichaltrigen inspirieren. Die Prägekraft der **Peergroup** wird virulent (Leubner/Saupe/Richter 2010, S. 82; Garbe 2009, S. 206). Im Zusammenhang mit dem Medienverbund muss berücksichtigt werden, dass sich Kinder bereits in Kindergarten und Grundschule in ihrem Medienverhalten annähern: Produkte zu Büchern, Gameboys und Filme auf DVD bilden die Grundlage von Spielen und Gesprächen. Dieser Austausch über Helden aus Büchern und Filmen, die Kinder in ihrer Freizeit rezipieren, begleitet die Grundschulzeit in unterschiedlicher Intensität: Immer wieder ist zu beobachten, dass Szenen aus erfolgreichen Serien nachgespielt werden. Zunehmend spielen **Social-Media-Networks** für Heranwachsende eine Rolle. Online-Angebote der Verlage lassen zwei Strategien erkennen, wenn eine Verbindung von Printmedien zu webbasierten Medien geschaffen wird: Zum einen werden kindliche Leser(innen) aktiv in die ‚Entwicklung' von Geschichten einbezogen, die in der Regel in Fortsetzungen erscheinen. Sie können online über Namen und Plätze abstimmen sowie Anregungen für die Handlung künftiger Bände geben. Zum anderen integrieren die Verlage die Möglichkeit des Austauschs: Chaträume und Foren schaffen Vernetzungen zwischen den Nutzer(inne)n einer sich herausbildenden, virtuellen Peergroup; gemeinschaftsfördernd sind auch die ‚Artefakte', die sich Nutzer(innen) zu ihren Helden herunterladen können. Selbstredend zeigen die Verlage auf den Seiten von Facebook Präsenz: Dort wird auf Neuerscheinungen ebenso hingewiesen wie auf die oben erwähnten Mitbestimmungsmöglichkeiten und kommerziellen Produkte des Medienverbunds, auf dem schmalen Grad zwischen Vernetzung und Vermarktung balancierend.

Richtet man den Blick auf die formellen Erziehungsinstanzen **Kindertagesstätte** bzw. **Kindergärten** und **Schule** scheint ihr Einfluss vor der Wirkmächtigkeit der Instanzen Familie und Peergroup zu verblassen. Dem ist allerdings nur bedingt zuzustimmen. Erzieher(innen) und Lehrkräfte sind sich in der Regel bewusst, welche Wirkung ihr Tun entfalten kann. Insbesondere Grundschullehrkräfte sind gefordert, da sie Kinder mit der ‚Welt der Schrift' vertraut machen, Medien für unterrichtliche Zwecke auswählen und als Medienvorbild fungieren. Bei der Gestaltung unterrichtlicher Prozesse ist es hilfreich, von einer Mediendifferenz der Schüler(innen) auszugehen, die sich in medialen Vorlieben und Nutzungshäufigkeiten sowie Gesprächsbereitschaft und -vermögen über Medien niederschlagen. In diesem Zusammenhang wird wiederholt auf den ‚Teufels- bzw. Engelskreis schulischer Lesesozialisation' verwiesen: Ein Teil der Kinder kommt mit geringeren Vorerfahrungen in der Schriftkultur in die Schule; werden die Kinder mit Methoden des Schriftspracherwerbs konfrontiert, können sie nur bedingt an ihre medialen Vorerfahrungen anknüpfen. Die Folge sind Überforderung, Motivationsverlust, Misserfolgserlebnisse sowie negative Rückmeldungen durch die Lehrkräfte – ein ‚Teufelskreis schulischer Lesesozialisation': „Ein negatives Lerner- bzw. Leser-Selbstbild wird konstruiert [...] und bestätigt sich zirkelförmig selbst." (Garbe 2009, S. 197) Dem Teufelskreis steht der ‚Engelskreis schulischer Lesesozialisation' gegenüber: Ein Teil der Kinder bringt gute Voraussetzungen für das Erlernen der Schriftkultur mit; diese Kinder erhalten positive Rückmeldungen durch die Lehrkräfte und können sowohl ihre Motivation als auch ihre Kompetenz steigern. Sie geraten in eine günstige Entwicklungsdynamik (ebd.). In ihrem Elternhaus kommen Kinder in unterschiedlicher Intensität mit Medien in Berührung. Schule hat in den nächsten Jahren verstärkt darauf hinzuwirken, dass die gelebte Mediendifferenz nicht zu weiteren bildungspolitischen Benachteiligungen führt. Erste systematische Vorschläge machen Ernst mit einem ‚Netzwerk der Akteure', in dem Elternhaus und Institutionen (Schule, Kitas, Bibliotheken) engmaschig Kinder in ihrer Entwicklung unterstützen (Ehmig/Seelmann 2013, S. 11f.).

1.2.4 Schlussfolgerungen für die pädagogische Praxis

Trotz vielfacher Beschäftigung mit Fragen der Mediensozialisation spiegelt sich – wie schon im Titel – im Band *Kinderliteratur im Medienzeitalter* die Vorliebe der Verfasserinnen für Printmedien. Dies gilt es selbstkritisch zu konstatieren, auch wenn bewusst andere Medienformate integriert werden. Solchermaßen reagieren wir auf aktuelle Entwicklungen und wollen Leser(innen) unseres Buchs ermuntern, die konvergenten Perspektiven von Kindern in den Blick zu nehmen. Gleichzeitig wollen wir mit der Thematisierung unserer Standortgebundenheit auf die prägende Kraft eigener Lektüre- und Medienerlebnisse hinweisen und Mut machen, diese zu hinterfragen (vgl. auch Kap. 1.1.3). Mit solchen Überlegungen wird Anschluss an die jüngst publizierte Studie *Lernen sichtbar machen für Lehrpersonen* des Erziehungswissenschaftlers John Hattie gefunden, der differenziert die

Rolle von Lehrkräften für Lernprozesse von Schüler(inne)n offenlegt; Hattie hält es für existenziell, dass **Lehrpersonen** das Lernen mit den Augen der Lernenden sehen; Lernende wiederum sollten das Unterrichten als den Schlüssel für andauerndes Lernen begreifen. Damit dies gelingt, müssten „Lehrpersonen über eine Geisteshaltung verfügen, die sie veranlasst, ihre Wirkung auf das Lernen zu evaluieren" (Hattie 2014, S. 17).

Die Perspektive der Kinder zu beachten, heißt, auch Medien im unterrichtlichen Kontext zu berücksichtigen, die der Lehrperson wenig bekannt sind und die sie vor Herausforderungen stellen. Bei Planungen von Unterricht kann nicht mehr von homogenen Medienerfahrungen der Kinder ausgegangen werden. Folgende Fragestellungen sind Anregungen für Lehrkräfte, ihren medialen Einsatz im Unterricht kritisch zu reflektieren:

Welche Kenntnisse habe ich über Medienvorlieben und -verhalten meiner Schüler(innen)?

Welche Medienvorlieben habe ich?

Welche Medien habe ich den letzten vier Wochen berücksichtigt?

Welche Medien habe ich in den letzten vier Wochen vernachlässigt?

Welche Ziele kann ich mit mehreren medialen Zugängen erreichen?

Wann haben Schüler(innen) die freie Wahl des medialen Zugangs?

Wann habe ich mich im Unterricht von meinen medialen Vorlieben leiten lassen?

Welche Informationsquellen zur Erweiterung meines Repertoires sind mir bekannt?

Welchen Beitrag leiste ich zur Reflexion von Mediennutzung?

Antworten auf solche Fragen tragen dazu bei, systematisch und reflektiert ‚**Literacy**' bei Schüler(inne)n zu befördern: „Mit dem Begriff ‚Literacy' werden nicht nur die Fähigkeiten des Lesens und Schreibens [...] bezeichnet, sondern auch weitere grundlegende Kompetenzen wie Textverständnis, Vertrautheit mit Literatur und anderen Medien sowie Erfahrungen mit der Lese-, Bild- und Erzählkultur." (Kümmerling-Meibauer 2012, S. 20) Im Zusammenhang mit Medien findet der Begriff ‚**New Media Literacy**' Eingang in die Forschung: Die kindlichen und jugendlichen Nutzer(innen) sollen für Konzepte von Öffentlichkeit, Privatsphäre, sozialer Kompetenz und Partizipation sensibilisiert werden; auch wird darauf hingewiesen, die Sicht der Kinder und Jugendlichen auf potenzielle Online-Risiken einzuholen, die sich mutmaßlich von der erwachsenen Sicht unterscheiden. Erst vor diesem Hintergrund kann eine Diskussionsgrundlage geschaffen werden, die in Sensibilisierungsmaßnahmen und Handlungsoptionen mündet (Lampert 2014, S. 438).

Im unterrichtlichen Umgang mit Medien kommt es auf die Haltung der Lehrkräfte an, inwiefern die Medienerfahrungen der Schüler(innen) Wert geschätzt werden und in unterrichtliche Settings Eingang finden. Sorgfältig muss abgewogen werden, welche Medien zu welchem Zweck eingesetzt werden. Allerdings kann nicht oft genug darauf hingewiesen werden, dass divergente Medienerfahrungen als Chance zu begreifen sind, Kindern und ihren Einstellungen näherzukommen und sich mit ihnen über Gelesenes, Gehörtes und Gesehenes zu verständigen.

Um mediale Vorlieben der Schüler(innen) zu berücksichtigen, zu erweitern und zu reflektieren, stellt die Auswahl geeigneter Medien einen wichtigen Baustein dar. Umfassende Informationsquellen haben O'Sullivan und Rösler (2013, S. 29–41) für den deutsch- und fremdsprachigen Bereich zusammengestellt. Um Lehrkräften eine erste Orientierung für die pädagogische Arbeit zu bieten, wird folgend eine Liste für die Online-Recherche präsentiert.

Online-Verzeichnis von Kindermedien für die didaktische und pädagogische Arbeit

www.kinderundjugendmedien.de

Dieses Portal stellt Besprechungen von aktueller, nach Themen, Verfasser(inne)n und Illustrator(inn)en geordneter Kinder- und Jugendmedien vor. Zudem finden sich umfangreiche, auch historische Entwicklungen berührende Abhandlungen. Die Mitarbeit steht allen offen; das Projekt wird von der Heinrich-Heine-Universität Düsseldorf und der Universität Bremen verantwortet.

www.lesebar.uni-koeln.de

Auf dieser Internetseite, die von ALEKI (Arbeitsstelle für Kinder- und Jugendmedien der Universität zu Köln) betrieben wird, werden Rezensionen aktueller Kinder- und Jugendmedien von Studierenden eingestellt. Neu ist die Möglichkeit, dass auch Kinder und Jugendliche Rezensionen verfassen.

http://boysandbooks.de

In diesem Portal werden nach Genre und Alter geordnet Buchempfehlungen ausgesprochen, die für männliche Leser im Alter von sechs bis 18 Jahren geeignet sind. Zudem finden sich Konzepte der Leseförderung und Projektideen. Die Mitarbeit steht allen offen; das Projekt wird von der Universität zu Köln koordiniert.

www.schule-mehrsprachig.at

Diese Webseite wird vom österreichischen Bundesministerium für Unterricht, Kunst und Kultur verantwortet und stellt Konzepte, Lehrwerke und Kindermedien für einen Unterricht vor, der Mehrsprachigkeit systematisch berücksichtigt.

www.ohrenspitzer.de

Es handelt sich um einen Internetauftritt, der eine Datenbank von Hörmedien enthält, die nach Themen und Zielgruppen strukturiert ist. Zum Teil werden auch Unterrichtsideen und Vernetzungsmöglichkeiten mit Radiosendern vorgeschlagen.

www.kindersoftwarepreis.de

Auf dieser Seite werden Informationen zu Nominierungen und Preisträger(inne)n des Deutschen Kindersoftwarepreises *Tommi* gesammelt. Das Besondere an diesem Preis ist, dass Kinder in Zusammenarbeit mit Bibliotheken die Auszeichnung für PC- und Konsolenspiele vergeben. In Familien werden die Auszeichnungen für Spiele-Apps ermittelt, die in Zusammenarbeit mit zahlreichen Institutionen erfolgt (u. a. der „Stiftung Lesen" und dem „Deutschen Bibliotheksverbund").

www.stiftunglesen.de/apps

Auf dieser Seite stellt die „Stiftung Lesen" wichtige Informationen zusammen, die den Umgang mit Bilderbuch-Apps betreffen. Neben Auswahlkriterien für Apps finden sich dort auch aktuelle Beispiele.

1.3 Kinderliteratur im Überblick

1.3.1 Erzählen mit Bildern

Dass Film und Fernsehen weiter Leitmedium der Schüler(innen) zwischen sechs und 13 Jahren sind, hat die KIM-Studie 2012 belegt. Welche zentrale Rolle der Fernseher bereits bei Kindern im Vorschulalter einnimmt, zeigt die Studie von Feierabend und Klingler (2012), die auf den Daten der AG Fernsehforschung basiert und als Untersuchungsgruppe Kinder im Alter von drei bis 13 Jahren bundesdeutscher Haushalte hatte:

Knapp über die Hälfte der drei- bis fünfjährigen Kinder (51 %) sitzt täglich vor dem Fernsehgerät und sieht im Durchschnitt 75 Minuten am Tag fern. Dieser Durchschnittswert der täglichen Fernsehzeit verteilt sich wie folgt auf die einzelnen Wochentage: Während von Montag bis Donnerstag der Durchschnittswert bei 65 Minuten liegt, erhöht sich dieser am Freitag auf 76 Minuten, um am Samstag und Sonntag die Spitzenwerte von 92 bzw. 95 Minuten einzunehmen. Marktführender Sender für die Gruppe der Drei- bis Fünfjährigen ist mit 30,8 % KiKA, der öffentlich-rechtliche Fernsehkanal der Sender ARD und ZDF; dicht gefolgt vom privaten Fernsehsender Super RTL mit 26,2 %.

	3–5 Jahre	6–9 Jahre	10–13 Jahre	Gesamt (3–13 Jahre)
Seher(innen) in Prozent/Tag	51 %	55 %	57 %	55 %
Sehdauer in Minuten/Tag	75 Min.	87 Min.	109 Min.	93 Min.

Tab. 2: Fernsehnutzung von Kindern im Jahr 2011 (Seher, Sehdauer) – differenziert nach Alter (Feierabend/Klingler 2012, S. 204)

Diese Studie zeigt – auch wenn hier die Zeiten, in denen die Kinder Video, DVD oder Blu-Ray schauen, noch nicht eingerechnet sind –, welche zentrale Rolle bewegte Bilder im Alltag der (Vorschul-)Kinder spielen. Auf die von Film und Fernsehen dominierte Mediennutzung haben mittlerweile auch die Verlage reagiert, sodass nicht nur Kinderbücher sondern auch Bilderbücher, die klassischerweise in unbewegten Bildern erzählen, verfilmt werden (vgl. auch die Ausführungen zu dem Onilo-Projekt in Kap. 1.1.2).

Innerhalb der filmischen Umsetzung von Bilderbüchern unterscheidet Sahr (2005, S. 165) idealtypisch zwei Formen: den bilderbuchartig angelegten Film und die verfilmte Bilderbuchgeschichte.

Der **bilderbuchartig angelegte Film** arbeitet mit Standbildern, die sich sehr stark an die Doppelseiten des zugrunde gelegten Bilderbuchs anlehnen oder sogar identisch mit diesen sind. Teilweise werden einzelne Elemente des Bilderbuchs animiert und durch die Kameraführung (z. B. durch Zoomen) kann ‚Bewegung' ins Bild gebracht werden. Als Sprecher fungiert eine Person, die als ‚Vorleser aus dem Off' beschrieben werden kann (ebd.). Ergänzt wird diese Sprecherstimme um Geräusche und einzelne Töne, manchmal auch um Melodien, die die dargestellte Situation auf auditiver Ebene unterstützen, aber zurückhaltend eingesetzt werden. Das vom Sprecher Gelesene ist meist „völlig identisch mit der Bilderbuchvorlage" (ebd.), womit die Dominanz des Bilderbuchs auch auf inhaltlicher Ebene deutlich wird. Als Beispiel für einen solchen bilderbuchartig angelegten Film kann die Verfilmung von Martin Baltscheits Bilderbuch *Die Geschichte vom Fuchs, der den Verstand verlor* (2011) herangezogen werden: Der acht Minuten dauernde Film wurde im Jahr 2011 vom Hamburger Trickfilm-Studio TRIKK17 teilanimiert und um Begleitmaterial für den Einsatz in Kindergarten und Schule ergänzt.

Verfilmte Bilderbuchgeschichten unterscheiden sich von den bilderbuchartig angelegten Filmen zunächst durch die bewegten Bilder. Weiter ist die Spieldauer der verfilmten Bilderbuchgeschichten wesentlich länger, da sie sich durch „zumeist recht aufwendige und inhaltlich wie umfangmäßig weit übers Bilderbuch hinausgehende Inszenierung mit vielen Hinzufügungen, Weglassungen und Umstellungen" auszeichnen (Sahr 2005, S. 165). Auch fungiert hier nicht nur eine Person als Sprecher, sondern diese wird um Figurenstimmen erweitert. Begleitendes Tonmaterial, das Geräusche der dargestellten Wirklichkeit abbildet oder in Form von Melodien spannende Filmsequenzen unterstützt, ist durchgängig präsent (Maiwald 2010, S. 170). Die Dominanz des Film-Spezifischen wird insbesondere durch die Gestaltungsformen evident: Verfilmte Bilderbuchgeschichten können als Animationsfilme – also Trickfilme, die mit unbelebten und auch unbeweglichen Ausgangsmaterialien arbeiten –, als Realfilme mit echten Schauspielern oder auch als Kombinationsfilme, in denen Schauspieler mit gezeichneten oder gemalten Figuren agieren, produziert werden (Wallach 2003, S. 212f.). Ein Beispiel für einen Animationsfilm ist der im Jahr 2007 in Stop-Motion-Technik entstandene Film *Tomte Tummetott und der Fuchs*, der auf den Bilderbüchern *Tomte Tummetott* (OA/dt. EA 1960) und *Tomte und der Fuchs* (OA/dt. EA 1966) von Astrid Lindgren basiert. Als Realfilm hingegen wurde Susanne Straßers 2010 erschienenes Bilderbuch *Das Märchen von der Prinzessin, die unbedingt in einem Märchen vorkommen wollte* produziert, der 2013 in die deutschen Kinos kam.

Während sich verfilmte Bilderbuchgeschichten eher an Kinder richten, denen das Medium Film bereits bekannt ist, bzw. teilweise auch Erwachsene zum Rezipientenkreis zählen (vgl. die Verfilmung von Maurice Sendaks Bilderbuch *Wo die wilden Kerle wohnen* [OA 1963, dt. EA 1967]), eignen sich die bilderbuchartig angelegten Filme aufgrund ihrer kurzen Dauer und der nur teilweise animierten Umsetzung dafür, jüngere Kinder an das Medium Film heranzuführen. Dies macht sich beispielsweise der Bilderbuchkanal pikcha.tv zunutze, auf dessen Homepage zahlreiche Bilderbuchfilme zum Download bereitstehen und der damit wirbt, dass die von ihm gezeigten Filme vor allem jüngere Kinder mit akustischen und visuellen Reizen nicht überfordern (www.pikcha.tv/index.php/de/fuer-eltern).

Dass der Medienwechsel auch in umgekehrter Reihenfolge erfolgen kann, sodass aus bewegten Bildern unbewegte werden, zeigt die Produktionsgeschichte des Kurzfilms *Mobile*: Der computergenerierte Animationsfilm entstand im Jahr 2010 als Abschlussarbeit an der Filmakademie Baden-Württemberg. Ausgezeichnet mit zahlreichen Preisen wurde er anfangs einzeln als DVD auf den Markt gebracht, bis im Jahr 2011 das gleichnamige Bilderbuch erschien, dem die DVD beigegeben wurde. Während der Film ganz ohne Text mit Instrumentalmusik und dem Nachahmen von Tierlauten auskommt, ist der Buchadaption Text in Reimen beigegeben, der sich sprachspielerisch „onomatopoetischer Elemente und Neologismen" (Vorst 2013, S. 34) bedient und so eine neue Ebene hinzugefügt wird, die den Besonderheiten des Mediums Buch entspricht und ergänzt, was im Film die bewegten Bilder vermitteln.

Wie aufgezeigt werden konnte, sind die Verbindungen zwischen Bilderbuch und Film mannigfaltig. Bilderbücher sind nicht vollständig bedeutungslos geworden, auch wenn das Fernsehen schon seit Längerem Leitmedium der Kinder und Jugendlichen ist. Bilderbücher nehmen in der literarischen Sozialisation auch weiterhin eine wichtige Stellung ein, da die Kinder durch sie das Medium Buch kennenlernen und damit zur Literatur hingeführt werden. Wie in Kapitel 1.1.1 bereits begrifflich gefasst, konstituiert sich das Bilderbuch aus der Text-Bild-Beziehung, wodurch sich eine Verwandtschaft zum Film ergibt, auch wenn beide mit anderen Vorzeichen arbeiten. Für das Bilderbuch gilt aber auch, was für den Film am Beispiel von *Mobile* bereits gezeigt wurde: Nicht jedes Bilderbuch muss Text enthalten. Insbesondere bei Bilderbüchern für Kleinkinder findet eine Reduzierung auf die Bildebene statt. Diese sogenannten textlosen Bilderbücher, von denen mittlerweile auch viele äußerst anspruchsvolle Beispiele auf dem Markt sind, erzählen ausschließlich über die Bildfolge.

Mit **textlosen Bilderbüchern**, die meist noch keine fortlaufende Geschichte erzählen, sondern den Fokus auf die Einzel- oder Doppelseite legen (Kümmerling-Meibauer 2011, Sp. 148), die einzelne Tiere oder Gegenstände zeigt, kommen die Kinder am Beginn ihres Lebens in Berührung. Diese (kleinformatigen) Elementarbilderbücher – benannt nach deren Funktion – können weiter nach dem Material unterschieden werden, aus dem sie bestehen: Bereits für das Säuglingsalter gibt es Stoffbilderbücher wie das von Sabine und Jörg Frielinghaus konzipierte *Mein Bio-Kuschelbuch* (2012), wie auch Pappbilderbücher (z. B. Monika Neubach-Fessers *Mein erstes Buch* [2007]). Als weitere Form textloser Bilderbücher sind die – meist an Kleinkinder adressierten – Wimmelbücher anzuführen. Diese sind pluriszenisch angelegt – auf einer Doppelseite werden mehrere Szenen gezeigt – und zumeist als (großformatige) Pappbilderbücher produziert. Prägend für diesen speziellen Typ des Bilderbuchs ist Ali Mitgutsch, der im Jahr 1968 mit *Rundherum in* *meiner Stadt* sein erstes Wimmelbilderbuch vorlegte. Thematisiert wird in seinen Bildern eine Realität mit Bezug zum Alltag des Kinds. Gleichzeitig ermöglicht er den noch nicht literalisierten Kindern durch die Textlosigkeit – ganz im Sinne der Forderung der in dieser Zeit im Entstehen begriffenen antiautoritären Pädagogik – eine autonome Rezeption, die keines Erwachsenen bedarf (Oetken 2008, S. 93). Eine Weiterentwicklung hat das Wimmelbuch durch Rotraut Susanne Berner erfahren, die mit der Kleinstadt Wimmlingen einen Mikrokosmos mit festem Figurenbestand entwirft, dessen Protagonisten in verschiedenen Settings immer wiederkehren und miteinander agieren. Während diese Wimmelbücher aufgrund ihrer narrativen Qualität schon eine hohe visuelle Kompetenz von den kindlichen Rezipient(inn)en fordern, steigert sich diese in den textlosen Papierbilderbüchern, die mit der Bildsequenz eine Geschichte ‚erzählen' (Kümmerling-Meibauer 2011, Sp. 148). Mit der Auswahl des Materials Papier ist bereits ein Hinweis gegeben, dass sich diese Bilderbücher an ältere Kinder richten (z. B. *Der Hühnerdieb* [OA 2005, dt. EA 2008] von Béatrice Rodriguez). Um die textlos erzählte Geschichte verstehen zu können, muss das Kind zunächst die visuellen Symbole entschlüsseln, um dann die Inhalte der Einzelbilder zu einem narrativen Ganzen zu verbinden. Damit reicht die Spanne textloser Bilderbücher von auf das Einzelbild fokussierten Elementarbilderbüchern über Wimmelbücher, die auf einer Doppelseite mehrere Szenen darstellen und zum Entdecken einladen, bis hin zu narrativen Bilderbüchern, die eine Verknüpfung der aufeinanderfolgenden Bilder von den kindlichen Rezipient(inn)en für den Verstehensprozess der Geschichte fordern.

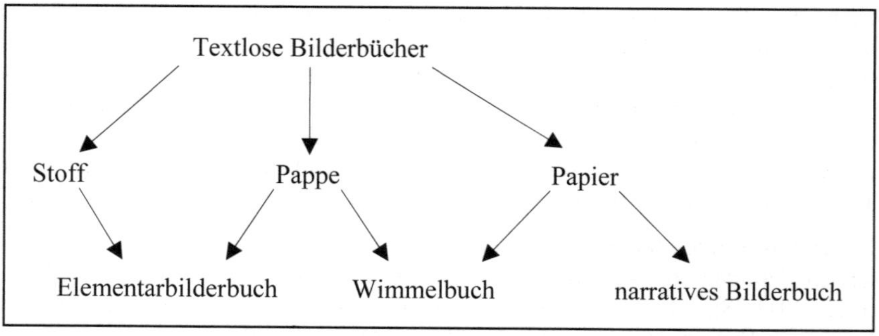

Abb. 2: Typen textloser Bilderbücher

Eine differenzierte Typologisierung des Bilderbuchs scheint aufgrund der Vielgestaltigkeit dieser Bücher kaum möglich. Thiele (2005, S. 237) unterscheidet auf allgemeiner Ebene zwei Bilderbuchtypen: das erzählende Bilderbuch und das Sachbilderbuch. Als Unterscheidungskriterium dieser beiden Bilderbuchtypen ist die fiktionale Wirklichkeit im erzählenden Bilderbuch bzw. die non-fiktionale Wirklichkeit im Sachbilderbuch anzuführen.

Innerhalb des Typus **erzählende Bilderbücher** schlägt Thiele (2005, S. 237) vor, diese nach Realitätsbezug in fantastische und realistische Erzählungen zu gliedern. Als erzählende Bilderbücher, die eine geschlossene fantastische Welt zeigen, können die *Tatu-und-Patu*-Bände (OA 2008–2013, dt. EA 2010–2013) von Aino Havukainen und Sami Toivonen angeführt werden: Diese handeln von den beiden Brüdern Tatu und Patu und berichten von deren verrücktem Leben in Seltsamhausen. Anders verhält es sich in dem Bilderbuchklassiker *Wo die wilden Kerle wohnen*, in dem der kindliche Protagonist Max von der wirklichkeitsnahen Welt in die fantastische (offene) Welt reist. Auch dieses Bilderbuch ist dem erzählend-fantastischen Bilderbuch zuzuordnen, es weist aber mit der ‚realen' Welt mehr Realitätsbezug auf, als das bei *Tatu und Patu* der Fall ist. Zu den erzählenden Bilderbüchern, die in der wirklichkeitsnahen Welt angesiedelt sind und daher der realistischen Kinderliteratur zugerechnet werden, gehören neben anderen die Problembilderbücher, in denen Themen wie soziale Konflikte oder tabuisierte Themen (Armut, Krankheit/Tod, Sexualität) behandelt werden (ebd.). Ebenso zu den realistischen Bilderbüchern zählen die sogenannten Umwelterzählungen, die häufig „dörfliche oder kleinstädtische Lebenswelten [widerspiegeln], in denen Kindheit noch im familiären und nachbarschaftlichen Lebensraum verwurzelt ist" (Steinz/Weinmann 2005, S. 107). Als Beispiel für ein problemorientiertes Bilderbuch, das das Tabuthema Tod aufnimmt, kann *Papas Arme sind ein Boot* (OA 2009, dt. EA 2010) von Stein Erik Lunde und Øyvind Torseter angeführt werden, in dem der Verlust der Mutter und „der Prozess der Trauer aus der Kind-Perspektive geschildert wird" (Becker 2012, S. 70). Erzählend-realistisch und dem Muster der Umwelterzählung folgend ist beispielsweise das Bilderbuch *Kindertag in Bullerbü* (OA 1966, dt. EA 1967) von Astrid Lindgren, das von Ilon Wikland illustriert wurde.

Ein terminologisches Problem tritt bei dem von Thiele als **Sachbilderbuch** bezeichneten Bilderbuchtyp auf: In der Forschung wird in Anlehnung an Ossowskis Typologie des Sachbuchs (2005, S. 672) das Bildersachbuch vom Sachbilderbuch unterschieden. Thiele hingegen nutzt ‚Sachbilderbuch' als Überbegriff, unter den sowohl Bildersachbücher als auch die gleichnamigen Sachbilderbücher fallen. Im Bildersachbuch wird per definitionem „die erfahrbare kindliche Umwelt nur in Bildern, ohne Text vorgestellt, entweder in Einzeldarstellungen oder in zusammenhängenden Bildfolgen"; das Sachbilderbuch hingegen befasst sich hauptsächlich bild-erzählerisch mit Umweltgegenständen (ebd., S. 672f.). Weitere Unterscheidungen innerhalb der Sachbuchtypologie wie die Differenzierung von ‚Erzählsachbuch' und ‚Sacherzählbuch', die durchaus auch dem Bilderbuch zugeordnet werden könnten, werden hier nicht vorgenommen, da diese größeren narrativen Charakter – in Text und/oder Bild – haben und somit nicht mehr eindeutig von den erzählenden Bilderbüchern abgegrenzt werden können.

Extra anzuführen sind – aufgrund ihrer Funktion – schließlich noch die **gestalterischen Sondertypen des Bilderbuchs**, zu denen Malbücher, Spielbücher, Verwandlungsbilderbücher sowie Bewegungsbilderbücher zählen (Thiele 2005, S. 237).

Diese können je nach Inhalt sowohl den erzählenden als auch den Sachbilderbüchern zugeordnet werden und fordern auf besondere Weise die Eigenaktivität der Rezipient(inn)en heraus. Hierzu gehören Bilderbücher, die sich beispielsweise durch ihre Form als Leporello (wie das von Tobias Krejtschi konzipierte *Wurzelwärts/Wipfelwärts* [2012]), als Pop-up-Bilderbuch (z. B. Anouck Boisrobert *Das Faultier im Pop-up-Wald* [2011]), als Verwandlungsbilderbuch (*Krogufant* [1988] von Sara Ball) oder als Aufstellbücher (z. B. *Das Puppenhaus* [1889] von Lothar Meggendorfer, dessen bewegliche Bilderbücher als Vorläufer für diverse Spielbilderbücher gelten) auszeichnen. Neben diesen verschiedenen Formen können Bilderbücher einzelne Elemente zum Aufklappen, Ziehen und Drehen enthalten (wie in Květa Pacovskás *grün rot alle* [1992]). Aber auch Fühlelemente (z. B. Regina Hufen *Am Meer* [2011]) und Fingerpuppen (wie das von Sara Gillingham verfasste und von Lorena Siminovich illustrierte *Auf meinem Baum* [2012]) oder Gucklöcher (*Wenn ich ein Löwe wäre* [2012] von Isabel Pin) können Bestandteil von Bilderbüchern sein.

Auch wenn die Entwicklungsgeschichte der Bilderbücher von den Anfängen im 18. Jahrhundert bis in die Gegenwart bereits in Kapitel 1.1.1 dargestellt wurde, sei hier auf einige aktuelle Entwicklungen des Bilderbuchs eingegangen. Zunächst geht es um Entwicklungen, die unter den Begriff des ‚postmodernen Bilderbuchs' subsumiert werden können. Damit werden Bilderbücher bezeichnet, die mit verschiedenen literarischen und bildnerischen Verfahren wie der Integration medialer Erzählweisen, der Metafiktion, der Mischung der Genres, der Intertextualität und der Selbstreferenzialität experimentieren (Kümmerling-Meibauer 2011, Sp. 157).

Am Beispiel des Bilderbuchs *Johanna im Zug* (2009) der Schweizer Autor-Illustratorin Kathrin Schärer können einige Charakteristika des postmodernen Bilderbuchs herausgearbeitet werden. Bereits das vordere Vorsatzpapier, das den Zeichentisch der Autor-Illustrator-Figur zeigt, gibt hier Hinweise auf das metafiktionale Spiel, das sich im weiteren Verlauf des Bilderbuchs entfalten wird: Die Rezipient(inn)en verfolgen die Entstehung der Geschichte von dem Schwein Johanna, das eine Zugfahrt unternimmt, über das Bilderbuch hinweg mit. Dazu werden stets zwei Bildebenen aufrechterhalten: In Schwarz-Weiß ist die Darstellung der zeichnenden Hände zu sehen, während sich die Geschichte des Schweins in Farbe entfaltet. Schärer macht den fiktionalen Charakter von Literatur aber nicht nur auf Ebene der Illustrationen sichtbar, sondern auch auf der Textebene, wenn sich das Schwein Johanna mit der Autor-Illustrator-Figur unterhält und auf das weitere inhaltliche Geschehen Einfluss nimmt. Neben der Metafiktion sind in dem Bilderbuch intertextuelle Verweise aus dem Bereich der Erwachsenen- sowie der Kinderliteratur zu finden. Auf dem bereits erwähnten Zeichentisch im vorderen Vorsatz liegen Max Frischs *Biografie: Ein Spiel*, Friedrich Dürrenmatts *Der Hund/Der Tunnel/Die Panne* und Pascal Merciers *Nachtzug nach Lissabon*, drei Bücher von Autoren, die wie Schärer aus der Schweiz stammen. Diese Bücher dürfen aber nicht als beiläufige Hommage an die kanonisierte Literatur verstanden werden, sondern es bestehen darüber hinaus inhaltliche Verbindungen zu diesen Texten.

Elemente dieser Bücher fließen in Form von Erzählstrukturen und Handlungssegmenten in die Geschichte ein: Als Johanna am Bahnhof durch das Zugfenster beobachtet, wie ein kleiner Eisbär in den falschen Zug steigt und die Eisbäreneltern verzweifelt zurückbleiben, weist das Schwein die Autor-Illustrator-Figur an, dies rückgängig zu machen. Damit nimmt Schärer Bezug auf Frischs schwarze Komödie, „deren Held sein Leben noch mal von vorn und, auch wenn ihm das nicht glückt, ganz nach seinen Wünschen leben darf“ (Rauchhaupt 2009). Gleichzeitig verweist diese Szene intertextuell auf das Bilderbuch *Kleiner Eisbär, wohin fährst du?* von Hans de Beer. Die Anspielung auf dieses kinderliterarische Werk wird neben der Bildebene auch auf der Textebene deutlich, wenn Johanna fragt: „Kleiner Eisbär, wohin fährst du?!“ Im Rahmen der intertextuellen Analyse kann für *Johanna im Zug* auch die Selbstreferenzialität, also die Bezugnahme auf eigene Werke des Autors – in diesem Fall – von Kathrin Schärer, veranschaulicht werden: Auf dem hinteren Vorsatzpapier hat die Autor-Illustrator-Figur das Werk beendet und beginnt eine neue Geschichte. Auf ihrem Zeichentisch liegt jetzt das fertig gestellte Bilderbuch *Johanna im Zug*, dessen Einbandrückseite zu sehen ist.

Eine weitere aktuelle Tendenz im Bilderbuchbereich, die sich insbesondere auf der Ebene des Texts abspielt, firmiert unter dem Begriff des **mehrsprachigen Bilderbuchs**. Dieses zeichnet sich durch Textteile in verschiedenen Sprachen aus (vgl. dazu auch die Ausführungen in Kap. 1.4.1). Während mehrsprachige Bilderbücher zunächst die im deutschen Sprachraum etablierten schulischen Fremdsprachen wie Englisch, Französisch und Spanisch integrierten (Eder 2009, S. 20f.), werden mittlerweile auch Migrantensprachen wie Russisch und Türkisch gewählt, um diese Bilderbücher für interkulturelles Lernen in Kindergarten und Schule fruchtbar zu machen (Kümmerling-Meibauer 2011, Sp. 159).

Wenn im schulischen Bereich eine Auseinandersetzung mit dem Bilderbuch erfolgt, so ist dies überwiegend auf die Grundschule beschränkt, obwohl im Zuge der thematischen und gestalterischen Entgrenzungen im Bilderbuch auch ein Einsatz solcher Bücher in der Sekundarstufe denkbar ist. Das Bilderbuch als Unterrichtsgegenstand hilft kommunikative und kognitive Aspekte zu thematisieren. Thiele (2003a, S. 176ff.) unternimmt hierfür eine Zusammenstellung didaktischer Ansätze und Konzepte zum Umgang mit dem Bilderbuch im Unterricht:

Das Bilderbuch kann als Impulsgeber für einen problemorientierten Unterricht dienen, da mit ihm der Einstieg in einen Themenbereich möglich ist. Dies kommt vorwiegend bei der Auseinandersetzung mit sogenannten Tabuthemen (Krankheit, Tod, Gewalt, Armut etc.) zum Tragen. Dabei fungiert das Bilderbuch mit seinen narrativen Angeboten auf der Text- wie auf der Bildebene als ‚Anschubmedium‘, das nach erfolgter Einführung in das jeweilige Thema meist nicht weiter Gegenstand des Unterrichts ist. Andere didaktische Konzeptionen sehen das Bilderbuch als eine Brücke zwischen den vorschulischen literarischen Erfahrungen des Kindes und den Ansprüchen des Leseunterrichts (ebd., S. 177). Mithilfe des Bilderbuchs, dem hier eine lesemotivationale Funktion zugeschrieben wird, soll die

Leseförderung der Schüler(innen) unterstützt werden. Einsatz kann das Bilderbuch auch in der Schreibförderung finden, wenn beispielsweise Illustrationen Auslöser für Schülertexte werden (ebd.). Insbesondere vor dem Hintergrund ästhetischer Erfahrungen, die das Medium eröffnet, kann das Bilderbuch genutzt werden, um einer Vernachlässigung dieser entgegenzuwirken. Dazu ist eine über die Fachgrenzen hinausgehende Auseinandersetzung mit dem Bilderbuch notwendig. Als Teil einer umfassenden literarischen Bildung wird der Einsatz von Bilderbüchern beispielsweise dann verstanden, wenn das Buch als Medium zum komplexen Unterrichtsgegenstand wird (Thiele 2003b, S. 242) und die Auseinandersetzung mit diesem insbesondere Methoden des handlungs- und produktionsorientierten Umgangs fokussiert.

Ähnliches lässt sich auch über den Film sagen: Sahr (2005, S. 162) plädiert dafür, dass ein zeitgenössischer Deutschunterricht sich den veränderten Rezeptionsbedingungen von Kinderliteratur bzw. -medien anpassen, Buch und Film als eigenständige sowie gleichberechtigte ästhetische Produkte verstehen und einbeziehen muss. Im Hinblick auf das bewegte Bild tritt er für ein Aufgeben pädagogischer Vorbehalte gegenüber remediatisierten Formen und eine bewusste Auseinandersetzung mit diesen im Unterricht ein, um den Kindern „bei der Rezeption und Verarbeitung von Filmen und Fernsehspielen zu helfen [und] um sie zu unterstützen, Filmbilder zu lesen, verstehen und bewerten zu lernen“ (ebd., S. 160). (Vgl. hierzu auch Kümmerling-Meibauer/Koebner 2010 sowie Exner/Kümmerling-Meibauer 2012.)

Dass das Lesen von (Film-)Bildern eine Fähigkeit ist, die es gilt, im Unterricht stärker zu fördern, fordert Kümmerling-Meibauer (2012a, S. 61): Zwar würden Bilderbücher im Anfangsunterricht eine immer größere Rolle spielen, das Gespräch darüber bleibe aber aus, weil man irrigerweise davon ausgehe, „Bildinhalte verstünden sich von selbst, zumal dann, wenn ihnen ein begleitender Text zugeordnet wird“. Um die Botschaft der Bilder aber entschlüsseln zu können, bedürfen die Schüler(innen) diverser visueller Codes. Der Erwerb basaler visueller Codes beginnt schon im Kleinkindalter, sodass die Kinder bis zum Schuleintritt „bereits über zahlreiche visuelle Codes verfügen“ (ebd., S. 59). Da der Bilderwerb – Visual Literacy –, also „die Fähigkeit, Symbole und Zeichen in Bildern zu verstehen“ (Kümmerling-Meibauer 2012b, S. 20), aber davon abhängig ist, wie intensiv die Auseinandersetzung mit Bildern erfolgt, kommen Kinder mit einem unterschiedlich geschulten visuellen Gedächtnis in die Schule. Aufgabe des Deutschunterrichts muss es daher sein, allen Schüler(inne)n das Lesen von Bildern zu ermöglichen, indem über Bilder sowie Bild-Text-Relationen gesprochen wird und damit metapiktorale Kompetenzen aufgebaut werden (Kümmerling-Meibauer 2012a, S. 70).

1.3.2 Erzählen in Reimen und mit Klängen

Wie mit Bilderbüchern kommen Kinder bereits im Baby- bzw. jüngsten Kleinkindalter mit Reimen und Klängen in Kontakt, wenn ihnen Fingerspiele wie *Himpelchen und Pimpelchen* dargeboten oder Wiegenlieder wie *Guten Abend, gut' Nacht, / mit Rosen bedacht* zum Einschlafen vorgesungen werden. Die lyrischen Erfahrungen der Kinder setzen sich im Vorschulalter mit Kinderspielen wie *Schmetterling, du kleines Ding* und Kinderliedern wie *Die Affen rasen durch den Wald* fort. Dabei werden Kinderlieder oft von den Kindern um selbst erfundene Strophen erweitert (z. B. verschiedene Versionen von *Meine Oma fährt im Hühnerstall Motorrad*) oder von Generation zu Generation weitergegebene Kinderreime verändert. Diese Modifikation lyrischer Texte zeigt, dass die Kinder bereits in der Lage sind, sprachliche Strukturen zu erkennen, indem sie einzelne Wörter oder auch Verse und Strophen durch gleich strukturierte ersetzen. Innerhalb der literarischen Sozialisation stellt die Kinderlyrik damit neben der Sprachentwicklung einen wichtigen Ausgangspunkt für die Ausbildung der phonologischen Bewusstheit dar. Das (bewusste) Wahrnehmen lautlicher Sprachstrukturen – zu der das Erkennen von Reimen wie auch das Silbifizieren von Wörtern gehört – kommt mit dem Eintritt in die Grundschule zum Tragen, wenn die Kinder lesen lernen und der Schriftspracherwerb erfolgt.

Trotz dieses Potenzials ist die Einbindung der Kinderlyrik in den Kindergärten bisher zu schwach und wird auch innerhalb der Familie weniger bewusst zur sprachlichen bzw. literarischen Sozialisation eingesetzt als beispielsweise das Kinderbuch. Dies hat Wildemann (2003) in einer empirischen Studie zum Umgang mit Kinderlyrik im Vorschulalter gezeigt: Die Befragung von Familien mit drei- bis sechsjährigen Kindern über innerfamiliäre Erfahrungen mit Kinderlyrik sowie zum Wissen der Kinder über Reime und ihre Reimfähigkeit ergab, dass frühe literale Erfahrungen mit Lyrik zumeist unbewusst und/oder ungesteuert erfolgen, implizites sprachliches Wissen vorherrschend ist, explizite Metasprachlichkeit hingegen selten. Um diese Defizite auszugleichen, plädiert Wildemann für eine bewusste (spielerische) Auseinandersetzung mit Kinderlyrik in den Kindergärten. Aufgabe der Grundschulen muss es sein, im Anfangsunterricht an das vorhandene implizite Wissen der Kinder anzuknüpfen (vgl. ebd.).

Unter **Kinderlyrik** versteht man Lyrik, die sich speziell an Kinder als Adressat(inn)en richtet und verstärkt die menschlichen Sinne des Sehens, Hörens und Tastens fokussiert, wenn etwa bei der Darbietung von Fingerspielen neben dem Zuhören auch der Sehsinn angesprochen wird und bei der Durchführung von Krabbelversen das Kleinkind zusätzlich die Berührungen fühlt. In Abgrenzung von der Erwachsenenlyrik werden unter Kinderlyrik daher „sämtliche in gebundener, nicht unbedingt gereimter Sprache und in einer bestimmten Form von Kindern und von Erwachsenen für Kinder vom Kleinkindalter bis etwa 10 Jahren verfassten und von diesen rezipierten sprech-, les- und z. T. auch singbaren Texte“ verstanden (Reger 2000, S. 1). Dass die Grenzen zwischen Kinder- und Erwachsenenlyrik hinsichtlich der Rezipient(inn)en verschwimmen, wird insbesondere in Lyrik-Anthologien deutlich, die sich an beide Zielgruppen richten (z. B. James Krüss' *Der wohltemperierte Leierkasten. 12 mal 12 Gedichte für Kinder, Erwachsene und andere Leute* [1961], die von Amelie Fried herausgegebene Gedichte-Sammlung *Ich liebe dich wie Apfelmus. Die schönsten Gedichte für Kleine und Große* [2006] oder die von Ute Krause illustrierte Lieder-Sammlung *Schläft ein Lied in allen Dingen. Das große Familienliederbuch* [2011]).

Hinsichtlich des Entstehungsprozesses von Kinderlyrik wird zwischen mündlich und schriftlich überlieferter Kinderlyrik unterschieden: Die oral tradierten Gedichte und Lieder wurden von Kindern – häufig in Anlehnung an diverse Vorbilder wie Volkslieder, Werbeslogans u. ä. – ‚verfasst'. Durch die mündliche Weitergabe an die nächsten Generationen unterliegen sie einer ständigen Veränderung, wobei Sprachmuster meist beibehalten, Inhalte dagegen aktualisiert oder ergänzt werden (Franz 2005, S. 209ff.). Als Beispiel kann hier das Lied *Von den blauen Bergen kommen wir / von den Bergen, ach, so weit von hier* herangezogen werden: Auf diesem 1949 von Heinz Woezel komponierten Lied basiert das mündlich überlieferte Kinderlied *Von den blauen Bergen kommen wir, / unser Lehrer ist genauso dumm wie wir.* Im Laufe der Zeit wurde das Spottlied sowohl um diverse Strophen erweitert, als auch inhaltlich aktualisiert. Die schriftlich fixierte Kinderlyrik hingegen ist meist von Erwachsenen verfasst. Mit dem Entstehen im Zeitalter der Aufklärung erklären sich die oftmals pädagogisch-lehrhaften Inhalte, die jedoch in der Romantik weitestgehend relativiert wurden und in der heutigen Kinderlyrik kaum noch zu finden sind.

Die Kinderlyrik hat verschiedene Genres hervorgebracht, die Franz – im Wissen um Überschneidungen – in einer Typologie unterscheidet: den Kinderreim, das Kindergedicht, das Kinderlied, das Kinderspiel sowie das Sprachspiel (ebd., S. 204). Diese werden im Folgenden mit Beispielen aus verschiedenen Entstehungszeiten vorgestellt. Dass nicht nur aktuelle Primärtexte herangezogen werden, soll verdeutlichen, dass viele dieser kinderlyrischen Typen schon lange existieren und auch ältere Texte noch heute im Umgang mit Kindern Verwendung finden.

Kinderreime sind in gebundener Sprache sowie eingängigem Rhythmus verfasst und zählen zu den einfachen literarischen Formen. Der meist paargereimte Kindervers weist innerhalb einer Zeile drei bis vier Hebungen auf und ist meist als Zwei- oder Vierzeiler bzw. Drei- oder Fünfzeiler – wenn eine Waise eingeschoben oder angehängt wurde – angelegt (ebd., S. 204). Inhaltlich stellen die Kinderreime einen (Alltags-)Bezug zur Lebenswelt der Kinder her, indem Themen wie Lebewesen, Pflanzen, Körperteile, Feste und Feiertage im Zentrum stehen. Anhand des folgenden, mündlich überlieferten Kinderreims, der aus vier Zeilen mit je vier Hebungen besteht und dem Reimschema aabb folgt, wird der strukturelle Aufbau dieses kinderlyrischen Typs deutlich:

Laßt uns zu dem Wasser geh'n,
dort, wo Schilf und Weide steh'n!
Wir blasen unser Schifflein an,
damit es besser schwimmen kann.

(Zitiert nach: Kutik/Ott-Heidmann 1988, S. 146)

Innerhalb des Genres der Kinderreime gibt es zahlreiche Ausprägungsformen, die sich in Umfang und Funktion unterscheiden – teilweise aber auch überschneiden. Die wichtigsten seien hier kurz angeführt, beschrieben und mit einem Beispiel versehen:

- Abzählreime umschließen eine große Gruppe innerhalb der Kinderreime (Thiele 2003c, S. 163). Sie sind meist einfach strukturiert, oft paargereimt und eher kurz gehalten. Aufgrund der mündlichen Weitergabe wurden einige Abzählverse erweitert, für andere liegen verschiedene regionale, dialektale Varianten vor.

  Eins, zwei, drei,
  du bist frei!
  (Vier, fünf, sechs,
  du bist weg.
  Sieben, acht, neun,
  du musst's sein.)

  (Zitiert nach: Belke 2012, S. 13)

- Unter Fingerreimen und Fingerspielen wird Kinderlyrik verstanden, die inhaltlich Bezug auf die Finger nimmt und/oder bei der mit den Fingern bestimmte Bewegungen ausgeführt werden. Beides ist in folgendem Beispiel gegeben, in dem die Finger Thema sind und auf diese gedeutet wird, wenn der jeweilige Name genannt wird, sowie am Ende des Kinderreims die Hand zu einer Faust geschlossen wird:

  Alle meine Finger klein
  sollen jetzt mal Tiere sein!
  Dieser Daumen dick und rund
  ist der schwarze Schäferhund.
  Zeigefinger ist ein Pferd,
  das die Kinder reiten lehrt.
  Mittelfinger ist die Kuh,
  die gibt Milch ohn Rast und Ruh.
  Ringfinger ist das Schwein
  mit zwölf Ferkeln klitzeklein.
  Kleiner Finger ritze-ratz
  ist die weiße Miezekatz.
  Nachts sind alle fünf im Stall,
  hör nur, wie sie schnarchen all.

  (Zitiert nach: Pousset 1991, S. 27f.)

- Bei Kitzel- bzw. Krabbelversen wird das Gesprochene durch Berührungen am Körper des Kinds unterstützt. Um die lange Tradition der Kinderreime aufzuzeigen, sei an dieser Stelle ein Kitzel- und Krabbelvers aus dem Jahr 1897 zitiert, der im von Franz Magnus Böhme herausgegebenen Werk *Deutsches Kinderlied und Kinderspiel* abgedruckt ist:

  Da kommt die Maus,
  Da kommt die Maus,
  Klingelingeling!
  Ist der Herr zu Haus?

  (Böhme 1897, S. 40f.)

  Böhme beschreibt den Umgang mit dem *Krabbelmäuschen* wie folgt: „Die Hand der Mutter nähert sich langsam dem Halse des Kindes und kitzelt es zuletzt unter diesem. […] Das Ohrläppchen des Kindes ist die Thürklingel. Heißt es auf die Frage ja, so wird der Herr besucht; heißt es nein, so wird er gesucht." (Ebd.)

- Unter Kniereitern versteht man Kinderreime, die durch die Situation gekennzeichnet sind, dass das Kind auf dem Schoß des Erwachsenen sitzt. Während des rhythmischen Sprechens des Kniereiters bewegt der Erwachsene zu den Hebungen des Verses passend die Beine. Da mit dieser Bewegung eine Reitsituation nachgeahmt wird, drehen sich die Kniereiter thematisch oft um das Pferd bzw. das Reiten, wie auch das folgende Beispiel zeigt:

  Wenn die Kinder kleine sind,
  reiten sie auf Knien geschwind.
  Wenn sie aber größer werden,
  reiten sie auf richt'gen Pferden.
  Geht das Pferdchen im Galopp,
  fällt der Reiter auf den Kopp.

  (Zitiert nach: Austermann/Wohlleben 2010, S. 73)

- Rätselverse für Kinder finden sich schon in der Literatur der Aufklärung, hier insbesondere in den Kinderzeitschriften, wie beispielsweise im *Kinderfreund*, der von Christian Felix Weiße herausgegeben wurde. Rätselverse wie der folgende waren fester Bestandteil des Wochenblatts, wobei die Auflösung des Rätsels im Folgeheft zu finden war:

  Es sind zwei Fenster, die man trägt,
  wo jedes sich von selbst bewegt;
  man guckt durch sie nicht in das Haus,
  doch desto mehr guckt man heraus.

  (Weiße 1779, S. 48)

- Die Spottreime sind je nach Ausrichtung und Schärfe verhöhnend, ironisch, ernsthaft satirisch und/oder grotesk übertrieben (Reger 2000, S. 46). Dabei ist auch diesem kinderlyrischen Typus zu eigen, dass er meist kurz gehalten sowie mündlich überliefert ist und sich an lyrische Vorbilder anlehnt, die dann inhaltlich verzerrt werden:

  Lieber guter Nikolaus,
  lösche unsre Vieren aus,
  mache lauter Einser draus.
  Bist ein guter Nikolaus.

  (Zitiert nach: Berner 2007, S. 59)

Kindergedichte – von namhaften Autoren verfasst (Reger 2000, S. 2) – gelten als Steigerung der Kinderreime in Hinsicht auf Umfang, Reimschema, Versmaß und Sprache. Aufgrund der inhaltlichen Ausweitung werden sie in Naturlyrik, Geschehnislyrik sowie lyrischen Humor klassifiziert (Franz 2005, S. 206f.). Als Beispiel für den Typus Kindergedicht dient hier Josef Guggenmos' *Affenschule*:

Die Schule ist ein schönes Ding.
Man braucht es, das ist wahr.
Auf einem umgestürzten Baum
saß eine Affenschar.

Man hatte sie dorthin geschickt,
zu bilden den Verstand.
Der Lehrer war drei Tonnen schwer,
ein gescheiter Elefant.

Der Lehrer nahm mit seinem Rüssel
die Schüler bei den Ohren.
Sie lernten nichts, sie lärmten nur,
alle Mühe war verloren.

(Guggenmos 2013, S. 14)

Mit einem Umfang von drei Gedichtstrophen grenzt sich Guggenmos' *Affenschule* von den unstrophigen Kinderreimen deutlich ab. Der höhere Anspruch dieses Kindergedichts, das dem lyrischen Humor zuzuordnen ist, wird durch den unterbrochenen Reim (xaxa) sowie den Wechsel vier- und dreihebiger Verszeilen deutlich.

Kindergedichte sind – mit Bildern illustriert – oft textuelle Basis von Bilderbüchern: Dabei kann ein Gedicht Grundlage eines ganzen Bilderbuchs sein, wie beispielsweise bei James Krüss' *Henriette Bimmelbahn* (1957), das von Lisl Stich bebildert wurde, oder in Melanie Laibls *Ein Waldwicht fliegt in den Oman. Eine Reise in Reimen* (2008), das von Dorothea Schwab collagiert und mit dem *Waldwicht-Willkommenslied* um eine weitere kinderlyrische Form ergänzt wurde. Oder aber es werden mehrere Kindergedichte eines Autors in einem Bilderbuch versammelt und illustriert. Zum Beispiel sind Erich Kästners Kindergedichte mit Illustrationen von Walter Trier in dem Bilderbuch *Das verhexte Telefon* (1932) erschienen. Auch Antonie Schneiders Kindergedichte und -reime zu verschiedenen Gemüsesorten wurden als Sammlung im Bilderbuch *Kartoffeln in Pantoffeln* (2011) publiziert und von Isabel Pin bebildert.

Anknüpfend an den Begriff des Kindergedichts soll an dieser Stelle der Terminus ‚**Gedicht für Kinder**' (Franz 2005, S. 207) abgegrenzt werden. Damit wird ausgedrückt, dass auch Gedichte aus der Erwachsenenlyrik, die Kinder eigentlich nicht als Adressat(inn)en anvisieren, dennoch von diesen rezipiert bzw. diesen zugänglich gemacht werden können. Dies wird heute etwa in Form von Bilderbüchern zu erreichen versucht: So hat beispielsweise Peter Schössow Goethes Gedichte *Meeres Stille* und *Glückliche Fahrt* illustriert wie auch Heinrich Heines *Der arme Peter* um die Bildebene erweitert. Neben Bilderbüchern sind ebenso kinderliterarische Anthologien wie die von Andresen herausgegebene Sammlung *Im Mondlicht wächst das Gras* auf dem Markt, die neben Kindergedichten auch Gedichte für Kinder enthalten. Dass das Lesen von Erwachsenenlyrik mit Kindern möglich ist, zeigen die Gespräche, die Andresen (1999) im Auftrag des Bayerischen Rundfunks mit Kindern im Grundschulalter geführt hat.

Die Faszination von Kindern für Erwachsenen-Lyrik, die Andresen beobachten konnte, hat auch der Schriftsteller Hanns-Josef Ortheil mit seinen eigenen, bedeutend jüngeren Kindern erlebt. Er hält diese in dem autobiografischen Roman *Lo und Lu* fest: Während eines Zoobesuchs kommt der Vater in die Verlegenheit, zu wenig über Panther zu wissen, um seine Kinder ausreichend über diese Tiere informieren zu können. Als ihm Rainer Maria Rilkes Gedicht *Der Panther* einfällt, sagt er es auf – mit folgender Reaktion der Kinder:

> Noch immer starren sie mich beide an, ‚Der Panther' hat sie anscheinend beeindruckt. Noch mal, sagt Lo, und ich glaube nicht richtig zu hören. […] Es gibt in diesem Augenblick nichts, was ich mir lieber zweimal sagen ließe. Der Panther, nochmal, vielleicht etwas lauter und im Vortrag bestimmter als vorhin […]. Als ich fertig bin, klatscht Lo in die Hände und wiederholt: Stäbe gäbe, Stäbe gäbe …, sie hat sich den ersten lyrischen Treffer in Rilkes Gedicht gleich gemerkt (Ortheil 2001, S. 146).

Zu explizit für Kinder verfassten Texten zählen auch die **Kinderlieder**, bei denen es sich „genuin um Sprachgebilde wie Kinderreime und -gedichte handelt, die mit einer Melodie versehen oder vertont wurden" (Franz 2005, S. 208). Hieraus ergibt sich eine definitorische Problematik, da oft nicht mehr nachvollziehbar ist, ob das Kinderlied von Anfang an als solches konzipiert war oder ob nachträglich eine Melodie hinzugefügt wurde.

Thiele unterscheidet bezüglich der Kinderlieder drei Quellen, aus denen Kinder schöpfen: Zunächst verweist er auf die traditionellen Lieder, die meist zu den „musikalisch-lyrischen Grunderfahrungen einer Vielzahl von Kindern" gehören (Thiele 2003c, S. 169). Dazu zählen Volkslieder wie *Der Kuckuck und der Esel, Ich geh mit meiner Laterne, Winter ade! Scheiden tut weh!* u. v. m. Unter die zweite Gruppe von Kinderliedern werden all die gefasst, die von Erwachsenen speziell für Kinder komponiert wurden. Stellvertretend seien hier die Kinderliedermacher Rolf Zuckowski und Fredrik Vahle genannt, die prägend für den Typus des lyrischen Kinderlieds sind. Ebenfalls zu dieser Art von Kinderliedern gehören Lieder, die im Medienverbund zu (Bilder-)Büchern entstehen. So ist beispielsweise zu den Olchis, den dreckliebenden, grünen Figuren mit Hörhörnern aus der Feder Erhard Dietls, die Hör-CD *Heute will ich ein Olchi sein!* erhältlich, die die „schönsten Hits aus Schmuddelfing“ versammelt.

Die wichtigste Bezugsquelle von Kinderliedern stellt heute das Fernsehen dar: Hier prägen die Titelsongs diverser Fernsehserien und -filme Kindergenerationen – angefangen von Zeichentrickserien wie *Biene Maja*, *Benjamin Blümchen* und *Wickie* über animierte Trickfilmserien wie *Shaun das Schaf*, verfilmte Puppenspiele wie *Jim Knopf* bis hin zu Fernsehserien mit Darstellern wie in *Neues vom Süderhof* oder *Meister Eder und sein Pumuckl*; nicht zu vergessen die zahlreichen filmischen Adaptionen der Bücher Astrid Lindgrens, deren Eingangslieder vielen Kindern präsent sind. Um den Wiedererkennungseffekt dieser Titelsongs auch bei Neuverfilmungen zu gewährleisten, wird auf die bekannten Eingangsmelodien zurückgegriffen, die meist von anderen Interpreten umgesetzt werden: So singt den Titelsong *Hey, hey, Wickie! Hey, Wickie, hey!* in Michael ‚Bully‘ Herbigs *Wickie*-Film Nena feat. K-Rings. Karel Gott wird in der neu aufgelegten 3-D-Zeichentrickserie *Biene Maja* durch die Schlagersängerin Helene Fischer ersetzt.

In Abgrenzung zum Kinderlied wird unter dem **Kinderspiel** – synonym werden auch die Begriffe Spielvers und Spiellied gebraucht – Kinderlyrik verstanden, die Text und Musik bzw. Gesang mit kindlichem Handeln verbindet, also um Spielhandlungen der Kinder ergänzt wird (Thiele 2003c, S. 169). Viele der Spiellieder finden im Kreis statt: Dabei steht entweder ein Kind im Mittelpunkt, das „ein im Liede besungenes Handlungselement darstellt“ (ebd.), oder es werden nach und nach alle Kinder in die Handlung mit einbezogen. Beim Kinderspiel *Dornröschen war ein schönes Kind* beispielsweise gehen die Kinder in einer Art Reigen um das in der Mitte stehende Dornröschen. Zum Inhalt der Strophen werden diverse Bewegungen sowohl von den Kindern als auch von ‚Dornröschen‘ gemacht. Beim Spielvers *Tuff, tuff, tuff, die Eisenbahn* hingegen umkreist ein Kind als ‚Lokomotive‘ die im Kreis Wartenden und wählt ein Kind aus, das sich sodann an die Lokomotive anhängt. So werden nach und nach alle Kinder in das Spiel einbezogen. Neben Kinderspielen im Kreis erfolgen manche zu zweit wie beispielsweise *Brüderchen komm tanz mit mir*: Hier stehen sich zwei Kinder gegenüber, nehmen sich an beiden Händen und ahmen das im Lied Gesungene nach.

Sprachspiele – als weitere kinderlyrische Unterform – verwenden „Sprache experimentell und abweichend vom normalen Sprachgebrauch“ (Reger 2000, S. 80). In dem Wissen um das Sprachspiel als generelles Element der Kinderlyrik werden Sprachspiele auf grafischer, phonetischer, semantischer und stilistischer Ebene unterschieden (ebd., S. 80–113):

- Unter grafischen Sprachspielen werden sowohl Buchstaben- und Figurengedichte subsumiert als auch Buchstabenspiele. Als Meister letzterer hat sich James Krüss erwiesen, wie das folgende Abecedarius-Gedicht *Das Urgroßvater-Abc* aus dem Kinderbuch *Mein Urgroßvater und ich* zeigt:

  Alle Tage nett und munter,
  Bübisch und verschmitzt mitunter,
  Chef und Hauptmann der Familie,
  Dornenlos wie eine Lilie,
  Edelmütig, klug und weise,
  Fröhlich über Trank und Speise,
  Groß im Drechseln wie im Dichten,
  Hingerissen von Geschichten,
  Immer maßvoll, arglos, offen,
  Jedem Freund in Leid und Hoffen,
  Keinem Menschen lange böse,
  Lachend, scherzend auf graziöse,
  Menschenfreundlich-milde Art,
  Niemals alt trotz Gicht und Bart,
  Ohne Spott und Schadenfreude,
  Prächtig ohne Samt und Seide,
  Quicklebendig in Gedanken,
  Reimgewandt auf Kiefernplanken,
  Selten mürrisch, nie verlegen,
  Tritt er uns vergnügt entgegen,
  Unser Urgroßvater Boy.
  Vivat hoch der Urgroßvater!
  Wie viel kluge Dinge tat er!
  X – zu Ende ist das Brett,
  Ypsilon und
  Zett.

  (Krüss 2005, S. 257f.)

- Sprachspiele auf phonetischer Ebene betonen die Klangelemente und ordnen den Sinngehalt diesen unter. Von der Gruppe konkreter Klanggedichte, zu der z. B. Zungenbrecher zählen, sind abstrakte Lautgedichte abzugrenzen, die „in der modernen Kinderlyrik äußerst selten“ sind (Reger 2000, S. 91f.). Mit *Das große Lalula* schuf Christian Morgenstern das wohl berühmteste Lautgedicht:

  Kroklokwafzi? Semememi!
  Seiokronto – prafriplo:
  Bifzi, bafzi; hulalemi:
  quasti basti bo …
  Lalu lalu lalu lalu la! […]

  (Morgenstern 2011, S. 29)

- Auf semantischer Ebene wird mit Metaphern und Homonymen gespielt, um ein Nachdenken über Sprache anzuregen. Dabei findet man kinderlyrische Sprachspiele „vom einfachen Wörtlichnehmen bildhafter Ausdrücke bis zur totalen Sinnverdrehung im Nonsens“ (Reger 2000, S. 99). Wie das Wörtlichnehmen als gesellschaftskritische Strategie gebraucht werden kann, zeigt Walther Petris Sprachspiel *Umwelt*:

  das Wort ist falsch
  das Wort ist dumm
  als ginge die Welt
  um uns herum [...]

  (Zitiert nach: Gelberg 1997, S. 18)

- Stilistische Sprachspiele zeichnen sich durch das Parodieren von Inhalten und Formen anderer Texte aus. Mit seinem stilistischen Sprachspiel *Gelogen* parodiert Paul Maar die Gedichtform an sich, macht den parodistischen Charakter aber gleichzeitig durch den Titel für Kinder erkennbar:

  Was du hier liest,
  ist kein Gedicht,
  ist endlos lang
  und reimt sich nicht.

  (Maar 2007, S. 7)

  Weiter können einzelne Bestandteile von Texten parodiert werden: Die schon sprichwörtlich gewordene Schlussformel der Märchen „Und wenn sie nicht gestorben sind, dann leben sie noch heute“ findet sich in Paul Maars Gedicht *JAguar und NEINguar* am Ende als „Und wenn sie nicht gegangen sind, / dann sind sie dort geblieben“ wieder.

Die Typen der Kinderlyrik treten jedoch nicht nur als Einzelformen in Erscheinung, sondern können auch in ein kinderliterarisches Werk epischen Charakters eingebunden sein: In Michael Endes *Das Traumfresserchen* beispielsweise lädt die Prinzessin Schlaffittchen, wenn sie Angst vor bösen Träumen hat, das Traumfresserchen mit dem paargereimten Spruch „Traumfresserchen, Traumfresserchen! / Komm’ mit dem Hornmesserchen! / Komm mit dem Glasgäbelchen! / Sperr auf dein Schnapp-Schnäbelchen! ...“ ein, ihre Träume zu fressen. Solche reimenden Formeln finden sich bereits in Volksmärchen. Man denke an die Worte der Ziege „Ich bin so satt, / ich mag kein Blatt. / Mäh, mäh“ aus *Tischlein deck dich* oder an den Spruch „Bäumchen, rüttel dich und schüttel dich, / wirf Gold und Silber über mich“, den Aschenputtel am Grab ihrer Mutter ausruft, um für den Ball ausgestattet zu werden. In den *Sams*-Bänden lässt Paul Maar Herrn Taschenbier und das Sams über selbst gedichtete Lieder und deren Wert – orientiert an den Merkmalen lyrischer Texte – nachdenken:

Das Sams hatte die Tischdecke mit Reißzwecken so am leeren Tischrahmen befestigt, daß sie wie eine Hängematte nach innen durchhing. In dieser Hängematte saß es nun, schaukelte und sang:

„Am Samstagnachmittag, zwölf Uhr zwölf,
kam ich in dieses Zimmer hier.
Ich stieg nicht durch das Fenster ein,
nein, diesmal kam ich durch die Tür."

Herr Taschenbier strahlte. „Schön, daß ich mal wieder mit einem Lied geweckt werde", sagte er zufrieden. „Das hat mir lange gefehlt."

„Na, schön ist das Lied noch nicht. ‚Tür' und ‚hier', das reimt sich nicht besonders gut", meinte das Sams kritisch. „Ich fange lieber noch einmal an:

Am Samstagnachmittag, zwölf Uhr zwölf,
kam ich in dieses Zimmer hier.
Jetzt bin ich schon zwei Stunden wach
und sing für Papa Taschenbier."

(Maar 1980, S. 27)

Die Lyrik, deren Eigenschaften und Entstehung werden in James Krüss' Kinderbuch *Mein Urgroßvater und ich* (1959) zum grundlegenden Thema, wenn Boy von seinem Urgroßvater lernt, wie Kindergedichte ‚gedrechselt' werden. Eine Woche lang reimen die beiden gemeinsam Abecedarien, Geschichten, Nonsens-Gedichte und Rätsel, die sie auf Kiefernbrettern festhalten. Am Ende des siebten Tags nimmt Boy Abschied von seinem Urgroßvater, der ihm rät: „Spiele und lerne, Boy! Das Leben ist kurz!" Damit hebt der Urgroßvater die spielerische Komponente des Sprachlernens hervor, die übergeordnet auch dem Kinderbuch zu eigen ist. James Krüss begegnet der Sprache und insbesondere den Gedichten in diesem Werk also auf einer Metaebene, wenn er von der (handwerklichen) Anfertigung dieser berichtet, die einem ‚Werkstattbericht' gleicht.

Dass die Kinderlyrik eine lange Tradition hat, haben bereits einige Beispiele gezeigt, die bei der Beschreibung der kinderlyrischen Typologie aufgeführt wurden. Im Folgenden soll die **Geschichte der Kinderlyrik** skizziert werden: Die Anfänge der (schriftlich fixierten) Kinderlyrik sind in der Aufklärung zu finden, in der inhaltlich der moralische Zeigefinger die Kindergedichte bestimmte. In der Romantik erfolgte sodann mit der Zusammenstellung mündlich tradierter Texte eine Erweiterung der Kinderlyrik, die im Kinderton verfasst war. Aus dieser Zeit stammt die bis heute prägende dreibändige Anthologie *Des Knaben Wunderhorn*, in der Achim von Arnim und Clemens Brentano sogenannte Volkslieder versammelten. Durch die volkstümlichen Tendenzen der Romantik erfährt das Kindergedicht im 19. Jahrhundert eine Abschwächung in Bezug auf die Moralvermittlung. In der hinsichtlich der Kinderlyrik sehr produktiven zweiten Hälfte des 19. Jahrhunderts setzte sich das bürgerliche Kindergedicht fort, das jedoch heute kaum mehr rezipiert wird (Franz 2005, S. 214).

Mit Christian Morgenstern und Joachim Ringelnatz betraten um die Jahrhundertwende zwei Dichter die (kinder-)lyrische Bühne, die „als Vorläufer und zugleich als Höhepunkte des Nonsens-Gedichts“ gelten (ebd., S. 215). Neben der Sammlung *Alle Galgenlieder* (1932), in der das berühmte Lautgedicht *Das große Lalula* abgedruckt ist, sind insbesondere die Texte in Christian Morgensterns Kinderliederbuch *Liebe Sonne, liebe Erde* (1943) wegweisend für die Kinderlyrik geworden. Joachim Ringelnatz veröffentlichte mit dem *Kinder-Verwirr-Buch* (1931) sowie dem *Geheimen Kinder-Spiel-Buch* (1924) Lyrik-Anthologien für Kinder. Aber auch seine Gedichte wie *Die Ameisen* oder *Ein männlicher Briefmark* aus dem Sammelband *Die Schnupftabaksdose. Stumpfsinn in Versen und Bildern* (1912) wurden und werden von Kindern mit Begeisterung rezipiert.

In den 50er-Jahren setzte dann die „Phase der großen Kinderlyriker“ (ebd., S. 217) ein: Josef Guggenmos’ und James Krüss’ Kindergedichte wurden publiziert und avancierten zu Klassikern der Kinderlyrik. Josef Guggenmos wurde durch seine 123 Kindergedichte aus dem Sammelband *Was denkt die Maus am Donnerstag?* (1967) bekannt, der im Jahr 1968 mit dem Deutschen Jugendliteraturpreis ausgezeichnet wurde. Von Guggenmos, der sich selbst als ‚Kinderdichter‘ verstand (Gelberg in: Guggenmos 2006, S. 193), erschienen in der Folge noch weitere kinderlyrische Anthologien wie *Sonne, Mond und Luftballon* (1984) und *Oh, Verzeihung, sagte die Ameise* (1990), in denen er neben Kindergedichten zahlreiche Kinderreime (Rätsel, Zungenbrecher, etc.) aber auch Kindergeschichten veröffentlichte. Mit dem Erhalt des Deutschen Jugendliteraturpreises im Jahr 1960 für das Kinderbuch *Mein Urgroßvater und ich*, in das zahlreiche Gedichte eingebettet sind, wurde James Krüss bekannt (s. o.). Weitere seiner Gedichte wurden in – auch posthum erschienenen – Lyrik-Anthologien für Kinder herausgegeben (*Spatzenlügen und andere seltsame Begebenheiten* [1958], *Krüss und quer* [2009], *Von Anfang bis Zebra* [2011]). Anfang der 60er-Jahre entsteht auch Ernst Jandls *ottos mops*, das univokalisch mit dem ‚o‘ spielt. Die bis heute anhaltende Rezeption der Gedichte Jandls zeigt sich nicht zuletzt in der Illustrierung der Gedichte *ottos mops* und *fünfter sein* (beide 1997) durch Norman Junge.

Mit der 68er-Generation entstanden sogenannte antiautoritäre Kindergedichte, die insofern Einfluss auf die Kinderlyrik nahmen, als „das idealisierte Kind-Erwachsenen-Verhältnis […] jetzt häufig relativiert“ wurde (Franz 2005, S. 217). Weiter erfuhr die Kinderlyrik eine Ausweitung hinsichtlich der Themen, die sich an aktuellen Gegebenheiten orientierten. Bis heute gilt die Kinderlyrik jedoch als „unterprivilegierte Gattung“ (ebd., S. 219) – dies auch, obwohl Kinder schon relativ früh mit bestimmten Typen der Kinderlyrik (Kinderreime, Kinderlieder) in Kontakt kommen.

Neben der eingangs genannten (idealerweise vorschulisch anzubahnenden) Ausbildung der phonologischen Bewusstheit birgt der Umgang mit Kinderlyrik vielfältiges didaktisches Potenzial: Neben dem ästhetischen Erleben der lyrischen Sprache und der Sensibilisierung dafür, können die Schüler(innen) mithilfe der

Kinderlyrik erstmals an Elemente dieser Gattung (wie Rhythmus, Klang, Vers etc.) herangeführt werden. Gefördert werden können damit weiter Kompetenzen im Bereich der Artikulation, des Lesens und des Vortragens sowie das intensive Zuhören. Literarische Verstehensprozesse können mit Kinderlyrik vertieft und imaginative Prozesse befördert werden. Durch das Arbeiten an und mit Gedichten können die literarische Produktivität und Kreativität der Schüler(innen) angebahnt und gesteigert werden. Mithilfe kommunikativer Aktivitäten können durch Kinderlyrik das Gemeinschaftsbewusstsein geweckt sowie Sozialisations- und Selbstfindungsprozesse initiiert werden (vgl. die Zusammenstellung bei Gien 2012, S. 284).

Aufgrund des künstlerischen Umgangs mit Sprache in der Kinderlyrik plädiert Gien für eine Einbettung in den didaktischen Ansatz des handlungs- und produktionsorientierten Literaturunterrichts, da dieser nicht allein an kognitiver Verstehensleistung, sondern vielmehr an selbsttätigen, methodisch vielfältigen sowie künstlerischen Entstehungsprozessen orientiert ist (ebd., S. 283). Hier sind neben operativen Verfahren wie dem Antizipieren, Restaurieren und Transformieren sinnlich-ästhetische Verfahren, die das gestalterische Lesen und Vortragen von Gedichten fokussieren, denkbar, aber auch das eigenständige Verfassen von Gedichten durch die Schüler(innen) (ebd., S. 285–289). Das Potenzial der Kinderlyrik hat mittlerweile die (frühe) Förderung von Kindern, die Deutsch als Zweitsprache erwerben, erreicht und so zeigen sich erste Ansätze, Kinderreime, -lieder und -spiele beim Aufbau von Sprachkompetenz fruchtbar zu machen (vgl. Belke 2011; Boorsma/Lipkowski 2011).

1.3.3 Erzählen vom Guten und Bösen

Die *Kinder- und Hausmärchen*, die die Brüder Jacob und Wilhelm Grimm sammelten und im Jahr 1812 erstmals herausgaben, präg(t)en Generationen von Kindern und gehören – auch heute noch – zum Kanon der Kinderliteratur. Im Jahr 2003 befragte das Institut für Demoskopie Allensbach ca. 1.000 Personen über 16 Jahren in Deutschland zum Thema Märchen. Die Befragten sollten drei Märchen nennen, die ihnen spontan einfielen. Daraus erstellte das Institut eine *Hitparade der Märchen*, deren erste drei Plätze *Schneewittchen* (43 %), *Hänsel und Gretel* (43 %) sowie *Rotkäppchen* (27 %) einnahmen. Die Erinnerung an diese drei Volksmärchen, die allesamt aus der Sammlung der Brüder Grimm stammen, unterstreicht den Bekanntheitsgrad der *Kinder- und Hausmärchen* – auch alle weiteren platzierten Märchen sind bis einschließlich des 15. Platzes Volksmärchen, die von Jacob und Wilhelm Grimm zusammengestellt wurden. Erst auf Platz 16 der Märchen-Hitparade findet sich das Kunstmärchen *Zwerg Nase* (1 %) von Wilhelm Hauff. Wie diese erinnerten Märchen rezipiert wurden bzw. welches Medium hierfür prägend war, d. h., ob die Märchen (vor-)gelesen, Hörbücher angehört,

Theaterstücke besucht oder Filme angesehen wurden, geht aus der Umfrage nicht hervor.

Die Frage nach der Art der Begegnung ist aber relevant, da mediale Umsetzungen von Märchen (für Kinder) eine lange Tradition haben: „Schon das deutsche Kindertheater versuchte seit seinen Anfängen Mitte des 19. Jahrhunderts mit Märchenaufführungen die ganze bürgerliche Familie ins Theater zu holen." (Heidtmann 2000, S. 83) Zu Beginn des 20. Jahrhunderts erfolgten dann die ersten filmischen Umsetzungen von Volksmärchen für Kinder sowie – nach der Etablierung des Rundfunks – Hörspiele, die später auch auf Kinderschallplatten zugänglich gemacht wurden (ebd., S. 83ff.). Mit dem Aufkommen des Kinderfernsehens in den 50er-Jahren wurden Volksmärchen eigens hierfür inszeniert – *Hans im Glück*, *Schneeweißchen und Rosenrot*, *Frau Holle* und viele andere Märchen wurden in der Augsburger Puppenkiste als Marionettenfilme produziert. Auch Walt Disney hatte die klassischen Märchenstoffe bereits für seine Zeichentrickfilme entdeckt, die er wegen der Reduktion auf vertraute Grundmuster menschlichen Handelns als besonders geeignet einschätzte (ebd., S. 88). Während der Rückgriff auf die traditionellen Märchen bis in die 70er-Jahre den Produzenten Erfolg versprach, haben sich im Kontext der Mediatisierung der Kindheit „mittlerweile in allen neuen Medien eigene Erzählformen und Programmformen herausgebildet [...] und die Volksmärchen an Bedeutung im Kinderalltag verloren" (ebd., S. 88f.).

Mit der Produktion der Zeichentrickserie *SimsalaGrimm*, deren erste Staffel im Jahr 1999 erstmals ausgestrahlt wurde, wurde versucht, der Tendenz der Vernachlässigung traditioneller Märchenstoffe entgegenzusteuern: Wie der Titel mit der Anspielung auf die Brüder Grimm schon ahnen lässt, handelt es sich hierbei um Adaptionen von Volksmärchen. Die Serienhelden, der Bücherwurm Yoyo und der Wissenschaftler Doc Croc, lernen – in der mittlerweile dritten Staffel (2010) – Märchen kennen, indem sie mithilfe des Zauberspruchs „Simsa... Simsala... SimsalaGrimm" auf einem fliegenden (Märchen-)Buch in das Märchenland Simsala reisen. Dort erleben sie die bekannten Märchen mit und verhelfen den Märchenfiguren zum Happy End. Über den Wert von *SimsalaGrimm* wurde kontrovers diskutiert, ausgelöst dadurch, dass zum einen das Brüder-Grimm-Museum Kassel dieser vom NDR koproduzierten Zeichentrickserie ein Gütesiegel verlieh, zum anderen die Stiftung Lesen in einer Aktion die Kindergärten mit Broschüren und Begleitmaterial ausstattete und auf den Umgang mit diesen Märchenfilmen einstimmte (Franz 2000, S. 2). Die Märchen-Stiftung Walther Kahn veranlasste daraufhin eine empirische Untersuchung zur Rezeption der Kinderserie *SimsalaGrimm*: 196 Zweitklässler(inne)n aus Berliner Grundschulen wurde auf verschiedene Weise das Volksmärchen *Der Teufel mit den drei goldenen Haaren* präsentiert. Der ersten Untersuchungsgruppe wurde das Grimm'sche Märchen nach der Ausgabe letzter Hand erzählt, die zweite sah die Folge der Zeichentrickserie *SimsalaGrimm* an, die dritte Gruppe hörte zunächst das Märchen und sah dann den Zeichentrickfilm und die vierte sah zuerst die Folge der Zeichentrickserie und bekam dann das Märchen erzählt (Weiße 2000, S. 145). Die Auswertung der Fragebögen sowie der geführten, narrativen Interviews ergab, dass „der Zeichentrickfilm den Zuschauern schuldig [bleibt], was das Märchen seit Jahrhunderten leistet: Das tiefe Sich-Einlassen auf gefährliches und schreckliches Erleben in der Sicherheit, daß es gut ausgehen wird, und das wunderbare Gefühl der Erleichterung, der Erlösung, der Bewunderung und Anerkennung nach überstandenen Gefahren“ (Wardetzky 2000, S. 170). Insbesondere beim Nacherzählen des Geschehens zeigten sich die Kinder aus der zweiten Untersuchungsgruppe, die das Märchen lediglich gesehen hatten, überfordert, während die Kinder aus der ersten Untersuchungsgruppe, die das Märchen nur gehört hatten, große Freude beim Erzählen entwickelten (Weiße 2000, S. 154f.). Resümierend wird für diese Untersuchung daher festgehalten, dass *SimsalaGrimm* zwar eine für Kinder unterhaltsame Zeichentrickserie sei, sie aber nicht nachhaltig zu beeindrucken vermöge (ebd., S. 157). Kritisch angemerkt sei an dieser Stelle jedoch, dass Kinder einen Filmstoff schwerer nacherzählen können als ein erzähltes Märchen, da sie zum einen ungeübt in der Anschlusskommunikation zu Filmen sind und zum anderen eine Filmrezeption viel komplexer ist, da hier weitere Ebenen wie Bild und Musik sowie im Fall von *SimsalaGrimm* auch die Integration von Rahmen- und Binnengeschichte (Doc Croc und Yoyo) eine Rolle spielen.

Die Ergebnisse von Weiße werden von Untersuchungen Wardetzkys gestützt, die in den Jahren 1990 bis 1994 Grundschüler(innen) nach ihren Lieblingsmärchen befragt hat und dabei feststellte, dass die Nennung von Volksmärchen stabil sei, die Nennung von Märchen, die Kinder ausschließlich aus filmischer Rezeption – wie *Arielle* – kennen, hingegen schwankte. Wardetzky folgerte daraus, dass das Interesse an der Darstellung des Märchens in Form der Disney'schen Zeichentrickfilme von geringerer Dauer sei als das Interesse am Original (Wardetzky 1995, S. 12). Als Grund hierfür vermutet sie, dass das Tempo der Filmrezeption den Kindern nicht die Möglichkeit gebe, innere Vorstellungsbilder aufzubauen und damit eine stabile gefühlsmäßige Involviertheit aufzubauen (vgl. ebd.).

Diese empirischen Untersuchungen wie auch der eingangs gegebene Überblick der medialen Märchenadaptionen, der in der heutigen Zeit um die Medien CD, DVD, Blu-Ray, PC und Smartphone erweitert werden muss, weist auf die veränderten Rezeptionsbedingungen von Märchen hin: Kinder begegnen dem Märchen heute nicht mehr zwangsläufig zuerst durch die mündliche Erzählung bzw. das Medium Buch in der Vorlesesituation, vielmehr dominiert der Film bzw. das Fernsehen als Einstiegsmedium in die Märchenrezeption (Richter 2001, S. 49). Die medialen Adaptionen von Märchen – insbesondere der Kinderfilm sowie die Zeichentrickserien – gewährleisten und sichern damit aber auch die Verbreitung und den Erhalt der Märchenstoffe (Heidtmann 2000, S. 95).

Wie sehr die Brüder Grimm mit ihren *Kinder- und Hausmärchen* die Erfolgsgeschichte der Märchen geprägt haben, darauf konnte bereits mithilfe der Umfrage des Allensbacher Instituts hingewiesen werden. Aber auch die Terminologie ist maßgeblich von den Brüdern Grimm beeinflusst: So versteht man heute landläufig unter dem Begriff ‚Märchen‘ die Volksmärchen, die von Jacob und Wilhelm Grimm herausgegeben wurden und/oder Märchen, die dem Stil dieser Märchen folgen. In der Literaturwissenschaft werden diese unter den Terminus ‚Gattung Grimm‘ gefasst (Jolles 1958, S. 219). Von diesen Volksmärchen werden die sogenannten Kunstmärchen abgegrenzt.

Märchen sind fiktionale, kurze erzählende Texte, die der Gattung ‚Epik‘ zugehörig sind. „Für das Märchen gilt über das Fantastische hinaus als wichtigstes Merkmal das Wunderbare, also eine immanente, nicht notwendigerweise religiöse Transzendenz.“ (Neuhaus 2005, S. 374) Diese Kriterien gelten als in allen Märchen nachweisbar. Bei der Unterscheidung von **Kunst- und Volksmärchen** ist zunächst die Überlieferung ausschlaggebend: Während das Kunstmärchen Werk eines bestimmten Autors ist, ist das Volksmärchen anonym überliefert und wurde schriftlich fixiert, nachdem „es längere Zeit in mündlicher Tradition gelebt hat und durch sie mitgeformt worden ist“ (Lüthi 2004, S. 5). Als Merkmale, die meist in beiden Subgattungen des Märchens zu finden sind, gehören die Ausgangssituation, in der der Held bzw. die Heldin vor eine Aufgabe gestellt wird, die es zu lösen gilt, sowie das Vorhandensein magischer Requisiten und/oder auch sprechender Tiere (Neuhaus 2005, S. 8f.). Weiteres gemeinsames Charakteristikum ist die Zahlensymbolik, die sowohl auf der Handlungsebene evident wird, als sich auch in der Figurenanzahl widerspiegeln kann.

Volksmärchen	**Kunstmärchen**
Formeln	keine Formeln
ortlos, zeitlos	Fixierung von Ort und Zeit
stereotype Schauplätze	originelle Schauplätze
einsträngige, stereotype Handlung	mehrsträngige, originelle Handlung
gute oder böse Figuren	‚gemischte‘ Figuren
eindimensionale Charaktere (Typen)	mehrdimensionale Charaktere
einfache Sprache	künstlerische Sprache
einfaches Weltbild	komplexes Weltbild
Happy End	kein eindeutiges Happy End/ schlechter Ausgang

Tab. 3: Merkmale von Volks- und Kunstmärchen (nach Neuhaus 2005, S. 9)

Anhand von Beispielen aus einigen Märchen, die die Brüder Grimm gesammelt haben, sollen im Folgenden einige **Merkmale des Volksmärchens** deutlich gemacht werden. Dabei steht die Abkürzung KHM für Kinder- und Hausmärchen und die der Sigle folgende Zahl für die Position des Märchens innerhalb des Werks. (Die Zitate aus den jeweiligen Märchen erfolgen nach der Ausgabe letzter Hand, die 2009 von Rölleke herausgegeben wurde.)

„Es war einmal …“ – diese **Anfangsformel** ist prägend für die Gattung des Märchens geworden. Sie leitet nicht nur viele *Kinder- und Hausmärchen* (wie z. B. *Der Wolf und die sieben jungen Geißlein*) ein, auch in medialen Adaptionen wird sie genutzt, um zu zeigen, dass es sich bei dem im Folgenden Rezipierten um ein Märchen handelt. In den Märchen der Brüder Grimm finden sich zahlreiche weitere Varianten dieser gattungstypischen Anfangsformel wie „Es lebte einmal …“ (KHM 89), „Vor Zeiten war …“ (KHM 36) oder „In den alten Zeiten …“ (KHM 1), die allesamt allgemein gehalten sind und damit **keine genaue zeitliche Verortung** des Geschehens zulassen.

Ähnlich allgemein beschrieben sind die **stereotypen Schauplätze**, an denen die Märchenhandlungen spielen: So findet Schneewittchen, die Schönste „im ganzen Land“ irgendwo hinter „den sieben Bergen“ Unterschlupf, nachdem es aus dem „großen Wald“ herausgefunden hat (KHM 53). Ein ‚Ranking‘ der Kulissen, die in den Grimm'schen Märchen vorkommen, hat *DIE ZEIT* im Jahr 2012 zum 200-jährigen Jubiläum der Erstausgabe der *Kinder- und Hausmärchen* erstellt: In 117 der 211 Märchen findet ein Teil der Handlung im ‚Haus‘ statt, in 91 Märchen ist der Wald Schauplatz, 90 Mal befinden sich die Protagonisten irgendwo auf der ‚Welt‘ und in 79 Schlössern sind sie zu Hause. Als weitere Kulissen werden hier die Stadt, die Stube, der Hof, das Feld, der Berg sowie die Kammer genannt (Sipp/Torzinski/Kutter 2013, S. 31). Auch die **Namen bzw. Bezeichnungen der Figuren** sind in den Volksmärchen wenig konkret: Die meisten Figuren sind namenlos und werden entweder nach ihrer gesellschaftlichen Stellung, ihrem Beruf oder auch nach der familiären Beziehung (zum Protagonisten des Märchens) benannt. So weisen die Bezeichnungen ‚König(in)‘ und ‚Prinz(essin)‘ auf die gesellschaftliche Stellung der Figuren hin, während ‚Bauer‘, ‚Förster‘, ‚Schneider‘, ‚Krämerin‘, ‚Spinnerin‘, ‚Magd‘ u. v. m. die Figur mit ihrem Beruf betiteln. Als familiäre Bezeichnungen können ‚Tochter‘, ‚Sohn‘, ‚Vater‘, ‚Mutter‘, ‚Gemahl(in)‘ angeführt werden. Neben diesen namenlosen Figuren sind in Volksmärchen zwei Typen von ‚Personennamen‘ zu finden: Zum einen haben einige Figuren sogenannte Allerweltsnamen – die das Charakteristikum der Volksmärchen nach allgemeinen, nicht konkretisierbaren Topoi unterstreichen – wie ‚Hänsel‘ (auch ‚Hans‘) oder ‚Gretel‘. Zum anderen erhalten einige Figuren Namen, die keine Namen im eigentlichen Sinn sind, sondern vielmehr die Figur näher beschreiben und damit Bezug auf den Inhalt des Märchens nehmen. Hier wären Rotkäppchen, das von seiner Großmutter „ein Käppchen von rotem Sammet“ (KHM 26) geschenkt bekommt, König Drosselbart, der von der Königstochter wegen seines Kinns verspottet wird, das dem Schnabel einer Drossel gleicht (KHM 52), oder auch das Kind Fundevogel, das von einem Förster in einem Raubvogelnest gefunden wurde (KHM 51), zu nennen. Idealtypisch sind die Figuren in Märchen, die auch als Typen bezeichnet werden, da sie in Bezug auf den Charakter eindimensional angelegt sind: **gut oder böse**.

Die **Märchenhandlung** folgt – meist **einsträngig** – einem Protagonisten, der die gute Seite repräsentiert, jedoch (unverschuldet) in eine Notlage geraten ist, aus der er sich befreien muss. So soll beispielsweise die Müllerstochter in *Rumpelstilzchen*, eingesperrt in eine Kammer, über Nacht Stroh zu Gold spinnen, um dem König die Lüge ihres Vaters zu beweisen, dass sie dessen mächtig wäre (KHM 55). Mithilfe des Rumpelstilzchens kann sie die ihr gestellte Aufgabe schlussendlich erfüllen. Das Auftauchen **fantastischer Wesen**, die **übernatürliche Kräfte** besitzen (vgl. z. B. *Rumpelstilzchen*), wie auch **magische Requisiten** und **sprechende Tiere** gelten als weiteres Merkmal der Volksmärchen. Fantastische Wesen sind dabei zwar oft Helfer in der Not, fordern dafür aber auch – als Versprechen vor der Leistung – entsprechenden Lohn: So begehrt der Froschkönig die Königstochter als Spielgefährtin und holt ihr nach dem gegebenen Versprechen die goldene Kugel aus dem Brunnen; die Zauberin verlangt für das Stehlen der Rapunzeln (Feldsalat) durch die werdenden Eltern nach der Geburt das gleichnamige Kind.

Neben der eingangs erwähnten Anfangsformel zeichnet sich das Volksmärchen durch weitere, **innertextliche Formeln** aus – meist gereimte Beschwörungs- und Merkverse (Bluhm 2007, S. 473). Diese unterscheiden sich von Märchen zu Märchen, da sie Bezug auf die jeweiligen Inhalte nehmen. In *Aschenputtel* (KHM 21) lassen sich beispielsweise drei verschiedene innertextliche Formeln ausmachen: So ruft das Aschenputtel die Tauben mit „ihr zahmen Täubchen, ihr Turteltäubchen, all ihr Vöglein unter dem Himmel, kommt und helft mir lesen, / die guten ins Töpfchen, / die schlechten ins Kröpfchen“ zur Hilfe. Nach Erledigung dieser Arbeit läuft Aschenputtel zum Grab ihrer Mutter und ruft dem Haselbaum „Bäumchen, rüttel dich und schüttel dich / wirf Gold und Silber über mich“ zu, woraufhin ein Vogel Kleid und Schuhe für sie herabwirft. Am Ende des Märchens, als der Königssohn auf der Suche nach dem Mädchen ist, dem der goldene Schuh passt und das seine Gemahlin werden soll, decken die Tauben den Betrug der Schwestern auf, indem sie rufen: „rucke di guck, rucke di guck, / Blut ist im Schuck (Schuh): / der Schuck ist zu klein, / die rechte Braut sitzt noch daheim.“ Als dann Aschenputtel auf dem Pferd des Königssohns sitzt, rufen die Tauben entsprechend abgewandelt: „rucke di guck, rucke di guck, / kein Blut im Schuck: / der Schuck ist nicht zu klein, / die rechte Braut die führt er heim.“ Die Wiederholung der Formeln ist eng mit dem Handlungsgeschehen verwoben, das in den meisten Märchen drei Mal in (leicht) veränderter Weise erfolgt. Diese **Zahlensymbolik**, die die Handlung der Märchen strukturiert, ist typisch für das Volksmärchen: Drei Mal versucht die Königin, Schneewittchen zu töten; drei Mal befreien Schneeweißchen und Rosenrot den undankbaren Zwerg; drei Mal bläst der König Federn in die Luft, um seine Nachfolge unter den drei Söhnen zu regeln. Das letzte Beispiel aus dem Märchen *Die drei Federn* zeigt, dass die Zahlensymbolik in Märchen nicht nur das Handlungsgeschehen bestimmt, sondern sich auch in der Figurenanzahl widerspiegeln kann. Neben der Zahl Drei, die in Märchen mit drei Brüdern (*Der gestiefelte Kater*, *Tischlein deck dich*) oder drei Schwestern (*Aschenputtel*, *Die drei Schwestern*) evident wird, sind auch die Zahlen Sieben und Zwölf bzw. 13 kennzeichnend für Volksmärchen: Schneewittchen wohnt bei den sieben Zwergen, der Wolf versucht, alle sieben Geißlein zu fressen, und ein

Vater verwünscht seine sieben Söhne, die zu sieben Raben werden. Die Zahl Zwölf hingegen steht meist in enger Verbindung zur 13, wenn z. B. Dornröschen von der 13. weisen Frau, die in Ermangelung eines 13. Tellers nicht zur Taufe eingeladen wird, verflucht wird oder der König in dem Märchen *Die zwölf Brüder* seine zwölf Söhne für ein 13. Kind, das ein Mädchen werden soll, opfern will. Die angeführten Beispiele zeigen, dass die Zahlen in den Volksmärchen sowohl positiv als auch negativ konnotiert sein können und sie oftmals magischen Charakters sind.

Dass am Ende der Märchen immer ein **Happy End** erfolgt, indem das Gute über das Böse siegt und die bösen Figuren für ihre Untaten bestraft werden, ist ein weiteres Merkmal der Volksmärchen. Der glückliche Ausgang wird durch die **Schlussformel** „und wenn sie nicht gestorben sind, [dann] leben sie noch heute“ (KHM 51) markiert, die in zahlreichen Modifikationen wie „Da lebten sie zusammen in Glückseligkeit bis an ihr Ende“ (KHM 6), „und sie lebten lange und vergnügt zusammen“ (KHM 69) auftreten kann.

An der Struktur bzw. den Merkmalen der Volksmärchen orientieren sich auch einige (Kunst-)Märchen – wie beispielsweise *Das Feuerzeug* und *Die wilden Schwäne* von Hans Christian Andersen zeigen (Sahr 2007, S. 27). Der Begriff des Volksmärchens erweist sich bei genauerer Betrachtung der ‚mündlichen Überlieferungsgeschichte‘ jedoch als problematisch: In der Vorrede zu den *Kinder- und Hausmärchen* erwecken die Brüder Grimm den Eindruck, als ob es sich bei den von ihnen gesammelten Märchen (und Sagen) um Texte handelt, die im (niederen) Volk von Generation zu Generation weitergegeben wurden und einer literarischen Vorlage entbehren. Nimmt man jedoch die Personen, von denen Jacob und Wilhelm Grimm die Märchen bezogen haben, genauer in Blick, so handelt es sich dabei insbesondere um literarisch gebildete Frauen aus dem gehobenen Bürgertum, die von französischen Feenmärchen beeinflusst waren (Mayer 2001, Sp. 949). Neben der literarischen Vorlage der Märchen Charles Perraults (1697), von denen neben anderen Aschenputtel, Frau Holle, Rotkäppchen, Dornröschen sowie Hänsel und Gretel Eingang in Grimms Märchen gefunden haben (ebd., Sp. 948), konnte nachgewiesen werden, dass auch die Kunstmärchen des Italieners Giambattista Basiles eine wichtige Quelle darstellten (Neuhaus 2005, S. 135f.). Doch nicht nur Volksmärchen aus der europäischen Tradition beeinflussten Jacob und Wilhelm Grimm, auch orientalische Märchen wie die Geschichten aus *Tausendundeiner Nacht* wirkten auf einige *Kinder- und Hausmärchen* ein (ebd.). Weiter sind die Grimm'schen Volksmärchen nicht frei von Bearbeitungen: So lagen den Verfassern beispielsweise zu dem *Märchen von einem, der auszog, das Fürchten zu lernen* sechs verschiedene Fassungen vor, die es galt zu kontaminieren, d. h., zu einem Märchen zusammenzufügen.

Während die erste Auflage der *Kinder- und Hausmärchen* sich in allen Märchen auf stilistische Überarbeitungen wie die Tilgung von Fremdwörtern, die Diminuierung von Substantiven u. Ä. beschränkt, nahm insbesondere Wilhelm Grimm ab der zweiten Auflage tief greifende, inhaltliche wie ideologische Änderungen vor, wenn aus bösen Müttern Stiefmütter werden, sexuelle Anspielungen getilgt und religiöse Motivierungen eingefügt werden (Rölleke 2010, S. 45f.). Eine strikte Trennung der Termini Volks- und Kunstmärchen erweist sich daher als problematisch. In der Forschung wurde aufgrund dessen der **Begriff des Buchmärchens** eingeführt, der sich jedoch (noch) nicht durchgesetzt hat: „Als ‚Buchmärchen' definiert man Texte, die zwar auf anonyme Überlieferungen zurückgehen, bei ihrer Übernahme aus der mündlichen in die Buchtradition aber so erheblich redigiert werden, dass sie in die Nähe des Kunstmärchens rücken." (Rölleke 2009, S. 447)

Neben diesen ‚klassischen' Märchen, die vornehmlich in der Zeit der Romantik hervorgebracht wurden, hat sich in den letzten Jahren eine zweite Gruppe, die sogenannten **neuen Märchen**, entwickelt (Sahr 2007, S. 27), die als veränderte Märchen oder moderne Märchengeschichten in Erscheinung treten. Unter **veränderten Märchen** subsumiert er dabei parodierte, zeit- und gesellschaftskritische, frei variierte, verbesserte, bearbeitete sowie mediatisierte Märchen, wobei die einzelnen Ausprägungsformen oftmals Überschneidungen aufweisen (ebd., S. 28f.).

Als Märchenparodie kann Paul Maars *Die Geschichte vom bösen Hänsel, der bösen Gretel und der Hexe* angeführt werden, die in dem Kinderbuch *Der tätowierte Hund* (1968) erstmals erschienen ist: Hier wird das Volksmärchen *Hänsel und Gretel* aus der Sicht der Hexe erzählt, die die beiden Kinder – trotz der Tatsache, dass diese Teile ihres mühsam errichteten Hexenhauses zerstören – bei sich aufnimmt und die Geschwister aufs Beste mit Essen versorgt. Dennoch knabbert Hänsel weiter am Lebkuchenhaus und so bleibt der Hexe nichts anderes übrig, als ihn in einen Stall zu sperren. Der gefräßige Junge täuscht die Hexe mit einem Knöchlein, um noch mehr zu essen zu bekommen. In Sorge um ihn will die Hexe gerade frisches Brot backen, als die böse Gretel sie in den Backofen stößt. Unter frei variierten Märchen werden diejenigen verstanden, die „vom Original kreativ inspiriert [...] zu neuen literarischen Ausgestaltungen kommen" (Sahr 2007, S. 28). Hier sind z. B. die von der Kritik viel beachteten Geschichten rund um den Kater *Detektiv John Chatterton* von Yvan Pommaux anzuführen, der in seinem ersten Fall den Auftrag bekommt, ein verschwundenes Mädchen – das sich nach und nach als Rotkäppchen entpuppt – aufzuspüren. In weiteren Bilderbüchern ermittelt der Kater dann auch in den Fällen von Schneewittchen (*Lilly. Ein Fall für John Chatterton*) und Dornröschen (*John Chatterton. Der große Schlaf*). Als Beispiel für mediatisierte Märchen kann das Bilderbuch *SMS Märchen* von Fabian Negrin dienen, in dem 13 Märchen auf 160 Zeichen – also den Zeichenumfang einer SMS – reduziert (und teilweise auch inhaltlich verändert) werden, wie die Dornröschen-Adaption zeigt:

> Es war 1mal 1 Prinzessin, die schlief seit 100 Jahren.
> In 1 N8 küsste 1 verliebter Prinz sie wach.
> Du bist der Mann meiner Träume, seufzte sie + schlief weiter.
>
> (Negrin 2012)

Als ‚Bonus' erhält jeder Rezipient, der auch ein Märchen in 160 Zeichen erzählt und als SMS an den Verlag schickt, ein 14. Märchen in Form einer SMS zurück.

Moderne Märchengeschichten hingegen greifen nur wenige Märchenelemente auf, übernehmen einzelne märchenhafte Requisiten oder bedienen sich bestimmter Märchenstrukturen (Sahr 2007, S. 29). Aufgrund dieser sehr offen gehaltenen Definition können zahlreiche Werke der (fantastischen) Kinderliteratur hierzu gezählt werden: Insbesondere der sogenannte literarische Märchenroman *Die kleine Hexe* von Otfried Preußler ist hier zu nennen. Mit den einleitenden Worten „Es war einmal eine kleine Hexe […]" (Preußler 1957, S. 3) wird zum einen die Anfangsformel des Volksmärchens aufgegriffen, zum anderen ist mit der Hexe eine Märchenfigur als Protagonistin gewählt. Intertextuelle Bezüge zum Volksmärchen *Hänsel und Gretel* schafft Preußler im Kapitel *Freitagsgäste*, in dem sich die Kinder Thomas und Vroni beim Pilzesuchen verlaufen:

> Vor dem Hexenhaus standen zwei Kinder, ein Bub und ein Mädchen. Die hielten sich bei den Händen gefaßt, und als sie die kleine Hexe herankommen sahen, sagten sie: „Guten Tag!"
> „Guten Tag!" rief die kleine Hexe. „Was wollt ihr?"
> „Wir wollten dich nach dem Weg in die Stadt fragen", sagte der Junge. „Wir haben uns nämlich verlaufen. (Ebd., S. 55)

Auch die fantastischen Geschichten sozialkritischen Charakters, die Astrid Lindgren in dem Band *Märchen* (1989) versammelt, zählen zu den modernen Märchen – wie der Titel bereits sagt: Innerhalb der einzelnen Geschichten sind die Märchenelemente unterschiedlich stark ausgeprägt. So beginnt beispielsweise *Die Prinzessin, die nicht spielen wollte* mit der Anfangsformel „Es war einmal...", der titelgebende Protagonist *Nils Karlsson-Däumling* lässt die Erinnerung an das Volksmärchen *Daumesdick* wie auch an Andersens *Däumelinchen* wach werden und in anderen Geschichten treten Märchenfiguren wie Elfen, Drachen und Zwerge auf. Aufgrund der Tatsache, dass Märchen auch unter fantastischer Literatur einzuordnen sind, ist es hinsichtlich der modernen Märchen, in denen ‚eindeutige' Märchenelemente nicht mehr fassbar sind, schwierig, diese von der Fantastik abzugrenzen.

Dass die Volksmärchenstoffe den Kindern – häufig aufgrund medialer Adaptionen – auch heute noch präsent sind, konnte eingangs gezeigt werden. Warum die Weitergabe von Märchen als relevant eingeschätzt wird und inwiefern diese notwendig für die Entwicklung von Kindern sind, dazu sind bereits viele Überlegungen angestellt worden. Lange bündelt diese in einer didaktischen Begründung (Lange 2010, S. 23–26), die als Grundlage für die Beschäftigung mit Märchen im Unterricht gelten kann: Er plädiert dafür, dass Kinder Märchen in der Schule in deren ureigenster Form als mündliches Erzählgut erfahren. Dabei sollen sowohl die Lehrkräfte als Erzähler(innen) von Märchen auftreten, als auch die Schüler(innen) selbst, die durch das Erzählen von Märchen Einblick in den Aufbau von Erzähltexten, deren Spannungsentwicklung und sprachliche Gestaltung bekommen. Märchen eignen sich hierfür insbesondere, da ihnen eine einfache Struktur zugrunde liegt und ein Erzählen nach dem immer gleichen Muster erfolgt. Damit gelten Märchen zugleich als literarischer Modellfall, anhand dessen Kinder Grundstrukturen von literarischen Texten ausmachen können. Dies erfolgt im Sinne der Prototypentheorie bestenfalls dadurch, dass die Schüler(innen) Bekanntschaft mit typischen Märchen machen, die sie zu einer Art ‚Bild' vom Märchen führen (Spinner 2011b, S. 11), von dem aus Unterschiede zu anderen Gattungen erkannt werden können. Weiter bieten die Protagonisten in den Märchen Identifikationsmöglichkeiten für die Kinder, da sie – folgt man den Deutungen in der Tradition Bettelheims – Probleme und Ängste der Kinder aufnehmen und damit bei der Bewältigung dieser helfen. Durch das Strukturmerkmal des Happy Ends übertragen die Kinder den Optimismus der Märchen auf ihre eigene Lebenswelt. In diesen Kontext sind auch die Überlegungen von Haas zu stellen, der in den Märchen Ermutigungen für die kindlichen Rezipient(inn)en sieht, im Spiel der Imagination das Neue und Ungewohnte zu wagen, ohne ein Scheitern befürchten zu müssen (Haas 1983, S. 171). So erprobte alternative Denkweisen bieten den Schüler(inne)n einen Freiraum, der es ihnen erlaubt, kreativ und produktiv mit dem Märchen umzugehen (Lange 2010, S. 25) und auf verschiedene Weisen Zugang zu diesen (und auch anderen) literarischen Texten zu finden.

Zuletzt ist das Märchen Teil des kollektiven Gedächtnisses, ohne dessen Kenntnis intertextuelle Bezüge in der Literatur wie auch in Film und Fernsehen sowie in der Werbung nicht verstanden werden können. Als Kulturgut kann das Märchen weiterhin im Rahmen der interkulturellen Erziehung fruchtbar gemacht werden, da diese literarische Gattung weltweit verbreitet ist und in anderen Kulturen ähnliche Inhalte, Strukturen, Symbolkraft sowie Unterhaltungs- und Belehrungsfunktion hat (ebd., S. 24). Das Aufdecken dieser Gemeinsamkeiten kann im mehrsprachigen Klassenzimmer ein Bewusstsein für Berührungspunkte und Besonderheiten im Rahmen (inter-)kulturellen Lernens schaffen.

1.3.4 Erzählen mit Spannung

Befragt man Kinder, welches Buch sie aktuell lesen, dann sind unter den Nennungen immer auch spannende Texte zu finden, die von Verbrechen und Bösem, Tätern und Opfern sowie Ermittlung und Aufklärung handeln. Im Rahmen der KIM-Studie 2012 antworten Kinder auf die Frage „Liest du zurzeit ein Buch?" mit Bänden aus der Serie *Die drei ???* und *Fünf Freunde*-Büchern von Enid Blyton (KIM 2012, S. 26). Zu ähnlichen Ergebnissen kommt eine Erhebung des Börsenvereins des deutschen Buchhandels: Kinder bevorzugen Geschichten, die bis zum Schluss spannend sind; wichtig ist ihnen dabei, dass kausal und stringent erzählt wird; zu viele verschiedene Handlungsstränge lehnen sie ab. Interesse weckt auch der ‚Kinder-Detektiv', der ihnen eine Fülle von Identifikationsmöglichkeiten bietet (Börsenverein 2007, S. 30). Die Vorliebe der Kinder für Erzählungen mit Spannung ist nicht zufällig, besitzen diese doch einen hohen Unterhaltungswert: Die Leser(innen) erleben ein kalkuliertes Angstpotenzial, wobei ihnen immer bewusst ist, dass die Geschichte gut enden wird. Darüber hinaus hat der Detektiv für die Leser(innen) eine gewisse Vorbildfunktion, der sie nachzueifern suchen (Nusser 2003, S. 41).

Solche spannenden Geschichten firmieren unter den Begriffen ‚Kriminalliteratur' (alltagssprachlich ‚Krimi'), ‚Detektivroman', ‚Verbrechensgeschichte' und ‚Thriller' sowie ‚Abenteuerliteratur'. Wird **Kriminalliteratur** häufig als Oberbegriff verstanden, so können durchaus typologische Unterschiede und idealtypische Ausprägungen festgemacht werden. Ausdrücklich sei darauf hingewiesen, dass es zwischen den skizzierten Formen vielfache Überschneidungen und Berührungspunkte gibt; das Genre ‚Krimi' ist eines der produktivsten der Gegenwart und erfährt durch seine Autor(inn)en erzählerische Innovationen.

Bei **Detektivgeschichten** steht die Detektion, d. h. die Aufklärung des Falls, im Mittelpunkt der Handlung. Idealiter setzt die Handlung mit einem Verbrechen ein; dieses wird durch einen Detektiv aufgeklärt und im Laufe der Ermittlung erhalten Detektiv – und Leser(innen) – Informationen über die Vorgeschichte, die zum Verbrechen geführt hat. Die Faszination der Detektivgeschichten besteht darin, dass es sich oft um ‚Mit-Rate-Krimis' handelt; die Leser(innen) erleben (intellektuelles) Vergnügen aus dem Zusammentragen von Informationen, die sich während der Lektüre ‚enthüllen'. Dies schließt nicht aus, dass sie auch auf falsche Fährten gelockt werden, wie dies beispielhaft der Erzähler Dr. Watson in den *Sherlock-Holmes*-Krimis tut: „Eine gute Detektivgeschichte muss die im Text verstreuten Hinweise ernst nehmen: Der Leser wird für seine Beobachtung und Kombinationsgabe damit belohnt, dass diese Hinweise und die daraus gezogenen Schlüsse tatsächlich eine Bedeutung für die Auflösung haben." (Stenzel 2011, S. 337) Großer Beliebtheit bei den Kindern erfreuen sich die Folgen um die *Gespensterjäger* (2013) von Cornelia Funke, *Kwiatkowskis gefährlichste Fälle* von Jürgen Banscherus (2010), Benedikt Webers Ermittlungen der *Schwarzen Pfote* sowie die Rate-Krimi-Serie *Tiger-Team* von Thomas Brezina (2012); letzterer spricht die Leser(innen) bereits im Titel an: *Ein Fall für dich und das Tiger-Team.*

Auch medial wird die Lust am Mitraten und die damit einhergehende emotionale Beteiligung der Leser(innen) genutzt: Dies kann in einer Kombination von Text und Bild erfolgen, wenn wichtige Informationen zur Lösung von Fällen ‚entschlüsselt' werden müssen und somit die Leser(innen) aktiv in die Überführung des Täters einbezogen sind. Stilbildend in diesem Bereich wirkten *Die Abenteuer der ‚schwarzen hand'* von Hans Jürgen Press (1965), die bis in die heutige Zeit vielfache Nachahmer gefunden haben (Stefan Wilferts *Abgerechnet wird später* [2010]; Cornelia Franz' *Rette die Smaragdschlucht* [2012]): Im Text wird eine Frage aufgeworfen, die auf die Klärung des Falls abzielt und deren Antwort im Bild ‚versteckt' ist. In jüngerer Zeit finden Krimis auch Eingang in den erstarkenden Markt der Erstlesebücher, die speziell an Schüler(innen) der Jahrgangsstufen

1 und 2 adressiert sind und je nach Verlag unterschiedliche Niveaustufen der Lesekompetenz konkretisieren (vgl. dazu die Übersicht bei Knopf 2012, S. 207ff.). Vom Zusammenspiel Lesen und Kombinieren erhofft man sich nicht nur eine Steigerung des Lese- und Textverstehens, sondern auch eine Beförderung der Lesemotivation. Die Autorin Ursel Scheffler arbeitet in ihren Bänden um *Kommissar Kugelblitz* variantenreich mit diesem Konzept: Die Leser(innen) werden mit der ‚Kriminaltechnik' vertraut gemacht; das Ermitteln um den zerstreuten Kommissar ist auch online möglich und bietet eine Fülle von Anregungen zum Lesen von Fährten und Kombinieren mit Indizien (ebd., S. 215). Seine Fälle können darüber hinaus als E-Book bezogen werden, allerdings um den Preis, dass die haptische Dimension des Erkundens und Überprüfens der Printversion (‚rote Folie') verloren geht. Die Leser(innen) werden aufgefordert, sich mithilfe eines Codeworts eine kostenfreie App herunterzuladen: Die während der Lektüre gesammelten Punkte werden automatisch in einem Detektivausweis verzeichnet (Scheffler 2012).

Immer noch erfreut sich die seit 1964 existierende Serie *Die drei ???* großer Beliebtheit; seit 1999 existiert die Version *Drei ???-Kids* für die Altersgruppe zwischen sechs und zehn Jahren, damit auch jüngere Leser(innen) an den Abenteuern um Justus Jonas, Peter Shaw und Bob Andrews teilhaben können. Ein reichhaltiges Angebot im Spielzeugsegment lässt für die kindlichen Ermittler eigentlich keine Wünsche offen: Abhörgeräte, Spurensuche und Geheimschriften laden zur ‚Erkundung' des Alltags ein. Als Pendant, das speziell an Mädchen adressiert ist, existiert seit 2006 die Serie *Die drei !!! Detektivgeschichten für clevere Mädchen*: Kim, Franzi und Marie gründen wie ihre großen Vorbilder, die drei ???, einen Detektivclub und erleben prompt viele Abenteuer (Maja von Vogel *Die Handy-Falle* [2006]). Ein Autorenteam schreibt die Geschichten, die medial als Hörspiele und mit einem Onlineauftritt vermarktet werden. Wrobel weist darauf hin, dass im Umkreis von erfolgreichen literarischen Figuren ihre konsequente und komplexe Bewerbung einsetzt, die – auch im Literaturunterricht – eine Rolle spielen sollte (Wrobel 2010, S. 10).

Von den Detektivgeschichten sind die **Verbrechensgeschichten** abzugrenzen. Diese kreisen um Verbrechen bzw. Verbrecher und erzählen chronologisch Vorgeschichte und Durchführung der Tat. Auch wird die Entwicklung des Täters wiederholt in den Blick genommen, um sein Handeln verständlich zu machen. In diesen Texten ist es den Autor(inn)en auch möglich, gesellschaftskritische Fragen in den Blick zu nehmen: Warum wird jemand zum Täter? Wie können Taten verhindert werden? Konsequenterweise rücken Ermittlung und Lösung des Falls in den Hintergrund. Verbrechensliteratur hat sich in der Jugendliteratur einen festen Platz erobert; mit ihrer gesellschaftskritischen Ausrichtung wendet sie sich eher an heranwachsende Jugendliche. Beispielhaft sei *Schwarzer Schnee* (2010) von Lotte Kinskofer genannt, in dem die Drogenproblematik entfaltet wird (Stenzel 2011, S. 338f.; vgl. auch das Thema Gewalt in Mats Wals *Kill* [OA 2005, dt. EA 2007]).

Bleibt noch der **Thriller** zu erwähnen: Ebenso wie die Verbrechensgeschichten sind solche Texte in der Kinderliteratur weniger verbreitet. Die Texte sind maßgeblich von Action-Elementen geprägt: Das Verbrechen wird chronologisch dargestellt und fordert die Ermittler mit all ihren ‚Waffen' heraus; die Täter werden verfolgt, ergreifen die Flucht, werden gefangen genommen und wieder befreit: Dynamik und Chronologie prägen den Handlungsverlauf (Wilczek 2001, S. 78). Zu nennen wäre hier beispielweise Monika Feths Thriller um Jette Weinberger und ihre ‚Helfer', die allesamt an ein jugendliches Publikum gerichtet sind (z. B. *Die Erdbeerpflücker* [2003], *Der Sommerfänger* [2011]).

Wenn es sich um spannende Geschichten in der Kinderliteratur dreht, dann rückt auch die **Abenteuerliteratur** in den Blick. Gerade in der Kinderliteratur kann zwischen Krimi und Abenteuer nicht immer unterschieden werden, vielfach kommt es zu Verknüpfungen, die sich nicht nur in den Titeln widerspiegeln (Annette Neubauer *Sagenhafte Abenteuer, Bd. 7: Das gruselige Burggespenst. Ein Eifel-Krimi für Kinder* [2011]; Cornelia Franz *Rette die Smaragdschlucht* [2012]). Um die Kennzeichen von Abenteuerliteratur zu erfassen, hilft die Ethymologie des Worts ‚Abenteuer': Es leitet sich vom mittelhochdeutschen Wort *aventiure* ab, das seine Ursprünge im lateinischen Verb *advenire* hat und übersetzt so viel wie *ankommen, ereignen, antreffen* bedeutet: „Damit ist der Genrebegriff gleichsam selbst erklärend: Handlungskonstituierend ist die Tatsache, dass sich etwas Unerwartetes ereignet, mit dem die Hauptfigur konfrontiert wird, auf die sie reagieren muss." (Weinkauff/Glasenapp 2010, S. 121) In der Regel macht sich der Held auf den Weg, der ihn in die Ferne führt und auf dem er sich bewähren muss. Nach Aufbruch und Abenteuern in fernen Ländern kehrt er wieder zu seinem Ausgangspunkt zurück, sodass den Texten eine zyklische Struktur zugrunde liegt. Die Figuren des Abenteuerromans tragen keine individuellen Besonderheiten, sondern werden als Typen mit feststehenden Eigenschaften bezeichnet. Die Spannung des Genres speist sich aus zwei Polen: Der Held durchlebt gefährliche Abenteuer, die ein Mitfühlen bei den Leser(inne)n bewirken: Wird er das Abenteuer bestehen? Und wird er wieder nach Hause kommen? Mit letztgenannter Frage ist auf das Spannungsfeld von Nähe und Ferne, Heimat und Fremde verwiesen, das das Genre prägt und das die Leser(innen) berührt: Sie werden in alltagsferne Welten und Abenteuer verstrickt und haben sich in den dortigen Gegebenheiten zurechtzufinden (ebd.). Beispielhaft ist Tonke Dragts Werk *Der Brief für den König* (1977) zu nennen, das in der Ritterzeit spielt und Tiuris gefährliche Reise zum König erzählt. Auch in der Gegenwart siedeln viele Autor(inn)en ihre Geschichten in weit entfernten Zeiten an, oft in der Ritterzeit, und schicken ihre kindlichen Helden auf abenteuerliche Reisen; neben dem Bestehen der Abenteuer werden jedoch Helden gezeichnet, die durchaus Fehler besitzen und sich nicht zuletzt aufgrund dieser Schwächen in Abenteuer verstricken; ähnlich wie Detektivgeschichten wird Abenteuerliteratur oft als Serie und damit auch im Medienverbund präsentiert (Kirsten Boie *Der kleine Ritter Trenk* [2006]; Anu Stohner *Robert und die Ritter. Das Zauberschwert* [2011]).

Bezogen auf spannende Geschichten in der Kinderliteratur dominieren Detektivgeschichten. Dies hat zum einen historische Gründe, die aus der **Geschichte der Kinder- und Jugendliteratur** resultieren. Am Anfang der Entwicklung eines eigenständigen Kinder- und Jugendkrimis steht Erich Kästners *Emil und die Detektive* (1929). Kästners Werk kommt insofern eine besondere Bedeutung zu, weil *Emil* für weitere Detektivgeschichten seiner Zeit prägend geworden ist. Dazu hat maßgeblich der Schauplatz – die Großstadt Berlin – beigetragen, die als Erfahrungsraum für die Kinder entdeckt wurde. Auch hat die Gruppe der jugendlichen Detektive eine Strahlkraft auf die Leser(innen) entfaltet, wie viele Briefe seiner Leser(innen) an Erich Kästner dokumentieren. Geschickt wurde der Band – bereits zu Kästners Lebzeiten – als Film und als Theaterstück adaptiert und einem großen Publikum erschlossen. Eine solche Popularität hat der Folgeband *Emil und die drei Zwillinge* (1934) nicht erreichen können. Demgegenüber wird noch heute der Band *Emil und die Detektive* medial adaptiert. Vor Kurzem ist eine Comic-Fassung von Isabell Kreitz (2012) hinzugekommen.

An diesem ‚Erfolgsmodell' versuchten sich in der Folgezeit weitere Autor(inn)en, indem sie interessante Schauplätze mit Kinderdetektiven kombinierten: 1932 erschien Wilhelm Matthießens *Das rote U* in Deutschland (Karrenbrock 2008, S. 257); 1959 veröffentlichte Alfred Weidenmann seinen bis heute verlegten *Gepäckschein 666*. Auch internationale Einflüsse machen sich bemerkbar: Der erste Band der *Fünf Freunde* von Enid Blyton erblickt 1942 in England das Licht der Öffentlichkeit und wurde bald in viele Sprachen übersetzt – eine bis heute anhaltende Erfolgsgeschichte (Kümmerling-Meibauer 2004, S. 513). Astrid Lindgren hat mit ihren Bänden um den Detektiv *Kalle Blomquist* einen wichtigen Beitrag zur Entwicklung des Kinderkrimis geleistet (*Kalle Blomquist – Meisterdetektiv* [OA 1946, dt. EA 1950], *Kalle Blomquist lebt gefährlich* [OA/dt. EA 1951], *Kalle Blomquist, Eva-Lotta und Rasmus* [OA 1953, dt. EA 1954]). Allerdings wurde bei ihrem Werk auch immer wieder kritisch hinterfragt, ob die dort dargestellten Fälle nicht zu brutal für die kindlichen Leser(innen) seien: So beobachtet Eva-Lotta einen Mord und gerät dadurch in Gefahr (Lison 2010, S. 282). Damit ist ein weiterer wichtiger Grund für das Vorherrschen von Detektivgeschichten im Spektrum der Kinderliteratur genannt. Lange Zeit war der didaktische Wert von Krimis für den Deutschunterricht nicht unumstritten. Sollte das Böse zum Gegenstand von Unterricht werden? Diese Frage löste in den 70er-Jahren heftige Debatten und Kontroversen aus, die um den Status von Kriminalliteratur kreisten. Man sah die Krimis als ‚Trivialliteratur' an, die keinen Platz im Deutschunterricht beanspruchen konnte: Aufgrund der formalen Besonderheiten – stereotypes Handlungsmuster, serielles Erzählen – galten sie als literarisch wenig bedeutsam; zudem fürchtete man die Gefahr der Nachahmung, da die Lektüre von Schand- und Bluttaten zu emotionaler Abstumpfung führen könnte (Nusser 2003, S. 11). Daher war es in den 70er- und 80er-Jahren erklärtes Ziel der Didaktik, die problematischen und gewaltorientierten Strukturen der Krimis offenzulegen und die Schüler(innen) gegenüber den Wirkungen von vermeintlicher Trivialliteratur zu ‚immunisieren'.

Heute herrscht – wie die Ausführungen zur Detektivgeschichte deutlich machen – eine stärker leserorientierte Sichtweise vor: „Die starke Aufwertung der Lesedidaktik und die Inauguration des zweckfreien Lesens als einer zentralen didaktischen Kategorie hat in den 90er Jahren mit dazu beigetragen, dass die rezeptionsästhetischen Momente der Kriminallektüre in den Vordergrund und die funktionalen in den Hintergrund gerückt werden." (Wilczek 2007, S. 9f.) Gerade die Detektivgeschichte scheint hierfür prädestiniert zu sein, vereint sie doch Mitraten und Kombinieren der Leser(innen) und befördert dadurch kognitive und emotionale Lernprozesse. Zudem sichert die Struktur der Detektivgeschichte mit gutem Ausgang, die in eine Überführung und oft auch Bestrafung des Bösen mündet, dass die Kinder nicht in Konflikt mit Normen der Gesellschaft geraten bzw. Angst während der Lektüre empfinden müssen.

Krimis, vornehmlich Detektivgeschichten, weisen einige formale Besonderheiten auf, die eine **multiperspektive didaktische Erschließung** nahelegen. Aufgrund der Produktivität des Genres eröffnen die Krimis schon am Beginn der literarischen Sozialisation einen Zugang zum Sozialsystem Literatur: Leser(innen) kommen mit einer produktiven Gattung in Berührung, die sich eine große Leserschaft erschlossen hat. Die Zugehörigkeit zu dieser Leserschaft beginnt mit den ersten Detektivgeschichten im Gewand von Erstleseliteratur und kann ein lang anhaltendes Interesse an literarischen ‚Rätseleien' zur Folge haben: Man erhofft, dass sich dieses Involviertsein positiv auf das Leseverständnis auswirkt und Kinder zu sorgfältiger Lektüre angeregt werden. Zudem ist eine Steigerung der Lesemotivation nicht unwahrscheinlich, die nicht zuletzt durch den Seriencharakter der Krimis befriedigt wird. Serien wecken eine Sammelleidenschaft bei den Kindern, die sich auch in der Buchauswahl niederschlägt: 70 % der erwachsenen Käufer(innen) oder Kinder orientieren sich beim Kauf eines Kinderbuchs an Serien oder Reihen (Renner 2011, S. 79). Die Serialität der Literatur wird nicht mehr negativ gesehen, sondern als ein wichtiger Baustein für den Aufbau von Lesekompetenz: Kinder erschließen sich ‚viel' Lesestoff. Typische Merkmale von Detektivserien für Kinder stellt Stenzel (2010, S. 341) zusammen: Dazu zählen ein überschaubarer Rahmen und eine begrenzte Anzahl von Protagonisten; parallele Handlungsstränge, die Kriminalfall und persönliche Entwicklung der Protagonisten verbinden; Streit zwischen jugendlichen und erwachsenen Detektiven; die Gruppe der Heranwachsenden, die den Hauptanteil an der Auflösung des Falls haben; abenteuerliche Anlage der Fälle, oft mit Geheimnissen ‚garniert'; bei den Ermittlungen wird die Umwelt genau beobachtet sowie über Ge- und Verbote nachgedacht.

Auch laden die Detektivgeschichten mit ihren unterschiedlichen Angeboten an Visualisierungen und Adaptionen (Hörbüchern und -spielen, Filmen, Online-Präsentationen und Spielzeugen) zu multimedialer Nutzung ein, wie sie für das Genre kennzeichnend ist. Immer öfter zeigt sich im Kinderbuch, dass Buch und Hör-CD gemeinsam vermarktet und als Gesamtprodukt verkauft werden (Cornelia Funkes *Gespensterjäger. Sammelband mit Hörspiel* [2013]). Somit stellt der Krimi eine Gattung dar, die die Sozialisation in ihren unterschiedlichen Phasen beeinflusst.

Spätestens an dieser Stelle ist darauf hinzuweisen, dass die Auseinandersetzung mit Verbrechen auch eine Thematisierung des Bösen nach sich ziehen kann: Welche Normen bzw. Werte sind zu hinterfragen? Warum fügen Menschen anderen Schaden und Unheil zu? Die Beantwortung dieser ins Philosophische und Psychologische reichenden Fragen führt zur Anbahnung eines Perspektivwechsels, um das Fremde in der Gestalt des Bösen zu ‚überführen':

> Das ist spannend bei der detektivischen Lösung eines Falles, wo neue Blickwinkel im wörtlichen Sinne neue Erkenntnisse bringen können. Es ist besonders lohnend aber im Rahmen des literarischen Lernens, geht es um moralisch-ethische Fragen im Zusammenhang mit einem Verbrechen. (Stenzel 2011, S. 347)

Mit dem Perspektivwechsel ist ein zentrales Anliegen der Literaturdidaktik umrissen. Man verspricht sich vom Umgang mit solchen Texten, Kindern und Jugendlichen ein Angebot an neuen Sichtweisen zu eröffnen, ohne sie mit komplexen Texten zu überfordern oder mit inhaltlichen Allgemeinplätzen zu unterfordern (Leubner/Saupe/Richter 2010, S. 95). Deshalb sollten die im Unterricht behandelten Texte einen spezifischen Grad an Fremdheit aufweisen, der sorgfältig an die Fähigkeiten der Schüler(innen) anzupassen ist. Im Zusammenhang mit den Detektivgeschichten werden oftmals ‚fremde Orte' gewählt, an denen die Handlung spielt; nicht selten begeben sich Kinderdetektive auf eine Zeitreise und ermitteln in fremden Welten (vgl. die Serie *Die Zeitdetektive* von Fabian Lenk). Auch tauchen Ermittler aus anderen Kulturkreisen auf, sodass die Aufklärung des Falls oft zu einer ‚Landeskundestunde' geraten kann; dies schließt eine Auseinandersetzung mit dem Regionalen ein, wie etwa Thomas Göhmanns *Das Geheimnis des Mondritters. Ein Kinderkrimi aus dem Allgäu* (2012) eindrücklich vor Augen führt. Somit vermag die Lektüre gleichermaßen in ‚fremde Welten' einzuführen wie auch neue Sichtweisen zu eröffnen, nicht nur im Hinblick auf das Lösen von Kriminalfällen.

Formale Besonderheiten	**Didaktische Anknüpfungspunkte**
Genre ‚Krimi'	Teilhabe am kulturellen Leben
Serialität	Lesemotivation
‚Mit-Rätseln'	Textverstehen
Protagonisten, v. a. Kinderdetektive	Identifikationsmöglichkeiten
Ort	Fremdverstehen
Tat	Perspektivwechsel

Tab. 4: Multiperspektivische Erschließung von Detektivgeschichten

Viele der in oben stehender Tabelle genannten Anknüpfungspunkte – Fremdverstehen, Perspektivwechsel, Empathie- und Identifikationsmöglichkeit – werden auch bei didaktischen Überlegungen zur Abenteuerliteratur genannt (Lange 2011, S. 265f.); neben Krimis ist Abenteuerliteratur ein weiteres Genre, um Schüler(innen) mit Spannungsliteratur und ihren Ausdrucksmöglichkeiten vertraut zu machen; solchermaßen sind kinderliterarische Abenteuerliteratur und Krimis in ihren Wirkungen durchaus vergleichbar.

Abschließend bleibt zu erwähnen, dass in etlichen Kinderkrimis mit intertextuellen Verweisen – oft im Sinne der Parodie – gespielt wird: Schon bei Astrid Lindgren imaginiert Kalle Blomquist bedeutende literarische Detektivfiguren, wie etwa Sherlock Holmes. Antonia Michaelis lässt Kinderdetektiv Pelle in *Kreuzberg 007* mit James Bond ‚fachsimpeln', wenn es um Fragen der Beweisführung geht. Mit diesen intertextuellen Verweisen spannt sich ein Netz um die Krimis und ihre Rezipient(inn)en, dem man sich – wie auch die aktuellen Bestsellerlisten zeigen – nur schwer entziehen kann. Vielmehr eröffnen sich dem Leser Zugänge zu einem produktiven Genre mit vielfältigen nationalen und internationalen sowie historischen und aktuellen Bezügen.

1.3.5 Erzählen im Reich der Fantasie

Fantastische Literatur erfreut sich seit einigen Jahren bei Jung und Alt großer Beliebtheit: Werke, die zu diesem Genre gezählt werden, sind regelmäßig auf den Bestsellerlisten zu finden, werden medial variantenreich inszeniert und oft mit großem Marketingaufwand lanciert. Fantastische Literatur ist international, liegt auf dem Buchmarkt oft auch in Übersetzungen vor und erschließt sich weltweit Leser(innen). Der Boom fantastischer Kinder- und Jugendliteratur wurde maßgeblich durch die Publikation der *Harry-Potter*-Bände befördert. Der erste Band erschien 1997 in englischer Sprache und lag ein Jahr später in deutscher Übersetzung vor; der letzte der sieben Bände wurde im Jahr 2007 nahezu ohne zeitliche Verzögerung in englischer und deutscher Sprache veröffentlicht. Am Phänomen *Harry Potter* kann Faszination und Produktivität des Genres in der Gegenwart beschrieben werden. Die Romane von Joanne K. Rowling sind inzwischen in 67 Sprachen übersetzt worden und bisher sind mehr als 500 Millionen Exemplare weltweit verkauft worden. Eine solche Popularität spiegelt sich auch im Medienverbund wider: Die Verfilmung der Bände (zwischen 2001 und 2011), Video- und Computerspiele, Brett- und Legospiele (seit 2001 mit Beginn der Verfilmungen) sowie die Produktion von Accessoires (Zauberstäbe, Umhänge, Brillen, Schals) sorgen für eine gewisse Allgegenwärtigkeit im Segment der Kinder- und Jugendliteratur sowie ihrer kommerziellen Vermarktung im Spielzeugsektor. Im Jahr 2010 wurde in Orlando (Florida, USA) der Themenpark *Wizarding World of Harry Potter* eröffnet, in dem Plätze der magischen Welt besucht werden können. In London können die Warner Bros. Studios besichtigt werden, um auf den Spuren der Verfilmung zu wandeln. Auch hat die Autorin seit 2011 eine virtuelle Umgebung (www.pottermore.com) kreiert, die Aktivitäten um die Protagonisten mit Informationen der Autorin und Marketing vereint. So können beispielsweise E-Books und digitale Hörbücher des *Harry-Potter*-Werks über *Pottermore* bezogen werden. Die Fans von Harry Potter werden auch selbst aktiv und schreiben sogenannte Fanfiction, d. h., sie verfassen online Einträge zu einzelnen Kapiteln und Personen und spinnen die Geschichten fort. Auf diese Initiativen reagiert Rowling, indem sie in unregelmäßigen Abständen einen „Fan-Site-Award" verleiht, um einen gewissen ‚Einfluss' auf die Seiten und die darin niedergelegten Geschichten zu nehmen.

Interessant ist noch eine weitere Aktivität der Autorin: Versierte *Harry-Potter*-Leser(innen) wissen um die Bedeutung der Märchen *Beedle des Barden* für die Handlung im siebten Band. Diese Märchen wurden in einem separaten Buch im Jahr 2008 veröffentlicht und zeigen – ebenso wie die Bände *Phantastische Tierwesen und wo sie zu finden sind* und *Quidditch im Wandel der Zeiten* (beide 2001) – zweierlei: Die Autorin ‚materialisiert' hier Intertextualität, indem sie Bibliotheks- und Schulbücher aus Hogwarts zugänglich macht und sie auf die Romane und ihre Protagonisten bezieht. Des Weiteren spielt sie mit ihrer eigenen Autorinnenrolle, da sie in diesen Texten ihre Urheberschaft zugunsten von Albus Dumbledore und Beedle dem Barden auflöst. Über diese Verbindungs- und Vernetzungsmöglichen urteilt Gansel wie folgt: „Es ist – wie schon bei anderen Kult-Texten – die Mischung, die den Erfolg ausmacht. Also simpel gesprochen, das ‚Was' und ‚Wie' des Textes, die derzeitige Zeitströmung, die Person der Autorin und natürlich die inzwischen eingetretene Vermarktung und die Möglichkeiten der Mediengesellschaft." (Gansel 2010, S. 155)

Dieser Medienverbund eröffnet jeder Altersgruppe einen Zugang zur magischen Welt rund um Hogwarts: Kinder können sich mit Lego und Hör-CDs (im Deutschen eingesprochen von Rufus Beck) sowie einigen Verfilmungen vertraut machen, ehe sie sich – oft im Alter von neun und zehn Jahren – an die Lektüre der Bände wagen; in stärkerem Maße nutzen Kinder bzw. Jugendliche ab zehn Jahren die Potenziale des Onlinemarketings, um an den Abenteuern von Ron, Hermine und Harry teilzuhaben (Renner 2011, S. 71). Erwachsene suchen Zugang über die Filme, was eine Lektüre des Buchs aber nicht ausschließt. Am Beispiel der *Harry-Potter*-Bände können einige ‚Mechanismen' der Rezeption und Vermarktung von fantastischer Literatur offengelegt werden: Dieser großartige und weltumspannende Erfolg ist nur möglich (gewesen), da die Texte sowohl von Kindern und Jugendlichen als auch von Erwachsenen rezipiert werden.

Solche Texte werden als ‚**All-Age-Literatur**' bezeichnet; ihre Kennzeichen sind nicht scharf umrissen: Es handelt sich um Bücher, die – entgegen der Absicht von Verlagen, Autor(inn)en und Buchhandlungen – von Leser(inne)n unterschiedlicher Altersstufen gekauft und gelesen werden. Damit sind einerseits Bücher erfasst, die für Kinder und Jugendliche geschrieben worden sind, und auch von Erwachsenen gelesen werden. Andererseits ist Belletristik darunter zu verstehen, die sich an ein erwachsenes Publikum richtet, aber desgleichen von Kindern und Jugendlichen rezipiert wird (Vogel 2011, S. 25f.). In ihren Studien weist Kümmerling-Meibauer darauf hin, dass gerade in der deutschen Kinder- und Jugendliteratur eine Verschiebung zum ‚**Crosswriting**' (‚Crossover-Writing') feststellbar sei: Ausgehend von der Gemachtheit der Texte kommt sie zu dem Schluss, dass viele Autor(inn)en für Kinder und Erwachsene gleichermaßen schreiben. Des Weiteren berücksichtigen sie eine ‚doppelten Leserschaft', indem Bücher von vornherein für Kinder und ‚mitlesende' Erwachsene verfasst werden: „Diese mehrfachadressierte Kinderliteratur weist oft eine Komplexität des Inhalts und der Struktur auf, die auch auf das Interesse der erwachsenen Leser stößt." (Kümmerling-Meibauer 2008, S. 7) Dies gilt auch für die sieben *Harry-Potter*-Bände, die über ein dichtes Netz an inner- und intertextuellen Anspielungen mit Texten der Weltliteratur verbunden sind und vielfältige Zugänge eröffnen.

Die Erschließung von Literatur durch Leser(innen), für die die Texte nicht gedacht sind, ist in der Geschichte der Kinder- und Jugendliteratur nicht neu, weist jedoch in der aktuellen Kinderliteratur eine neue Qualität auf: Der französische Literaturwissenschaftler Hazard – und mit ihm Erich Kästner – wies bereits 1932 auf die Bedeutung von Literatur hin (*Les Livres, les enfants et les hommes*, dt. 1952 mit einem Vorwort von Erich Kästner), die sich Kinder – entgegen der Absicht von Autor(inn)en – erobern würden (Seibert 2008, S. 40f.): „Ich behaupte, daß sie [die Kinder] die besten und berühmtesten unter ihren Lieblingsbüchern in einem kühnen Kampf haben erobern müssen; deren Autoren wandten sich nur an die großen Leute; aber die Kinder haben sie sich einfach zu eigen gemacht." (Hazard 1970, S. 77) Ungewöhnlicher ist nun, dass heute Erwachsene Werke der Kinder- und Jugendliteratur lesen. Gerade im Gefolge der fantastischen Literatur finden sich Leser(innen) unterschiedlichen Alters in der Lektüre vereint. Die Verlage unterstützen solche Tendenzen mit einem ‚**Crossover-Marketing**', um Texte für unterschiedliche Zielgruppen zu erschließen. Im Falle der *Harry-Potter*-Romane entwickelte der Carlsen-Verlag Ausgaben für Erwachsene und Jugendliche, die sich in der Gestaltung der Cover unterscheiden (Ewers 2011, S. 15). Jedoch sind nicht nur Marketing-Aspekte für das Erstarken von All-Age-Literatur ausschlaggebend. In ihrer buchwissenschaftlich orientierten Analyse nennt Vogel drei wichtige Gründe für die Ausweitung der Leserschichten (Vogel 2011, S. 26–32): Insbesondere fantastische Literatur kennzeichne eine Fülle von Mehrdeutigkeiten, die den Leser(inne)n – je nach Kenntnisstand – unterschiedliche Interpretationsspielräume eröffnet. Darüber hinaus bieten die Bände der fantastischen Literatur die Möglichkeit, sich mit und in der Lektüre Entspannung und Ablenkung zu verschaffen. Nicht selten wird das Bedürfnis genannt, aus der eigenen Welt mit ihren Unzulänglichkeiten zu entfliehen:

> Dazu kommt, dass phantastische Literatur generell die weit verbreiteten Lesebedürfnisse nach dem ‚Abtauchen' in eine andere Welt, nach der Identifikation mit bewundernswerten Heldenfiguren und nach einer spannungsgeladenen Handlung leichter befriedigen kann als realistische, weil sie sich über die Bindung an die Wahrscheinlichkeitskonvention hinwegsetzt. (Rank 2011, S. 168)

Zuletzt sei noch der Wunsch vieler Leser(innen) genannt, an Gesprächen im Anschluss an die Lektüre teilzuhaben. Gerade kindliche und jugendliche Leser(innen), die sich im Laufe des Heranwachsens an der Peergroup orientieren, tauschen sich über ihre Lektürestoffe aus. *Harry Potter* spielt dabei immer noch eine wichtige Rolle (Philipp 2010, S. 130 und 170f.).

Eine elfjährige, begeisterte *Harry-Potter*-Leserin, die im Alter von neun Jahren mit der Lektüre begonnen hat und im Sinne einer Wiederholungslektüre immer wieder zu den Bänden greift, beschreibt ihre Faszination wie folgt: „Die Geschichte ist glaubwürdig geschrieben. Die Wahrscheinlichkeit, dass sie stimmt, ist zwar nicht groß; aber die Muggels in der richtigen Welt und der Harry-Potter-Welt unterscheiden sich nicht." Mit diesen Äußerungen verweist das Mädchen auf wesentliche strukturelle Merkmale fantastischer Literatur – dem Nebeneinander von real-fiktiver und übernatürlich-wunderbarer Welt sowie auf die Wahrscheinlichkeit einer spezifischen historischen Erfahrungswirklichkeit (Gansel 2010, S. 140); letztere sei entscheidend für die Rezeption der Literatur, da Elemente gemäß der Logik Verknüpfungen zwischen realer Welt und künstlerischer Darstellung zuließen (ebd., S. 143).

Die **begriffliche Bestimmung** des Fantastischen ist schwierig: Einerseits ist umstritten, ob das Fantastische ein eigenes Genre darstellt; andererseits existiert ein ‚Wildwuchs' für die Benennung von fantastischer Literatur bzw. Literatur mit fantastischen Elementen; umgangssprachlich und in der Sprache des Marketings macht sich eine Vielfalt von Begriffen breit, die oftmals synonym verwendet werden, auch wenn sie unterschiedliche Sachverhalte beschreiben (Weinkauff/Glasenapp 2010, S. 100). Im Folgenden wird die Diskussion um die Definitionen nicht noch einmal abgebildet, sondern auf die Ausführungen bei Rauch (2012, S. 147ff.) verwiesen. In Anlehnung an Rank wird Fantastik als Genre verstanden, wenn es folgende Besonderheiten aufweist:

> Von Phantastik als literarischem Genre sollte man sinnvoller Weise erst dann sprechen, wenn phantastische Elemente zu einer dominanten, die Gesamtstruktur eines literarischen Textes prägenden Merkmalen werden. […] In Texten, die zur literarischen Phantastik gehören, dürfen solche Elemente kein sekundäres, der Intention des gesamten Textes untergeordnetes Merkmal sein; sie müssen sein Wirklichkeitsmodell, seine Komposition, seine Figuren und/oder Handlung zentral bestimmen. (Rank 2011, S. 171)

Diese Festlegung umschließt nicht nur epische Formen, sondern auch lyrische und dramatische. Inhaltlich werden in der angelsächsischen Forschung zur Kinder- und Jugendliteratur auch Tiergeschichten (z. B. Fabeln) und Puppenerzählungen unter Fantastik subsumiert (Kullmann 2008, S. 171 und S. 178). In Überblicksdarstellungen zur deutschsprachigen Kinderliteratur werden diese Formen oft nicht berücksichtigt (Abraham 2012), wenngleich eine diesbezügliche Tradition existiert (Max Kruses *Urmel*-Bände [1969–1975]; Keto von Waberer *Die Kuh aus dem Meer und andere Geschichte aus dem Zauberland* [2011]).

Anknüpfend an Rank werden im Folgenden die „dominanten, die Gesamtstruktur eines Textes prägenden Merkmale“ fantastischer Literatur dargestellt. Dazu wird in einem ersten Schritt die **Struktur fantastischer Literatur** näher beleuchtet, ehe – in einem zweiten Schritt – Themen und Motive des Fantastischen aufgeschlüsselt werden. Bezüglich der Struktur ist auf das in der angelsächsischen Forschung einflussreich gewordene ‚Zwei-Welten-Modell' zu verweisen, dessen Anfänge bis in die Romantik reichen. Basierend auf J. R. R. Tolkiens Vortrag *On Fairy-Stories* (1939) hat Nikolajeva das Zwei-Welten-Modell zu einem Interpretationsrahmen für fantastische (Kinder- und Jugend-)Literatur entwickelt: Sie zählt die Anwesenheit von Magie, die Verletzung von Naturgesetzen, das Gespür für unerklärliche Wunder sowie die damit einhergehende Kombination zweier Welten zu zentralen Merkmalen fantastischer Literatur. Nikolajeva unterscheidet drei Modelle, um das Zusammenspiel von real-fiktiver (primärer) und übernatürlich-wunderbarer (sekundärer) Welt zu erfassen (Rank 2011, S. 175f.; Weinkauff/Glasenapp 2010, S. 103f.).

Das erste Modell wird als ‚geschlossene sekundäre Welt' bezeichnet: Kennzeichnend für die Handlung ist, dass sie in einer ausschließlich fantastischen Welt spielt; diese findet keine Entsprechung in der Alltagswelt der Leser(innen) und unterliegt damit eigenen Gesetzmäßigkeiten. Die Protagonisten sind Teil dieser Welt und verfügen über Fähigkeiten, deren Vorhandensein nicht hinterfragt wird und die von Magie geprägt sind. Die Leser(innen) müssen diese Welt, für die sie kaum Entsprechungen in ihrer eigenen Welt finden, akzeptieren und auf sich wirken lassen. Als Beispiel sei hier *Der kleine Hobbit* (OA 1937, dt. EA 1957) von J. R. R. Tolkien genannt. Als zweites Modell ist die ‚sekundäre offene Welt' anzuführen, die ein historisch etabliertes Modell fantastischen Erzählens abbildet: Die Handlung setzt beide Welten voraus und die Protagonisten – oft Kinder – können sich zwischen diesen beiden Welten bewegen. Der Übergang in diese Welten mittels einer ‚Schwelle' wird nicht selten Gegenstand der Darstellung. Viele Texte der internationalen Kinder- und Jugendliteratur können diesem Strukturtyp zugeordnet werden (E. T. A. Hoffmanns *Nußknacker und Mausekönig* [1816], Lewis Carolls *Alice im Wunderland* [OA 1865, dt. EA 1869], Erich Kästners *Der 35. Mai oder Konrad reitet in die Südsee* [1931], Astrid Lindgrens *Mio, mein Mio* [OA 1954, dt. EA 1955], Michael Endes *Die unendliche Geschichte* [1979], Joanne K. Rowlings *Harry-Potter*-Bände [1997–2007], Cornelia Funkes *Tintenherz*-Trilogie [2003–2007], Kirsten Boies *Der durch den Spiegel kommt* [2010]). Das dritte Modell bezeichnet Nikolajeva als ‚implizierte sekundäre Welt'. Die Handlung spielt ausschließlich in einer primären Welt, in der eine Figur oder ein Gegenstand einer sekundären Welt auftaucht. Die Handlung lebt vom Gegensatz dieser Welten, die in personifizierter Form – Alltagsmensch trifft fantastisches Wesen – aufeinanderprallen. Die Protagonisten der sekundären Welt verfügen über magische Eigenschaften, die für allerlei Wirbel und Aufregungen sorgen. In der Kinderliteratur erfreut sich dieses Strukturierungsprinzip besonderer Beliebtheit und hat so manchen Klassiker hervorgebracht. Das Faszinosum dieser Literatur besteht für Leser(innen) – wie nachfolgende Aufzählung von Werken vor Augen führt – in dem Infragestellen und Unterlaufen von gesellschaftlich festgeschriebenen Normen und Werten durch Pippi & Co. (Pamela L. Travers' *Mary Poppins* [OA 1934, dt. EA 1952], Astrid Lindgrens *Pippi Langstrumpf* [OA 1944, dt. EA 1949], Otfried Preußlers *Die kleine Hexe* [1957], James Krüss' *Timm Thaler oder Das verkaufte Lachen* [1962], Christine Nöstlingers *Wir pfeifen auf den Gurkenkönig* [1972], Paul Maars *Sams*-Bände [1980–2011], Cornelia Funkes *Potilla* [2004], Erhard Dietls *Olchis*-Serie [seit 1990]).

Diese Modelle sind als Denkfiguren zu verstehen, die den Leser(inne)n Einblicke in die Struktur von Texten eröffnen und Verbindungen zwischen Texten aufzeigen. Einige Unzulänglichkeiten weist diese Zuordnung auf, die hier beispielhaft an Märchen und Science-Fiction-Geschichten veranschaulicht wird: Da diese ausschließlich in geschlossenen sekundären Welten spielen, könnten sie dem ersten Modell zugeordnet werden. Nikolajeva lehnt jedoch eine solche Kategorisierung ab: Märchen würden von den Leser(inne)n den Blick aus ihrer primären Welt, die außerhalb des Märchens liegt, auf die sekundäre Welt verlangen. Folglich erscheint die Welt des Märchens den Leser(inne)n nicht als selbstverständlich und mit Eigengesetzlichkeiten ausgestattet, sondern vielmehr erfordere sie von ihnen einen ‚Sekundärglauben'; auch Science-Fiction-Geschichten zählt Nikolajeva aufgrund fehlender magischer Elemente nicht zur fantastischen Literatur, da Prinzipien wissenschaftlichen Denkens an die Stelle von Magie treten würden (Rank 2011, S. 176f.). Rank hält eine solche Engführung für wenig zielführend, da sie der Produktivität des Genres nicht entsprechen würde. Er plädiert dafür, Erzählungen vom Typ ‚Computer Novel' (auch ‚Virtual Reality-Novel' oder ‚Discworld-Novel') unter fantastischer Literatur zu subsumieren, die sich seit den 90er-Jahren eine größere Publikumsschicht erschließen; mithilfe moderner Kommunikationstechniken und Medien wird eine ‚zweite Welt' geschaffen, die von medialer Virtualität geprägt ist. Autor(inn)en solcher Texte bedienen sich fantastischer Erzählweisen (Zeitreise, Verwandlung, Überschreiten von Welten, Gedankenlesen) und kombinieren diese mit Möglichkeiten des virtuellen Lebens (Andreas Schlüters Serie *Level 4 – Die Stadt der Kinder* [1994–2006]). Das Fantastische resultiert nicht aus dem Treiben geheimer Mächte oder dem Besitz magischer Fähigkeiten, sondern Computer- und Mediensimulation führen zu rationale Gesetzmäßigkeiten überschreitenden Ereignissen (Gansel 2010, S. 146).

Fantastische Literatur kann mithilfe von **Themen und Motiven** klassifiziert werden. Drei zentrale Motive werden im Folgenden näher ausgeführt (ausführlich dazu Weinkauff/Glasenapp 2010, S. 105–109): An erster Stelle ist die fantastische Schwelle bzw. Schleuse zu nennen. Diese schafft eine Verbindung zwischen Primär- und Sekundärwelt; exemplarisch sei an Michael Endes Roman *Die unendliche Geschichte* erinnert, in dem ein Buch zur fantastischen Schwelle wird. Als weitere Schwellen fungieren Spiegel (Cornelia Funke *Reckless. Steinernes Fleisch* [2010]), Türen (Erich Kästner *Der 35. Mai oder Konrad reitet in die Südsee*), Boten (Tauben in Astrid Lindgrens *Die Brüder Löwenherz* [OA 1973, dt. EA 1974]),

Träume (Paul Maar *Lippels Traum* [1984]) sowie magische Objekte und Maschinen (ein Fahrrad in Kirsten Reinhardts *Fennymores Reise* [2011]). Diese ‚Grenzüberschreitungen' haben eine Vervielfachung des Erlebnisraums zur Folge: Die Protagonisten erkunden oft auf einer Reise neue Welten, werden zum Teil mit einem neuen, attraktiven Äußeren ausgestattet (Krümel in Astrid Lindgrens *Die Brüder Löwenherz*, Bastian in Michael Endes *Die unendliche Geschichte*) und machen vielgestaltige Erfahrungen, die auch ihr ‚Seelenleben' berühren. Davon bleiben die Leser(innen) nicht unberührt; die kindlichen Rezipient(inn)en fasziniert, dass die mit besonderen Fähigkeiten versehenen Protagonisten als Grenzüberschreiter Ort und Zeit überwinden, Autoritäten besiegen und spannende Abenteuer erleben (Schulz 2010, S. 107). Diese Grenzüberschreitung zeitigt auch Auswirkungen auf die Leserschaft, da mit dem Reiseweg des fiktiven Personals der imaginative Transport des Lesers einhergeht; während des Leseprozesses werden ihm aufgrund der oft suggestiven, anspielungsreichen und rätselhaften Erzählweise aktive Eigenleistungen abverlangt (Simonis 2005, S. 54).

Sowohl primäre als auch sekundäre Welten sind von Hexen, Magiern, Zauberern und Vampiren bevölkert, allesamt mit übersinnlichen Fähigkeiten versehen. Auf welche Weise die Kontaktaufnahme mit Menschen erfolgt, ist nicht festgelegt. In der Kinderliteratur zeigt sich die Tendenz der Entdämonisierung der magischen Wesen, die harmlos, witzig und schlagfertig charakterisiert werden. *Die kleine Hexe* (1957) von Otfried Preußler kann hier als ein einflussreiches Buch genannt werden. Preußler wählt eine „junge Hexe" von erst 127 Jahren zur Heldin seiner Geschichte, sodass Projektionsflächen und Identifikationsmöglichkeiten für kindliche Leser(innen) entstehen (Weinkauf/Glasenapp 2010, S. 108). In ähnlicher Weise arbeitet Renate Welsh in ihren Geschichten von Frau Lizzi und dem Vamperl (*Das Vamperl*, 1979); sie greift das Vampirmotiv auf und wendet es positiv: Das Vamperl ‚saugt' den Menschen das Böse aus der Galle, tut auf diese Weise Gutes und stiftet Versöhnung und Frieden (in dieser Tradition auch Gudrun Pausewangs *Spinatvampir* [2003]). Michael Ende fügt dem Bild der Hexen und Magier in der Kinderliteratur im *Satanarchäolügenialkohöllischen Wunschpunsch* (1989) eine weitere Facette hinzu: Hexen und Magier bedrohen hinterlistig und gemein die ökologische und moralische Ordnung der Welt, die dank des Eingreifens der Tiere in buchstäblich letzter Sekunde gerettet werden kann.

Michael Ende wurde nicht müde zu betonen, wie wichtig die Romantik für seine Werke sei (Ende/Krichbaum 1985, S. 153ff.). Insbesondere das Werk E. T. A. Hoffmanns nennt er, wenn er nach prägenden literarischen Vorbildern befragt wird. Hoffmann lässt in seiner Erzählung *Das fremde Kind* (1817) eine Kindheitsfigur erstehen, die sich als einflussreich für die Entwicklung der Kinderliteratur erwiesen hat und motivisch vielfach verarbeitet worden ist. Kennzeichen des ‚fremden Kinds' sind seine geheimnisvolle Herkunft, seine Elternlosigkeit, das unbestimmte Alter, das androgyne Wesen sowie sein auffälliges Erscheinungsbild, besondere Fähigkeiten und der Wunsch, Kind bleiben zu wollen (Weinkauff/Glasenapp 2010, S. 108). Figuren von Astrid Lindgren (Karlsson vom Dach, Pippi), von Paul Maar (Sams), von Michael Ende (Momo) und von Ellis Kaut (Pumuckl) legen eine Spur Chaos in das Leben ihrer literarischen Freunde, der kindliche Leser(innen) nur zu gerne folgen. Sie sind ‚anders' und genießen diesen Sonderstatus – auch sprachlich: Sams, Pumuckl und Karlsson vom Dach nutzen Reime, Nonsensverse und Sprachspielereien, um innerliterarisch ihre Umwelt zu verwirren und um außerliterarisch für Unterhaltung zu sorgen. So dichtet Pumuckl im Kapitel *Pumuckl will gescheit werden*:

> Wenn du lernst,
> bist du ernst,
> und entfernst du den Ernst,
> dann du nichts lernst. (Kaut 2005, S. 74)

Mit dem Hinweis auf die Romantik ist eine wichtige Epoche in der **Geschichte der Kinder- und Jugendliteratur** genannt. Die Erforschung der menschlichen Vorstellungskraft sowie die Auseinandersetzung mit dem Imaginären erfuhren in dieser Zeit eine Aufwertung. Jedoch waren in der Literatur diese Ansätze nicht unumstritten: So erfreute sich E. T. A. Hoffmann einerseits der Wertschätzung seiner Zeitgenossen und wurde im englisch- und französischsprachigen Raum nachweislich rezipiert. Andererseits wurde ihm von Zeitgenossen der Spitzname „Gespenster-Hoffmann" verliehen (Simonis 2005, S. 37). Seine *Kindermärchen* (1816) können als Muster fantastischen Erzählens verstanden werden, die jedoch in Deutschland verzögert wahrgenommen wurden. Dieser verzögerten Rezeption E. T. A. Hoffmanns entspricht auch der Stellenwert der fantastischen Literatur im deutschsprachigen Raum zu Beginn des 20. Jahrhunderts.

Erst nach 1945 verändert sich die im deutschsprachigen Raum historisch bedingte Randstellung der Fantastik, die sich auch in der Kinderliteratur auswirkt: „Obwohl es nach 1945 auch in der Kinder- und Jugendliteratur bekanntermaßen keine Stunde Null gegeben hat, kann man dennoch von einem Neuanfang in der Kinderliteratur nach 1945 sprechen." (Weinkauff/Glasenapp 2010, S. 109) Diese Neuausrichtung zeigt sich in einer Öffnung des deutschen Markts für Übersetzungen sowie im Aufgreifen von fantastischen Traditionen des Erzählens – was sich oft gegenseitig bedingte, wie Übersetzung und Publikation von *Pippi Langstrumpf* in Deutschland dokumentieren. Damit geht ein Wandel von Kindheitsvorstellungen in den 50er- und 60er-Jahren einher, die sich auch in der Kinderliteratur widerspiegeln: Kinderliteratur hatte nicht länger ausschließlich als Erziehungs- und Sozialisationsinstrument zu dienen, sondern war nun der ‚Kindgemäßheit' verpflichtet; Kinderliteratur schuf einen entpädagogisierten Raum, in dem ästhetisches Vergnügen und zweckfreie Komik dominierten.

Ihren literarischen Niederschlag fand dies in Erzählformen, die folgende Merkmale kennzeichnen: fiktive, dem Mündlichen nachempfundene Erzählsituation, übersichtlicher Verlauf der Handlung und Erzählstränge, einprägsame Figurengestaltung, glückliches Ende sowie eindeutige Wertungen (ebd., S. 110). Zu Beginn der 70er-Jahre wandelten sich diese Kindheitsvorstellungen unter dem Einfluss gesellschaftlicher Veränderungsprozesse; Emanzipation, Aufklärung und Kritikfähigkeit sind wichtige Schlagworte, die auch als Ansprüche an die Kinderliteratur formuliert wurden. Demgemäß geriet fantastische Literatur als ‚Fluchtliteratur' ins Hintertreffen, da sie eine Abkehr von der Realität und ihren Anforderungen unterstützen würde. Politik und Sozialkritik sollten vor dem Kinder- und Jugendbuch nicht Halt machen, sodass von Pädagogik und Didaktik das ‚realistische Problembuch' propagiert wurde. Mit solchen Vorwürfen wurde auch Michael Endes Werk bedacht und schließlich zog sich der Autor – müde dieser sogenannten Eskapismus-Debatte – nach Italien zurück (Hocke/Neumahr 2007, S. 76). Es sollten wiederum Jahre verstreichen, ehe es zu einer Annäherung zwischen realistischer und fantastischer Literatur bzw. einem Erstarken von fantastischer Literatur kommen sollte, wie die skizzierten Ausführungen zum ‚Phänomen' Harry Potter belegen. Maßgeblich ist dafür der Wunsch der Leser(innen), dem „Auszug aus der entzauberten Welt" (Norbert Bolz) entgegenzuwirken. Der Medienwissenschaftler Bolz bezeichnet mit dieser Wendung den Umstand, dass sich bereits um 1900 gesellschaftliche Modernisierungsprozesse verdichten, die von einer Desillusionierung der Wirklichkeit begleitet sind. Mit dem Einzug von modernen Gesellschaftsentwicklungen, wie Bürokratisierung und Versachlichung der Lebenswelt, geht eine Faszination für das Fantastische einher. Auch im 21. Jahrhundert scheint sich diese Tendenz fortzusetzen: Es entsteht der Wunsch nach neuen Mythologien, die häufig mit vielen unterschiedlichen Motiven und Symbolen verbunden werden. Fantastische Literatur scheint diesen Bedürfnissen zu entsprechen, da in der Gesellschaft des 21. Jahrhunderts kaum mehr Bereiche existieren, die dem Magischen und Unerklärlichen vorbehalten sind (Simonis 2005, S. 25).

Rekapituliert man die Befunde und fragt nach dem **didaktischen Potenzial** fantastischer Literatur, so zeigt sich ein reichhaltiges Spektrum, um die Literatur und ihre Besonderheiten für unterrichtliche Prozesse in der Grundschule fruchtbar zu machen. Unstrittig dürfte sein, dass fantastische Literatur als ‚Übergangsliteratur' fungiert. Ausgehend von Themen und Strukturen der Texte gehen Leser(innen) über Schwellen und lernen neue Welten kennen. Des Weiteren bezieht sich der ‚Übergang' auf sozialisatorische Prozesse: So kann die individuelle Entwicklung der Leser(innen) zur selbstständigen Lektüre mit fantastischer Literatur befördert werden; zudem finden Freizeitlektüre und schulische Lektüre in magischen Stoffen einen Schnittpunkt, der durch mediale Adaptionen zu kreativer und kritischer Auseinandersetzung einlädt. Bezogen auf die Reichweite von Rezeptionsprozessen schafft es fantastische Literatur im Sinne des Crosswritings, Jung und Alt, Schüler(innen) und Lehrkräfte in der Lektüre im Medienverbund zu vereinen.

Fantastische Literatur lädt zu vielfachen ‚literarischen Erfahrungen' ein. Interessant ist nun, im Medium der fantastischen Literatur das Fiktionalitätsbewusstsein von Schüler(inne)n zum Thema zu machen (Rank 2011, S. 190f.). In ihren Überlegungen zu Lese- und Literaturunterricht der Grundschule heben Büker und Vorst die Relevanz des Fiktionalitätsbewusstseins als grundlegende Rezeptionskompetenz hervor. Dabei setzen sie einen engen Zusammenhang zwischen dem Fiktionalen und der Herausbildung personaler Identität voraus und betonen, dass im Grundschulalter die Grenze zwischen der sogenannten realen und der fantastischen Welt in der kindlichen Wahrnehmung noch fließend ist: „Jüngere Kinder fassen Literatur noch nicht als Form uneigentlichen Aussagens auf. Sie können solche Übertragungen noch nicht oder nur punktuell vornehmen; sie sehen auch keinen Anlass dafür, weil es im imaginären Raum, in dem sich ihr Verstehen bewegt, diese Trennungen nicht gibt [...].“ (Büker/Vorst 2010, S. 35)

Diese Aussagen werden in einer empirischen Studie zur Rezeption des von Paul Maar verfassten Kinderbuchs *Eine Woche voller Samstage* (1973) durch Grundschulkinder erhärtet (Ballis 2012b): Die Gespräche über die *Sams*-Lektüre belegen, dass bereits Neunjährige über ein Fiktionalitätsbewusstsein verfügen. Sie lösen sich von einer inhaltlichen Auseinandersetzung und setzen sich mit Fragen der Fiktion auseinander. Für die Erschließung von Texten nutzen sie – wie die Anschlusskommunikation dokumentiert – Wissen, das sie aus unterschiedlichen Medien erworben haben. Sie füllen Unwägbarkeitsstellen fiktionaler Texte mit filmischem Wissen und Lektürekenntnissen anderer Werke und schaffen so Vernetzungen zwischen den Medien. Solcherart gelingt ihnen scheinbar mühelos ein fiktionales Spiel mit und in medialen Welten. Diese Fähigkeiten der Kinder können im Deutschunterricht stärker als bisher genutzt werden, um einer simplifizierenden Bearbeitung von literarischen Texten und einer verkürzenden Darstellung von Gattungen vorzubeugen. Gerade das fantastische Genre bietet dafür ein vielgestaltiges Repertoire an Texten, das es für den Unterricht gewinnbringend in der Vielfalt seiner medialen Facetten zu erschließen gilt.

1.3.6 Erzählen aus dem wahren Leben

Im Band *Der Leuchtturm auf den Hummerklippen* (1956) von James Krüss erzählen sich Mensch, Tier und Fabelwesen gegenseitig Geschichten, die von Gesprächen der Protagonisten über diese Geschichten eingerahmt sind. Dabei berührt das fiktionale Personal immer wieder auch die Frage, ob das Gehörte ‚wahr‘ sei. So fragt sich Tante Julie, nachdem sie die Geschichte *Ommo und Gesine* der Möwe Alexandra gehört hat: „‚Ob die Geschichte von Ommo und Gesine wirklich passiert ist?‘ Da streckte sich der Poltergeist [und] sagte: ‚Es ist vollkommen gleichgültig, ob die Geschichte passiert ist oder nicht. Bei Geschichten kommt es nicht darauf an, dass sie wahr, sondern dass sie schön sind.‘“ (Krüss 1999, S. 36) In diesem kleinen Dialog zwischen Tante Julie und dem Poltergeist über die Erzählung einer Möwe wird ein Spannungsfeld in den Blick genommen, das auch für die Auseinandersetzung und Erforschung der Kinderliteratur zentral ist. Es geht zum einen um den Wunsch der Rezipient(inn)en, in Erfahrung zu bringen, ob das Gehörte tatsächlich passiert ist und ob es damit einen Realitätsbezug zu ihrer Alltagswelt aufweist; damit ist die große Frage berührt, inwiefern Literatur die Wirklichkeit nachzuahmen vermag. Zum anderen wird auf die Ästhetik verwiesen, die die

Literatur per se über solche Fragen erhebt und damit das künstlerisch geformte Finden und Erfinden von Geschichten in den Blick nimmt. Im Hinblick auf die Kinderliteratur und ihre Rezipient(inn)en sind solche Fragestellungen bedeutsam, weil sich im Alter zwischen fünf und zehn Jahren der Unterschied zwischen der ‚Realität eines literarischen Texts' und der ‚Realität des Lebens' herauskristallisiert: Literarische Texte nehmen Kinder als Teil ihrer Welt wahr und sie sind bereit, sich mit ihren fiktiven Helden anzufreunden, den Alltag mit ihnen zu teilen und gemeinsam Abenteuer zu erleben – oft sichtbar im Rollenspiel. In der genannten Altersspanne lernen Kinder allmählich, diesen Unterschied zwischen Literatur und Alltag zu erfassen und in Worte zu kleiden; sie verfügen über ein Fiktionalitätsbewusstsein, das es produktiv für die Auseinandersetzung mit Literatur und Medien zu nutzen gilt.

Welche Vorstellung von Wirklichkeit prägt die Lektüre der Kinder? Welche Medien erleichtern ein Eintauchen in fiktionale Welten? Und inwiefern ist es für Kinder wichtig, dass sie auf Erfahrungen ihres Alltags in der Literatur stoßen? Um Antworten auf diese Fragen hat sich der Autor James Krüss bemüht, wenn er seine Position zu Geschichten und Wirklichkeit ausführt: „Ich bin der Herr meiner eigenen Geschichten. [...] Ich bestehe darauf, die Unvernunft zu zeigen, aber am Ende lasse ich die Vernunft triumphieren, weil ich der dummen Wirklichkeit ein Stück voraus sein will." (Krüss 1999, S. 216)

An der „dummen Wirklichkeit" bekunden Kinder ein ambivalentes Interesse, wie empirische Studien dokumentieren: Monika Plath und Karin Richter haben Untersuchungen in Thüringen durchgeführt und im Rahmen des DFG-Projekts *Zur Entwicklung von Lesemotivation bei Grundschülern* auch die Lektürepräferenzen von Schüler(inne)n erhoben. Darüber hinaus wurden Lehrkräfte und Eltern zum Lektüre- und Mediengebrauch befragt. Die Daten stammen aus zwei Erhebungszeiträumen: Im Jahr 2001 wurden 1.880 und im Jahr 2009 750 Grundschüler(innen) befragt. Die Kinder gaben u. a. Antwort auf die Frage: „Welche Bücher und Geschichten liest du gern?" Diese Antworten wurden nach Genres geordnet und ausgewertet; um die Richtigkeit der Zuordnungen zu überprüfen, hatten die Proband(inn)en jeweils einen literarischen Text zu nennen.

Bezogen auf Texte vom ‚wahren Leben' stechen zwei Ergebnisse ins Auge: Mehr als die Hälfte der Proband(inn)en schätzt Sachliteratur, die insbesondere mit konstanten 59 % das Interesse der Jungen trifft; die Mädchen zeigen sich diesem Genre gegenüber auch aufgeschlossen, wenngleich Sachliteratur bei ihnen auf dem zweiten Platz rangiert. Hinzuweisen ist auf die Interessensunterschiede zwischen den Geschlechtern: Jungen bevorzugen Sachtexte zu den Themen Sport, Auto, Technik und Wissenschaft; Mädchen präferieren Texte über Tiere, Geografie, Geschichte und Menschen. Jungen und Mädchen haben ein thematisch verschieden gelagertes Interesse an Literatur, die Informationen über die Wirklichkeit bereithält. Am anderen Ende der Skala rangiert ‚realistische Kinderliteratur', die bei den Kindern nur wenig beliebt ist – in beiden Befragungszeiträumen und unabhängig vom Geschlecht (Plath 2010, S. 39). ‚Realistische Kinderliteratur' fassen die Autorinnen der Studie unter dem Begriff der ‚wahren Geschichte', weisen jedoch darauf hin, dass es bei dieser Textsorte bereits in den Voruntersuchungen die größten Verständnisschwierigkeiten gegeben hat (Richter/Plath 2007, S. 63). Diese Ergebnisse erhalten eine gewisse ‚Brisanz', wenn man sie mit den Aussagen von 52 befragten Lehrkräften kontrastiert: Aus ihren Antworten auf die Frage „Welche Literatur (außer Lesebuchtexten) haben Sie im Deutschunterricht in diesem Schuljahr schon behandelt?" konnte ermittelt werden, dass von den insgesamt 89 genannten Titeln 43 der realistischen Kinderliteratur und nur elf Titel der Sachliteratur zuzuordnen sind (Plath 2010, S. 40). Diese Vorliebe erklärt sich aus den Kriterien und Zielen, die die Lehrkräfte mit der Lektüre von Literatur verfolgen: „Sie müssen zur Toleranz erziehen" oder „Das Buch muss die aktuellen Probleme der Kinder thematisieren" (ebd.). Demgegenüber zeigt sich ein deutlicher Gegensatz zwischen den im Unterricht gelesenen Texten und den Lektürepräferenzen von Grundschüler(inne)n, die im Unterricht kaum zur Deckung gebracht werden.

Genres	**2001**			**2009**		
	Gesamt	Jungen	Mädchen	Gesamt	Jungen	Mädchen
Abenteuerliteratur	64,1 %	63,7 %	65,1 %	61,2 %	63,6 %	58,8 %
Sachliteratur	55,9 %	59,0 %	52,9 %	53,3 %	59,0 %	47,5 %
Tiergeschichten	45,4 %	31,7 %	59,0 %	37,1 %	27,2 %	47,0 %
Märchen	45,0 %	35,0 %	55,1 %	29,3 %	23,5 %	35,2 %
Fernsehbegleitliteratur	27,1 %	28,6 %	25,6 %	23,2 %	24,1 %	22,3 %
Realistische Kinderliteratur	25,0 %	25,0 %	25,1 %	19,4 %	17,3 %	21,5 %

Tab. 5: Lektürepräferenzen von Grundschüler(inne)n (Plath 2010, S. 38)

Doch was ist unter ‚realistischer Kinderliteratur' und ‚Sachliteratur' zu verstehen? Die Antworten auf diese Frage sind vielgestaltig. In vorliegendem Band wurde bisher die Umschreibung des ‚wahren Lebens' verwendet, um darunter sowohl Sach- als auch Kinderliteratur zu subsumieren. Diese Unterscheidung ist in der Forschung nur zum Teil üblich, da in der Regel zwischen Sachliteratur und realistischer Kinderliteratur getrennt wird. Hilfreich für eine Bestimmung sind die Überlegungen von Weinkauff und Glasenapp, die ‚realistisches Erzählen' als ein dem historischen Wandel unterworfenes Konstrukt verstehen. Grundlage dieses Konstrukts ist die Annahme, dass eine Entsprechung des literarischen Texts mit seiner dargestellten Welt gegeben ist. Die Autorinnen distanzieren sich von der Auffassung, dass ‚realistisches Erzählen' eine Abbildung der Welt sei, wie sie ist; vielmehr handelt es sich um einen mit künstlerischen Mitteln hervorgerufenen Effekt: „Dieser Effekt der Wirklichkeitsnähe bzw. Lebensechtheit ist im Laufe der Literaturgeschichte durch sehr unterschiedliche Stilmerkmale bestimmt worden – durch den Gegenstand, die Erzählverfahren, die sprachlichen Mittel." (Weinkauff/ Glasenapp 2010, S. 75) Mit Blick auf die Kinderliteratur gehen sie davon aus, dass realistisches Erzählen gattungsübergreifend zu denken ist und in Formen des geschichtserzählenden Romans, der Reise- und Kriminalerzählungen ebenso zu finden ist wie in Mädchen- und Familienromanen. Das in den genannten Gattungen und Genres verwendete Realismuskonzept ist formal unterschiedlich konzipiert und unterliegt historischen Veränderungen (ebd., S. 75f.).

Um es zu erfassen, fragen die Autorinnen nach **Erzählverfahren**, die den Eindruck von Wirklichkeitsnähe vermitteln helfen. An erster Stelle ist dabei das **dialogische Prinzip** zu nennen: Dieses ist bereits in der Epoche der Aufklärung ein konstituierender Bestandteil von kinderliterarischen Erzählungen, die in der Welt der Familie angesiedelt sind. Mithilfe der dargestellten Gesprächssituationen wird eine Verbindung zu den Leser(inne)n geschaffen. Um einen männlichen Erzähler – in der Regel der Vater – scharen sich die Kinder und kommen mit ihm ins Gespräch. Den Anlass dafür liefern meist die Kinder, die aufgrund einer gemachten Erfahrung bzw. einer auffälligen Beobachtung den Erwachsenen um Rat fragen. Das sich daran anschließende Gespräch mündet in einem moralischen Satz bzw. in einer Verhaltensregel, die vornehmlich an die lesenden Kinder gerichtet ist und zum Ziel hat, ein „moralisch richtiges Denken und Verhalten" einzuüben (ebd., S. 89). Ein bekanntes Beispiel dafür ist der Roman *Robinson der Jüngere* (1779/80) von Joachim Heinrich Campe, dessen Struktur im Laufe des 19. Jahrhunderts vielfach aufgegriffen wurde und zu weiteren ‚Robinsonaden' führte. Campes Buch gilt als das erfolgreichste Kinderbuch des 18. Jahrhunderts, erschien in hohen Auflagen und wurde ins Englische, Französische und Italienische übersetzt. Anknüpfend an Daniel Defoes *Robinson Crusoe* zeichnet Campe die Reise Robinsons nach Deutschland nach; diese ist in eine Rahmenerzählung eingebettet, in der ein Vater im Kreise seiner Familie die Erlebnisse des Gestrandeten erzählt. Gemäß des dialogischen Prinzips ist nicht nur die Rahmenhandlung kommunikativ verankert, sondern die kindlichen Zuhörer(innen) unterbrechen den Vater auch immer wieder mit Fragen und Anmerkungen. Campe wandelt den Stoff Defoes in eine Erziehungsgeschichte um, die den Weg des Menschen zu einem nützlichen und aufgeklärten Mitglied der Gesellschaft nachzeichnet (Wild 2008, S. 75f.). Gerade diese Vorgehensweise belegt, dass die in der Literatur des 18. Jahrhunderts dargestellte Wirklichkeit oft einem Wunsch- und Idealbild entsprach, das es den kindlichen Leser(inne)n und Zuhörer(inne)n zu vermitteln galt.

Dieses von Campe so erfolgreich umgesetzte dialogische Prinzip wird im weiteren Verlauf des 18. Jahrhunderts um einen eher **auktorial ausgerichteten Erzähler** erweitert. Bis ins beginnende 20. Jahrhundert sollte dieses Erzählkonzept für lange Zeit prägend sein. Die Vorzüge dieses allwissenden Erzählers liegen darin begründet, dass er nicht nur die Handlung wiedergeben, sondern sich mit Kommentaren und Bewertungen direkt an die Leserschaft wenden kann. Das umfangreiche kinderliterarische Werk des Christoph von Schmid, das von moralischen Vorstellungen seiner Zeit geprägt ist, kann exemplarisch genannt werden (Seibert 2008, S. 129f.).

Erst im Laufe der Weimarer Republik sollte ein dem Realismus verpflichtetes Erzählkonzept durch das ‚Modernisierungsprinzip Neue Sachlichkeit‘ neue Impulse erhalten: Eine Flut ‚realistischer Geschichten‘ wird publiziert, die oft in Berlin, der Hauptstadt der Moderne, angesiedelt sind und veränderte Kinderaktivitäten in den Blick nehmen: „Die vormals eher verteufelte große Stadt wird jetzt zum Produktionsort von spezifisch modernen, urbanen Wahrnehmungsweisen, Erfahrungen und Abenteuern des Alltags.“ (Karrenbrock 2008, S. 249) Damit geht einher, dass der Anteil an Erzählerkommentaren und -berichten zugunsten der **Figurenrede** zurückgeht. Auf diese Weise ist es möglich, an den Erfahrungen der Kinder direkt teilzuhaben. Ein bekanntes Beispiel hierfür ist *Kai aus der Kiste* (1927) von Wolf Durian, in dem Dialoge zwischen den Protagonisten eine bedeutende Rolle spielen. Selbstredend ist auf das Schaffen von Erich Kästner zu verweisen, der mit *Pünktchen und Anton* (1931) ein an der Aufklärung orientiertes Realismuskonzept entwickelt: Figuren und Ort der Handlung nehmen die Welt der Kinder des 20. Jahrhundert auf; in den „Nachdenkereien“ kommentiert der Erzähler das Geschehen und sucht den Dialog mit den Leser(inne)n. Die kursiv gedruckten Einschübe kreisen thematisch um Fragen der Moral und ein ethisch korrektes Verhalten („Von der Pflicht“, „Vom Stolz“, „Von der Phantasie“, „Vom Mut“ usw.). Im Vorwort erklärt der Erzähler, warum er dieses Vorgehen wählt. Er antizipiert Einwände seiner Leser(innen):

> Nun stellen sich aber viele Leser, große und kleine, breitbeinig hin und erklären: „Sehr geehrter Herr, wenn das, was sie zusammengeschrieben haben, nicht passiert ist, dann lässt es uns eiskalt.“ Und da möchte ich antworten: Ob wirklich passiert oder nicht, das ist egal. Hauptsache, dass die Geschichte wahr ist! Wahr ist eine Geschichte dann, wenn sie genau so, wie sie berichtet wird, wirklich hätte passieren können. Habt ihr das verstanden? Wenn ihr das verstanden habt, dann habt ihr ein wichtiges Gesetz der Kunst begriffen. (Kästner 2005, S. 8f.)

Kästner, der wiederholt als ‚Urenkel der Aufklärung‘ bezeichnet worden ist, schafft mithilfe eines auktorialen Erzählverhaltens Verbindungen zwischen Kunst und Wirklichkeit, die er als veränderbar darstellt. In den 20er- und 30er-Jahren sind dem Sozialismus verpflichtete Kinderbücher entstanden, die Probleme des Proletariats aufnehmen. Sie lassen diese meist zu einem guten Ende – oft in Form der Utopie gekleidet – kommen; realistische Erzählverfahren werden mit fantastischen, aber auch moralisierenden Elementen angereichert (Lisa Tetzner *Hans Urian oder Die Geschichte einer Weltreise* [1931]).

Wird in der Kinderliteraturforschung die Literatur der Weimarer Republik als ‚Moderne' bezeichnet, firmiert die Zeit der 60er- und 70er-Jahre unter dem Begriff der ‚Zweiten Moderne'. Befördert durch tief greifende gesellschaftliche Veränderungen, wie die antiautoritäre Studentenbewegung der 68er-Jahre, findet das Leitbild ‚Emanzipation' Eingang in die Kinder- und Jugendliteratur: „Fortan ist die realistische Kinder- und Jugendliteratur begrifflich sowohl durch ihren Bezug auf die aktuelle gesellschaftliche Wirklichkeit bestimmt, als auch durch ihre Intention, diese Wirklichkeit kritisch zu analysieren und gegebenenfalls ‚eingreifend' (Bertolt Brecht) zu verändern." (Payrhuber 2011, S. 109) Die Werke der ‚Zweiten Moderne' sind von Formen des **personalen Erzählens** geprägt, die einen Blick in das Innere der Figuren ermöglichen. Damit kann eine psychologisierende Darstellung verbunden sein, die sich auf Bewusstseinszustände der Figuren fokussiert. Als erzählerische Mittel finden sich nicht selten Erzählbericht, erlebte Rede und innerer Monolog (Weinkauff/Glasenapp 2010, S. 90). In vielen seiner Geschichten und Erzählungen greift Peter Härtling personale Formen des Erzählens auf und verknüpft diese mit gesellschaftlich relevanten Themen seiner Zeit. Ein beredtes Beispiel dafür ist *Ben liebt Anna* (1979), das die Geschichte einer ersten Liebe zwischen einem Jungen und einem ‚Aussiedlermädchen' aus der Perspektive des Ben erzählt: Gesellschaftliche Bedingungen der Migration und Integration werden mit kindlichen Empfindungen kombiniert. Weitere Texte, die in diesem Zusammenhang immer wieder Erwähnung finden, sind Ursula Wölfels *Die grauen und die grünen Felder* (1970), Hans-Georg Noacks *Rolltreppe abwärts* (1970), Max von der Grüns *Vorstadtkrokodile* (1976) sowie Elfie Donnellys *Servus Opa, sagte ich leise* (1977). Eine wichtige Facette im Werk von Mirjam Pressler ist der Auseinandersetzung mit dem Holocaust gewidmet, die auch in der Bundesrepublik der 80er- und 90er-Jahre eine zentrale Rolle spielt und Eingang in die Kinder- und Jugendliteratur findet (ihre Übersetzung *Die Tagebücher der Anne Frank* [1988] und ihre Biografie *Ich sehn mich so. Die Lebensgeschichte der Anne Frank* [1992]). Die Literatur greift seit den 60er-Jahren Themen der ‚Realität' auf und erweitert damit beträchtlich ihr Themenspektrum: Politik, Kritik an der Gesellschaft, Probleme in Familie und Schule, pubertäre und adoleszente Erfahrungen der Sexualität sowie Drogen, Kriminalität, Gewalt, Umwelt und ihr Schutz, Atomkraft, Migrantenproblematik sowie die Aufarbeitung der NS-Vergangenheit werden zu Themen der Kinderliteratur (Wild 2008, S. 345f.).

Die Kinderliteratur der Gegenwart ist von einer Offenheit der Formen und einer Durchlässigkeit der Genres geprägt; realistische Erzählformen brechen sich ihre Bahn in dem sich zunehmend ausdifferenzierenden Kinderroman. Auch fantastische Literatur lebt vom Gegensatz zwischen ‚real-fiktiven' und ‚übernatürlich-wunderbaren' Welten. Gleichzeitig erfährt das einer realistischen Darstellung und Thematik verpflichtete Sachbuch eine narrative Ausprägung. Um diese Tendenz differenziert zu erfassen, wird – im Anschluss an Glasenapp und Weinkauff

(2010) – ‚realistisches Erzählen' als Konstrukt verstanden, das historisch einem Wandel unterliegt und aktuell im Kinderroman eine variantenreiche formale und thematische Ausgestaltung erfährt.

Der **problemorientierte bzw. sozialkritische Kinderroman** erfreut sich noch immer großer Beliebtheit. Dies haben die Studien von Richter und Plath bekräftigt, da solche Texte gerne als Klassenlektüre von Lehrkräften an Grundschulen gewählt werden. Seine Wurzeln hat das problemorientierte Kinderbuch in den Umbrüchen der 60er- und 70er-Jahre, die das Themenspektrum der Kinder- und Jugendliteratur um emanzipatorische Themen erweitert hat, um die ‚wirkliche Wirklichkeit' abzubilden (Gansel 2010, S. 111). Auch in der Gegenwart werden wichtige Fragen der Gesellschaft im Kinderbuch verhandelt: Klaus Kordon befasst sich mit Fragen des Außenseitertums (*Kiko. Ein Roman für Kinder* [2012]), Anja Tuckermann richtet den Blick auf die Geschichte der Migration (*Adile. Ein Mädchen aus Istanbul* [2011]) und Elisabeth Zöller fragt nach Ursachen von Gewalt an Schulen (*Der Klassen-King* [2010]). Wichtige Problemfelder der Gesellschaft finden hier meist eine positive Lösung.

Demgegenüber erfolgt im **psychologischen Kinderroman** eine Schwerpunktverlagerung von der Darstellung der Themen hin zu den Innenwelten der kindlichen Protagonisten: Im Zentrum steht hier die Reflexion über psychische Phänomene der eigenen Subjektivität, womit der Blick ins Innere gerichtet wird und eine Einfühlung in die kindliche Psyche stattfindet (Gansel 2011, S. 118). Aus der Ich-Perspektive geschrieben und von vielen Darstellungen des Bewusstseins durchzogen werden Entwicklungsprozesse von Kindern – oft in Auseinandersetzung mit einem existenziellen Problem bzw. einer grundlegenden Erfahrung – entfaltet (Jutta Richter *Hechtsommer* [2004]).

Eine besondere Ausprägung findet diese Form des psychologischen Kinderbuchs im **Tagebuch- oder Briefroman**. Hier kann der Blick nun direkt ins Innere der Person gelenkt werden, ohne dass die subjektiv begrenzte Sicht des Schreibers eine Korrektur erfahren müsste (Gansel 2010, S. 126). Großer Beliebtheit bei Jungen erfreut sich die Serie um *Gregs Tagebuch. Ein Comic-Roman* (vgl. Kap. 1.1.2); darin schildert Greg in Text und Bild, welchen Herausforderungen er sich in seinem Alltag in Familie, in Schule und im Freundeskreis zu stellen hat. Der Tagebuchschreiber, der eigentlich seine „Memoiren" schreiben möchte, suggeriert eine Nähe zu seinen Leser(inne)n, indem er sie immer wieder anspricht – und dies in einer für Kinder und Jugendlichen üblichen Umgangssprache. Zudem schafft er Nähe, indem die Texte auf Zeilen und in handschriftlicher Typografie gedruckt werden und mit Zeichnungen versehen sind:

> Erwartet also nicht, „Liebes Tagebuch" dies und „Liebes Tagebuch" das von mir zu hören. Ich mache das alles überhaupt nur deswegen, weil ich später, wenn ich reich und berühmt bin, sicher was Besseres zu tun haben werde, als den ganzen Tag lang dämliche Fragen zu beantworten. Spätestens dann werden meine Memoiren sicher ganz nützlich sein. (Kinney 2008, S. 1f.)

Dass Gregs Tagebücher verfilmt und mit Produkten des Helden auf dem Spielzeugmarkt beworben werden, sorgt für eine weitere Verbreitung. Das Format eines Tagebuch schreibenden Heranwachsenden wird aktuell vielfach auf dem kinderliterarischen Markt genutzt und die Heranwachsenden gewinnen darin ihrem Leben durchaus komische und skurrile Züge ab (Pete Johnson *Wie man seine Eltern erzieht. Mein Katastrophen-Tagebuch* [2010]). Dabei dominieren Übersetzungen aus den englischsprachigen Ländern; zu erwähnen ist noch, dass auch explizit an Mädchen gerichtete Tagebücher auf dem Markt zu finden sind (Rachel Russel *DORK Diaries* [2011]).

Anknüpfend daran ist der **komische Kinder- bzw. Familienroman** anzuführen, der sich mit den komischen Seiten der Wirklichkeit näher befasst. Im Gegensatz zu psychologischen Darstellungen werden die Herausforderungen und Gefahren einer modernen Gesellschaft nicht ausgeblendet, jedoch erfahren sie eine andere Wertung: „Mit Problemen wie Spannungen wird locker, gelassen, humorvoll, ironisch umgegangen.“ (Gansel 2010, S. 127) Inhaltlich stehen oft die veränderten Familienverhältnisse im Mittelpunkt, die das Leben vieler Kinder prägen. Jedoch wird der Verlust einer intakten Kleinfamilie nicht nur traurig und düster gezeichnet, sondern es ergeben sich dadurch neue Möglichkeiten der Wahrnehmung (Anja Tuckermann *Ein Buch für Yunus* [1997], Bettina Obrecht *Eltern zu verschenken* [2008]). Die Komik resultiert dabei zum einen aus dem Aufeinandertreffen verschiedener Lebensformen, Kulturen und Weltbilder der Generationen; zum anderen wird oft aus der Perspektive eines Kinds erzählt, das seinen kindlichen Blick auf die Umgebung wirft und diese entsprechend deutet. Dabei kann es durchaus zu Unterschieden zwischen kindlicher und erwachsener Interpretation der Wirklichkeit kommen, wie die *Ella*-Bände von Timo Parvela seit 2007 belegen (vgl. dazu auch Kap. 1.4.2). Die Handlung dreht sich um einen finnischen Lehrer und seine Schulklasse. Als der Lehrer einen Brief erhält, verändert sich sein Verhalten und die Kinder deuten diese Veränderung wie folgt:

> Es begann alles mit dem Brief. Mika sah ihn zufällig, als er in der Pause in die Klasse zurückging, weil er den Ball fürs Fußballspielen vergessen hatte. Unser Lehrer saß an seinem Tisch und las. Er las den Brief. Sein Gesicht war ganz rot, und seine Hände zitterten. Als er Mika bemerkte, steckte er den Brief schnell in die Aktentasche und lächelte so seltsam. Er ermahnte Mika nicht mal, obwohl der mit dreckigen Schuhen reingekommen war. Seitdem ist der Lehrer immer seltsamer geworden. Wir glauben, er wird erpresst. (Parvela 2007, S. 7f.)

Im Laufe der Geschichte wird sich dann herausstellen, dass es sich um keinen Erpresserbrief handelt; vielmehr ist der Lehrer verliebt und liest einen Liebesbrief. Die daraus resultierenden Verwicklungen und Missverständnisse sorgen für eine unterhaltsame Lektüre und große Belustigung bei den Leser(inne)n.

Wie die Erhebung von Richter und Plath des Weiteren offengelegt hat, zeigen Kinder der Grundschule ein großes Interesse an Sachliteratur. Damit wird der Blick noch einmal auf eine vermeintlich objektivierbare Darstellung von Wirklichkeit gerichtet. Trotz aller Schwierigkeiten in der Begriffsbestimmung können als Kennzeichen des **Sachbuchs** für Kinder und Jugendliche drei Merkmale herausgefiltert werden: Zum einen werden wissenschaftliche Fakten und Erkenntnisse in eine den Kindern verständliche Sprache gefasst; zum anderen nimmt das Sachbuch den interessierten Laien in den Blick, dessen Interesse für den Gegenstand (noch) geweckt werden muss und nicht notwendigerweise vorausgesetzt werden kann. Und schließlich wird das Sachbuch als nicht-fiktionale Literatur ausgewiesen (Ossowski/Ossowski 2011, S. 366).

Seit einigen Jahren vollziehen sich auf diesem Sektor interessante Veränderungen und Entwicklungen: Zunehmend kommt es zu einer Verbindung von narrativen Elementen und der Vermittlung von Informationen, die die Wirklichkeit zu durchdringen suchen. In der Forschung hat sich dafür der Begriff des ‚erzählenden Sachbuchs' herauskristallisiert; durch die Einbettung von Informationen in narrative Formen, wie Erzählungen, Biografien und Reiseberichte, wird die Gefühlswelt der Kinder verstärkt angesprochen (ebd., S. 381). Oft von einer Rahmenerzählung umschlossen werden für Kinder Themenfelder aufbereitet, wie beispielsweise das Thema Auswanderung in *Wilhelms Reise* (2012) von Antje Bär. Nicht selten führt eine Identifikationsfigur in die Bände ein und schafft solchermaßen Anknüpfungspunkte an die kindliche Erlebnis- und Alltagswelt (Polo Propeller in den Bänden *Entdecke die Welt mit Polo Propeller* und Benny Blu in der Reihe *Kinderleicht Wissen*). Aufforderungen und Anleitungen zum Mitmachen, Gestalten und Konstruieren werden beigegeben, um die Kinder handelnd an Informationen teilhaben zu lassen (Ossowski/Ossowski 2011, S. 378). Und oft werden diese Bücher in Reihen zusammengefasst, damit die Sammelleidenschaft der Kinder geweckt und ihnen weitere Themengebiete erschlossen werden. Beispielhaft sei hier die im Oetinger-Verlag erschienene *Expeditions-Reihe* genannt, die kindliche Leser(innen) nach Afrika, auf den Meeresgrund, in den Nebelwald und in die Antarktis entführt. Die Struktur der Bände orientiert sich an einer Mischung aus persönlichem Reisebericht, naturwissenschaftlichen Beobachtungen und sachlichen Informationen. Machen sich die kindlichen Leser(innen) beispielsweise nach Afrika auf, so sehen sie sich einem reich bebilderten Forschertagebuch gegenüber; dieses wurde von der vermeintlich realen Person Rebecca Mayhew geführt, die die kindlichen Leser(innen) an ihren Erlebnissen des Jahrs 1924 teilhaben lässt: Sie erzählt von ihrer Safari und dokumentiert mit eingeklebten Zetteln, Landkarten und Infokästen ihre Beobachtungen. Zusätzlich sind 3-D-Modelle von Tieren zum Nachbauen beigegeben, sodass sich der kindliche Leser bzw. Nutzer die Welt zu erschließen vermag (Beck 2008).

Das erzählende Sachbilderbuch führt die Annäherung von vermeintlich streng getrennten Genres vor Augen, indem narrative Elemente in sachliche, der Wirklichkeit verpflichtete Genres Einzug halten. Auch im Web 2.0 nutzt man in Lernumgebungen die Vorzüge einer Narration, um Sachthemen zu vermitteln. Seit 2007 wird eine Online-Umgebung – Story-Anchored Curriculum – für die Grundschule entwickelt, die narrativ aufgebaut ist und technisch mit verschiedenen leicht handhabbaren Online-Werkzeugen arbeitet; das Wissen (*curriculum*) wird narrativ ‚verankert' (*anchored*): In einer Rahmengeschichte (umgesetzt mit Ton, Bild und Animation) werden die beiden Hauptcharaktere – der Außerirdische Tech Pi und der Schmetterling Mali Bu – eingeführt und gemeinsam bestehen sie Abenteuer. Die Geschichten werden mit Lernmaterial versehen und können individuell mit weiteren digitalen Unterlagen und Aufgaben verknüpft werden. Gegenstand der Lernumgebung sind Themen aus dem Sachunterricht (‚Regenwurm', ‚Klimaschutz' und ‚Medienkompetenz'), die auf diese Weise nachhaltig bearbeitet werden sollen. Von der narrativen Struktur versprechen sich die Entwickler(innen), dass das Lernen vielgestaltig und implizit erfolgt (Reinmann/Vohle/Gröller 2010).

Wie deutlich geworden sein dürfte, eint realistische Kinderliteratur und Sachliteratur die Auseinandersetzung mit der Wirklichkeit, die variantenreich und in der Regel perspektivisch erfolgt. Bis heute ist das Erzählen von der Wirklichkeit relevant und erweist sich im Hinblick auf Narrationen vom ‚wahren Leben' als historisch tradiert und als aktuell produktiv. Insbesondere die Annäherung zwischen erzählender Literatur und Sachliteratur dürfte in den nächsten Jahren eine weitere Ausgestaltung im Medienverbund erfahren. Wenn solche Literatur Gegenstand von Unterricht und **didaktischen Überlegungen** wird, dann ist es für die Lehrkraft hilfreich, wenn sie die Literatur nach Erzählverfahren systematisiert, die den Eindruck von Wirklichkeitsnähe vermitteln. Solchermaßen kann eine Berücksichtigung der Lektürevorlieben der Schüler(innen) gewährleistet werden; diese lesen gerne Sachliteratur, wenngleich mit geschlechtsspezifisch unterscheidbaren thematischen Vorlieben; diese sollten die Lehrkräfte immer dann berücksichtigen, wenn sie Leseförderung in der Grundschule betreiben möchten.

Die Genres der Kinderliteratur, die sich der ‚wirklichen Wirklichkeit' annehmen, eröffnen didaktische Möglichkeiten, insbesondere aufgrund des ihnen zugrunde liegenden Spiels mit Realitäten: So kann der problemorientierte bzw. sozialkritische Kinderroman in einen fächerverbindenden oder fächerübergreifenden Unterricht integriert werden; Probleme des Alltags werden zum Gegenstand des Nachdenkens und eben dieser Alltag wird als veränderbar erfahren (Payrhuber 2011, S. 121). Darüber hinaus bietet es sich an, mit Kindern wirkungsästhetische Aspekte zu reflektieren; diese reichen von der Darstellung von innerem Erleben der Protagonisten bis hin zu Komik und Humor. Eingedenk dieser Vielfalt an realistischen Erzählformen verpflichteten Texten sollte es den Lehrkräften möglich sein, eine ästhetisch anspruchsvolle und pädagogisch wertvolle Lektüreauswahl zu treffen. Der Urgroßvater, den James Krüss im Band *Mein Urgroßvater, die Helden und ich* (1967) erstehen lässt, findet dafür im Gespräch mit Boy treffende Worte:

> „Du erinnerst dich, dass wir vor zwei Jahren mit der Sprache gespielt haben?" Ich nickte. „Jetzt sollten wir sie so weit beherrschen, dass wir von wichtigeren Dingen reden können, von der Welt, vom Leben und vom Menschen." (Krüss 2009, S. 16)

1.4 Kinderliteratur auf neuen Wegen

1.4.1 Mehrsprachige und übersetzte Kinderliteratur

Aktuell zeigt sich auf dem Markt der Kinderliteratur eine Zunahme an mehrsprachigen Publikationen: Es werden Bilderbücher, Anthologien, Erstleseliteratur, Romane und Zeitschriften in zwei- und mehrsprachigen Varianten angeboten, die an Kinder, Eltern und pädagogische Fachkräfte adressiert sind (Burkard/Seitz 2012; Mikota 2013). Oft sind den Medien Tonträger beigegeben, um die Mehrsprachigkeit ‚hörbar' zu machen. In der Geschichte der (Kinder-)Literatur werden und wurden immer wieder mehrsprachige Werke publiziert (Eder 2009, S. 14f.). Doch seit dem Jahr 2007, das als Umbruchsjahr für mehrsprachige Kinderliteratur gilt (O'Sullivan/Rösler 2013, S. 123f.), differenzieren sich die Vielfalt der Sprachen sowie ihre Verwendungsweisen zunehmend aus: Sowohl die in Deutschland vorfindlichen Migrantensprachen als auch ein – neben der englischen Sprache – erweitertes Fremdsprachenspektrum finden Eingang in Texte für Kinder und werden künstlerisch, formal und didaktisch aufbereitet.

Diese Zunahme an mehrsprachigen Publikationen im Sektor der Kinderliteratur findet ihre Erklärung in der Tatsache, dass in der Fachwelt und auch in der Öffentlichkeit das Bewusstsein für die Mehrsprachigkeit des Menschen steigt. In der pädagogischen und fachdidaktischen Forschung ist ‚Mehrsprachigkeit' ein viel diskutiertes Thema, das eine Fülle von Möglichkeiten bietet, über Lernen und Unterrichten nachzudenken. Internationale Schulleistungsstudien wie PISA und IGLU legen für Deutschland offen, wie eng der Zusammenhang zwischen schulischem Lernen, Bildungserfolg und sprachlichen Fähigkeiten der Schüler(innen) ist. Von besonderem Interesse ist dabei die Mehrsprachigkeit von Kindern aus eingewanderten sprachlichen Minderheiten, deren sprachliche Fähigkeiten durchaus einen Risikofaktor im deutschen Schulsystem darstellen können (Fürstenau 2011, S. 34). Aber auch das Erlernen von Fremdsprachen im Elementar- und Primarbereich findet zunehmend Eingang in die wissenschaftliche Forschung und lenkt den Blick auf verschiedene Formen der Mehrsprachigkeit. So wird einerseits zwischen der traditionellen, additiven Mehrsprachigkeit unterschieden, die als Ergebnis eines sukzessiven oder parallelen Erlernens einer oder mehrerer Fremdsprachen gilt; andererseits ist die integrierte Mehrsprachigkeit zu nennen; darunter wird die Kompetenz verstanden, Fähigkeiten und Kenntnisse in einer Sprache bzw. des Sprachlernprozesses für das Erlernen einer weiteren Sprache zu nutzen (Hallet/Königs 2010, S. 302f.).

In ihren Studien verortet Tracy Mehrsprachigkeit im Kontext der Sprachentwicklung und entkräftet viele in der Alltagswelt bestehenden Vorurteile gegenüber mehrsprachigen Lerner(inne)n. Ihre Definition von Mehrsprachigkeit lautet wie folgt: „Menschen dürfen als mehrsprachig gelten, wenn sie zwei (oder mehr) sprachliche Wissenssysteme soweit erworben haben, dass sie mit monolingualen SprecherInnen in beiden Sprachen problemlos kommunizieren können." (Tracy

2008, S. 51) Damit verbunden ist die Vorstellung, dass beide Sprachen sich nicht völlig ‚die Waage halten' und dass die Dominanz einer Sprache sich im Laufe eines Lebens verändern kann. Mit den Ergebnissen von Tracys Sprachkontaktforschung lässt sich nachweisen, dass das Mischen von Sprachen ein fester Bestandteil von Alltagskommunikation ist. Als Motive für dieses Mischen benennt Tracy das Bekunden von Solidarität mit einer Gruppe, sodass dem Sprachwechsel eine gewisse soziale Bedeutung zukommt; auch kann der Sprecher den Wechsel als Ausdruck seiner Identität nutzen, um sich gesellschaftlichen Gruppen und Subsystemen zuzuordnen bzw. um sich von ihnen abzugrenzen (ebd., S. 53). Des Weiteren hilft Mehrsprachigkeit, den Spielraum an Möglichkeiten zu erweitern, einen Sachverhalt auszudrücken; somit birgt der Wechsel zwischen den Sprachen durchaus einen kognitiven Mehrwert und muss nicht nur als ‚Regelverstoß' interpretiert werden. Tracy schließt in ihren Überlegungen explizit den Dialekt mit ein: „Variation (sowohl zwischen Dialekt und Standardsprache als auch zwischen Sprachen) schafft neue Wahlmöglichkeiten und begünstigt damit zugleich Sprachwandel." (Ebd., S. 59) Mehrsprachigkeit kommt damit eine soziale wie auch kognitive Bedeutung für ihre Sprecher(innen) zu; Tracy problematisiert aber auch, dass das Prestige einer Sprache von der Beurteilung durch eine Gesellschaft abhängt, sodass das Potenzial sowohl von Migrantensprachen als auch von Dialekten im Bildungssystem noch allzu oft unterschätzt und nicht ausgeschöpft wird.

Anknüpfend an die Ergebnisse der Spracherwerbsforschung können mehrsprachige Publikationen des kinderliterarischen Markts als additiv mehrsprachige, integriert mehrsprachige und übersetzte Literatur klassifiziert werden. Ein Großteil der Werke gehört der Kategorie **additiv mehrsprachige Literatur** an: Es handelt sich um zwei- oder mehrsprachig verfasste Werke, in denen ein Ausgangstext in der Regel von einem professionellen Übersetzer in mindestens eine andere Zielsprache übertragen wird; vereinzelt tritt der Autor auch als Übersetzer in Erscheinung (Eder 2009, S. 16); da beide Texte in räumlicher Nähe, oft parallel zueinander angeordnet werden, spricht man vom ‚Addieren' einer weiteren Fassung zum Ausgangstext. Somit ist es Leser(inne)n möglich, Verbindungen zwischen den verschiedenen sprachlichen Fassungen herzustellen und Verstehensprozesse wechselseitig und sukzessive zu unterstützen. In einigen Werken ist zudem ein Glossar beigegeben oder es werden Illustrationen gezielt zur Unterstützung des Textverstehens und/oder dekorativ zu motivationalen Zwecken genutzt. Des Weiteren unterstreichen Illustrationen bei Texten aus unbekannten Kulturräumen oft die Fremdheit der in den Texten niedergelegten Erfahrungen. Somit kann additiv mehrsprachige Literatur sowohl den Paralleldruck zwei- und mehrsprachiger Varianten eines Texts als auch die ‚Anreicherung' mit Illustrationen umfassen.

Gerade im Sprachenunterricht erfreuen sich solche Texte großer Beliebtheit und weisen eine lange Tradition im Lehren und Lernen auf; zu denken ist etwa an *Orbis sensualium pictus* (1658) des tschechischen Pädagogen Johann Amos Comenius; das Werk wurde erstmals in den Sprachen Latein und Deutsch veröffentlicht, später auch in weiteren Sprachen. Das Buch gilt als ‚Urahn des Bilderbuchs' und hat einen dezidiert didaktischen Schwerpunkt: In 150 Bildkapiteln wird ein Überblick über Naturphänomene, bürgerliche und staatliche Ordnungen, Berufe und Wissenschaften gegeben, die möglichst einen Bezug zur Welt der Schüler(innen) aufweisen sollten. Die Ordnung, die Comenius seinem Buch gibt, soll es Schüler(inne)n ermöglichen, den Platz des jeweiligen Phänomens im Schöpfungsganzen zu erkennen und zu dessen innerer Ordnung vorzustoßen (Brunken 2008, S. 18f.). Im Hinblick auf die verwendeten Sprachen nutzt er in der Erstausgabe Latein, die damalige Gelehrtensprache, und Deutsch, die Alltagssprache, und ordnet Wendungen und Wörter zur Beschreibung der von ihm ausgewählten Phänomene im Paralleldruck an. Noch heute werden mehrsprachige Fassungen von Texten auf diese Weise präsentiert, wenn sie – ähnlich wie bei Comenius – eine didaktische Zielrichtung verfolgen: So dienen solche Texte einerseits der Vermittlung von Sprachkompetenz. Hier ist beispielsweise die Reihe *dtv zweisprachig* zu nennen, die das Lesen in Fremdsprachen unterstützen möchte und dafür parallel angeordnete Texte, auch der Kinderliteratur, aufbereitet und mit Illustrationen versieht (vgl. Sevgi Agcagül und Elisabetta Ragagnin *Çocuk tekerlemeleri. Türkische Kinderreime* [2013]; Anne Rademacher *It's quite easy. Einfach Englisch lesen* [2012]). Andererseits kann der Abdruck unbekannter Sprachen eine Begegnung mit fremden Kulturräumen anbahnen, oft unterstützt durch Illustrationen. Auf die Kombination von parallel angeordneten Textvarianten und Illustrationen wird in jüngst erschienenen Bilderbüchern zurückgegriffen. So eröffnet der Verlag Edition Orient mit Texten aus Ägypten (Walid Taher *Mein neuer Freund, der Mond* [2009]), dem Libanon (Rania Zaghir und Racelle Ishak *Wer hat mein Eis gegessen?* [2010]), dem Iran (Farideh Chalatbarie und Scharareh Chosrawani *Busfahrt ins Ungewisse* [2012]) einem deutsch- und mehrsprachigen Publikum Einblicke in die Kinderliteratur des arabischen Kulturraums.

In dem Werk *Busfahrt ins Ungewisse* wurde die für die Ausgangssprache Farsi übliche Leserichtung beibehalten, sodass das Buch von hinten nach vorne sowie von rechts nach links gelesen wird; inhaltlich erzählen vier Figuren von einem Unfall, der sich ereignet hat und an dem sie alle beteiligt gewesen sind; die Figuren stellen letztlich die Frage nach ihrer jeweiligen Schuld an diesem Ereignis und schildern damit ihre Verstricktheit in den Unfall. Die ethisch bedeutsame Frage nach Schuld, Mitschuld und Unschuld sowie den damit einhergehenden Konsequenzen wird auf der Textebene vielschichtig und multiperspektivisch verhandelt: Auf der Bildebene schafft die Künstlerin Scharareh Chosrawani einen eigenen Kosmos aus Fischen, Feen und engelhaften Wesen. In der persischen Mythologie kommt dem Fisch eine besondere Rolle zu: Er symbolisiert ein langes und glückliches Leben und findet in zahlreichen Märchen und Fabeln immer dann Erwähnung, wenn Menschen aus großer Not gerettet werden müssen. Zudem ist bis heute im Iran der Brauch existent, zum Neujahrsfest einen Fisch zu kredenzen und auf dem Tisch Lebensmittel und Gegenstände zu platzieren, die für Glück, Gesundheit und Wohlstand stehen. Somit wird auf der Bildebene die ‚Ungewissheit' der Reisenden unterlaufen, sofern man die Fische als Symbole für Glück und Erlösung deuten kann (Kümmerling-Meibauer 2013, S. 62). Wie an diesem Beispiel deutlich wird, ergänzen Illustrationen zuweilen die Textfassung und schaffen einen vertiefenden Einblick in kulturelle Symbolik, die es zu entschlüsseln und zu deuten gilt.

Als zweite Möglichkeit der Klassifikation ist **integriert mehrsprachige Literatur** zu nennen. Darunter versteht man Texte, in denen einzelne Elemente in verschiedenen Sprachen, die auch Fantasiesprachen einschließen, verfasst sind und einen wesentlichen Bestandteil des Texts darstellen (Eder 2009, S. 22f.). Auch solche Texte haben eine Tradition in der Kinderliteratur vorzuweisen, die bis in das 16. Jahrhundert zurückreicht. Ein interessantes Beispiel stellt Kurt Schwitters Kinderbuch *Die Scheuche* (1925) dar, in dem Text und Bild miteinander verwoben werden und diese Text-Bild-Ebene zusätzlich von französischen und lateinischen Textelementen durchzogen ist (Eder 2009, S. 25).

Bei mehrsprachiger Literatur ergibt sich der Grad der Integration aus der Anzahl und der Wahl der Sprachen sowie der Quantität an mehrsprachigen Textelementen: So kann man einerseits zwischen weitgehend einsprachiger Literatur mit vereinzelten mehrsprachigen Textelementen unterscheiden; andererseits gibt es durchgängig mehrsprachig konzipierte Werke, in denen Sprachmischung integraler Bestandteil von Form und/oder Handlung ist. Einen Sonderfall stellen in diesem Zusammenhang Übersetzungen dar.

Bei weitgehend einsprachiger Literatur werden die Leser(innen) zwar mit einer Zweitsprache konfrontiert, die jedoch das Textverstehen aufgrund der Menge der fremdsprachigen Textelemente in der Regel nicht verhindert; gerade in kinderliterarischen Texten nutzen die Autor(inn)en gezielt Strategien, um das Verstehen dieser Passagen zu sichern und in den Handlungsverlauf zu integrieren: Nach einem Aufeinandertreffen kindlicher Protagonisten mit fremden Menschen bzw. Lebewesen kommt es im Laufe der Handlung zu Annäherungen, wie etwa in Andrea Hensgens *Darf ich bleiben, wenn ich leise bin* (2003). David findet unter seinem Bett ein ungewöhnliches Lebenswesen – den Wombat –, mit dem es zu Beginn nicht ganz leicht ist zu kommunizieren:

> „Ich [David] muss in die Schule. Bis heute Mittag kommt keiner hier runter, du musst nicht zurück unter den Schrank." „I'm very thirsty." „Heißt du Ernsti?" „Can you get me some water?" „Walter? So heißt bei uns keiner, Ernst oder Walter. Bist du schon so alt?" (Hensgen 2003, S. 31)

Im weiteren Verlauf werden konsequent Übersetzungen angeboten, die in Dialoge und innere Monologe eingebunden sind. Aufgrund der sprachlichen Annäherung kann sich auch eine Freundschaft zwischen David und dem Wombat entfalten. Des Weiteren unterstützen Illustrationen das Verstehen der für viele Leser(innen) unverständlichen Passagen. Die fremdsprachigen Passagen dienen sowohl der kulturellen Verortung als auch der Schaffung von komischen und lustigen Situationen. Exemplarisch kann hier die Reihe *Miss Braitwhistle* (2011–2013) von Sabine

Ludwig genannt werden: In einer Berliner Grundschule verschafft sich die ‚Aushilfslehrerin' Miss Braitwhistle Respekt, indem sie – in der Tradition von Mary Poppins – die Kinder mit fantastischen Fähigkeiten und ungewöhnlichen Ideen für den Unterricht – und für das Leben – begeistert. Damit rückt sie in die Nähe von fantastischen Wesen und ist durch einen gewissen Grad an Fremdheit zu der sie umgebenden Alltagswelt gekennzeichnet. Diese Fremdheit wird noch durch die von ihr verwendete englische Sprache und damit einhergehender kulturell bedingter Vorlieben verstärkt, die bei den von ihr unterrichteten Kindern für Verwirrung und bei den Leser(inne)n für Heiterkeit sorgen. Ähnliches gilt auch für die in der Kinderliteratur vorfindlichen Fantasiesprachen: In Max Kruses *Urmel fliegt ins All* (1995) begegnet Professor Tibatong auf einem fernen Planeten Arutuf dem Volk der Neschnem, die die menschliche Sprache rückwärts sprechen; ein Übersetzungscomputer sorgt für die Verständigung, damit gemeinsame Abenteuer im Weltall erlebt werden können.

Einen anderen Akzent setzt Joke van Leeuwen in ihrem Buch *Als mein Vater ein Busch wurde und ich meinen Namen verlor* (2012); die Autorin wendet sich dem im Kinderbuch seltenen Thema Krieg zu und schildert aus der Perspektive des Mädchens Toda, wie es aus ihrer Heimat fliehen muss und in einem neuen Land auf eine ihm unbekannte Sprache und Kultur trifft. Die von der Autorin entwickelte Fantasiesprache, die zwar ein gewisses System erkennen lässt und mit kulturell bedingten Verhaltensweisen einhergeht, unterstreicht die Fremdheit, der das Mädchen ausgesetzt ist:

> In einem anderen Buch wurden Dinge erklärt, die anders waren als in meinem Land. Zum Beispiel, was höflich war und was nicht. Und was man sagt und mitbringt, wenn man irgendwo zum Essen eingeladen ist. Ich lernte die höflichen Wendungen auswendig. Manchmal sagte ich auf dem Flur: „Wiesel jö wur wis Jamjam?" Oder ich sagte zu der Frau mit dem Igelkopf: „Ö drasel mö pisel brezensele?" Dann sagte sie, dass sie schon wüsste, wie ich heiße. Aber sie kannte nur das hintere Ende von meinem Namen. (Leeuwen 2013, S. 106f.)

Weniger oft finden sich im Bereich der Kinderliteratur durchgängig mehrsprachig konzipierte Werke, in denen Sprachmischung integraler Bestandteil von Handlung ist. Eher selten ist bis heute die Berücksichtigung von Migrantensprachen. Eine der wenigen Ausnahme stellt *Ein Buch für Yunus* (1997) von Anja Tuckermann dar. Darin wird die verwickelte Familiengeschichte des Jungen Yunus erzählt, der neben einer deutschsprachigen Mutter und einem türkischsprachigen Vater Verwandte in allen Teilen der Welt hat. Die Familienmitglieder kommen in diesem Buch zu Wort und ihre Äußerungen werden – bis auf eine Ausnahme – in übersetzter Form präsentiert. Am Ende des Buchs finden sich ‚Worterklärungen' in englischer, italienischer und jiddischer Sprache, sodass die Mehrsprachigkeit noch einmal sichtbar wird.

Schließlich sind **Übersetzungen** zu nennen, die den kinderliterarischen Markt nachhaltig präg(t)en und einen gewissen Sonderfall im Bereich der mehrsprachigen Kinder- und Jugendliteratur darstellen: Ein Ausgangstext wird vollständig in eine oder mehrere Zielsprachen übertragen, wobei jedoch der Ausgangs- und Zieltext getrennt voneinander publiziert werden; neben dem Autor findet immer öfter auch der Übersetzer an prominenter Stelle Erwähnung. Es setzt sich verstärkt die Auffassung durch, dass von der ‚Zweitrangigkeit' der Übersetzung und ihres Schöpfers nicht mehr gesprochen werden kann; vielmehr stellen Übersetzungen immer auch „Neuschöpfungen" dar (Kühl 2005). Wie wichtig Übersetzungen trotz ihres lange Zeit unterschätzten literarischen Status sind, sei beispielhaft an den Werken polnischer Autor(inn)en und Illustrator(inn)en skizziert (Ballis 2013). In der Überblickstudie über die aktuelle Kinder- und Jugendliteratur in Polen werden Aleksandra Mizielińska und Daniel Mizieliński als „die absoluten Stars der aktuellen Szene und [Lieblinge im] In- und Ausland" bezeichnet (Wiebe 2011). Ihre Werke sorgen national und international für Aufsehen: So wurde ihr erstes Buch *D.O.M.E.K.* (OA 2009, dt. EA *Treppe, Fenster, Klo* [2010]) in Polen als Buch des Jahres der IBBY – International Board on Books for Young People – ausgezeichnet. In Deutschland wurde *Treppe, Fenster, Klo* mit dem Kinder- und Jugendbuchpreis LUCHS des Jahres 2010 prämiert, da – so die Begründung – in kindgerechter Form Wissen über außergewöhnliche Hausformen, ihre Standorte, ihre Schöpfer und ihre Bewohner vermittelt werde. Mit ihrem Buch *Co z ciebie wyrośnie* (OA 2010, engl. EA *What will become of you?*) erhielten sie den Bologna Ragazzi Award 2011. Diese beiden international bedeutsamen Auszeichnungen der Kinderliteratur- und Illustratorenszene befördern die Verbreitung ihrer Werke in Europa, da sie Übersetzungen in verschiedene Sprachen nach sich zogen (ebd.). Somit ebnen Übersetzungen den Weg zu vielgestaltigen Werken, die sonst mangels Sprachkenntnisse einem interessierten Publikum im deutschsprachigen Raum nicht zugänglich wären.

Fasst man das Mischen von Sprachen als festen Bestandteil von Alltagskommunikation mehrsprachiger Gemeinschaften auf und überblickt die Vielfalt an aktuellen mehrsprachigen Publikationen, so ergeben sich für den schulischen und pädagogischen Einsatz zwischen mehrsprachigen Subjekten und Medien zahlreiche Berührungspunkte: Mehrsprachige Literatur kann einen Beitrag leisten, die im schulischen Kontext oft vernachlässigte lebensweltliche Mehrsprachigkeit zu thematisieren und sichtbar zu machen. Sprachvergleiche werden ebenso möglich wie die darin enthaltene thematische Auseinandersetzung mit der Dichotomie des Eigenen und des Fremden; solchermaßen wird der Aufbau interkultureller Kompetenz befördert, da „in der Lektüre multikultureller literarischer Texte deutlich [wird], wie umstritten die Bedeutungen der Begriffe Integration, Assimilation, individuelle und kollektive Identität usw. sind" (Bredella 2004, S. 19). In der Literaturdidaktik verspricht man sich vom Umgang mit Texten, Kindern und Jugendlichen ein Angebot an neuen Sichtweisen zu eröffnen, ohne sie mit komplexen Texten zu überfordern oder mit inhaltlichen Allgemeinplätzen zu unterfordern (Leubner/Saupe/Richter 2010, S. 95) Welchen Grad der Fremdheit die im Unterricht genutzten Texte aufweisen, gilt es sorgsam im Hinblick auf die Zielgruppe zu reflektieren. Viele der mehrsprachigen und übersetzten Werke tragen einen kulturell bedingten Grad der Fremdheit in sich, der neben dem Aufbau interkultureller Kompetenz auch kommunikative Kompetenzen befördert: Austausch von Informationen und das Aushandeln von Deutungen zu einem literarischen Text sind zentral, wenn Verstehensprozesse zum Gegenstand von literarischem Lernen gemacht werden. Des Weiteren ist die symbolische Kompetenz zu nennen; darunter wird die Auseinandersetzung mit formalen Besonderheiten verstanden, worunter grammatikalische, lexikalische, pragmatische, genrebezogene, poetische und ästhetische Aspekte subsumiert werden (Kramsch 2011, S. 40). Die Beschäftigung mit mehrsprachiger Literatur zielt nicht darauf ab, den Umgang mit Grenzen zwischen Sprachen, Kulturen und Genres zu nivellieren. Vielmehr beruht das Verstehen gerade auf der Anerkennung von Grenzen. Die Befähigung, mit diesen Grenzen differenziert umzugehen, muss ein Ziel im Umgang mit mehrsprachiger Literatur sein (Bredella 2012, S. 91).

1.4.2 Intertextualität

Zum literarischen Lernen gehöre – so Spinner – u. a. der bewusste Umgang mit Fiktionalität wie die Entwicklung literaturhistorischen Bewusstseins. Letzteres könne im Sinne eines kompetenzorientierten Deutschunterrichts nicht auf einen Einblick in die Literaturgeschichte beschränkt, sondern sollte vielmehr als Fähigkeit vermittelt werden, literarische Texte auch als Reaktion auf Vorausgegangenes verstehen zu können. Damit sei das Aufzeigen intertextueller Zusammenhänge Bestandteil des literarhistorischen Bewusstseins, das sich bereits in der Grundschule ausbilden lasse, weil viele Kinderbücher auf ‚frühere', den Schüler(inne)n bekannte Texte wie beispielsweise auf Märchen anspielen (Spinner 2006, S. 13).

Anhand der erfolgreichen *Ella*-Bände des finnischen Autors Timo Parvela werden im Folgenden das in der Literaturwissenschaft als ‚Intertextualität' bezeichnete Phänomen sowie dessen Ausprägungsformen vorgestellt. In den Bänden erzählt die Zweitklässlerin Ella von ihren Erlebnissen in der Schule, die sie gemeinsam mit ihren Freunden erlebt. Eine wichtige Figur ist auch der ‚Lehrer', dem die Schüler(innen) sehr zugetan sind. Im Kinderbuch *Ella in der Schule* (OA 1995, dt. EA 2007) spielt das Märchen *Rotkäppchen* eine zentrale Rolle; der Lehrer geht vor einer eigenen Aufführung der Klasse mit seinen Schüler(inne)n ins Theater, damit sie sich dort von echten Schauspielern inspirieren lassen:

> Wir setzten uns in unsere Reihe. […] Dann ging das Licht aus, und genau da bot Mika mir Pfefferminzbonbons an. Es war beinahe still in dem Theater. Nur wie Mikas Bonbons auf dem Boden davonrollten war zu hören. Und Mikas Schniefen. Ich entschuldigte mich natürlich bei ihm, dass ich gegen seine Bonbonschachtel gestoßen war. Er könne die Bonbons ja nach der Vorstellung wieder aufsammeln, versuchte ich ihn zu trösten. Aber da hatten die Kinder in den Reihen vor uns die rollenden Bonbons längst bemerkt und bückten sich, um sie aufzuheben. […] „Finger weg von den Bonbons!", rief ich so laut, dass das Rotkäppchen auf der

> Bühne zusammenzuckte. Sie spielten nämlich *Rotkäppchen*. (Parvela 2007, S. 65f.)

In den Hypertext *Ella in der Schule* ist das Märchen *Rotkäppchen*, das hier als Prätext fungiert, eingeschrieben. Zunächst wird auf das Märchen intertextuell angespielt, indem die Hauptfigur Rotkäppchen auftritt; im folgenden Satz wird dann der Märchentitel zitiert. Intertextualität lässt sich in Texten insofern als Reaktion auf etwas Vorausgegangenes bezeichnen, als der dem Rezipienten vorliegende Text (Hypertext) Bezug auf einen ‚vorausgegangen', früher entstandenen Text (Prätext) nimmt; dies geschieht, indem er ihn zitiert oder auf ihn anspielt. Damit geben intertextuelle Verweise Einblicke in die Beziehung literarischer Texte zueinander wie auch in die Entstehung von Literatur. Kümmerling-Meibauer (2003) fasst daher Intertextualität unter den Begriff ‚metaliterarische Aufmerksamkeit', die sie als eine Form des Wissenserwerbs über die Entstehung, Struktur und Bedeutung literarischer Texte beschreibt. Um intertextuelle Verweise überhaupt zu erkennen, benötigen die Leser(innen) sowohl bestimmte kognitive Fähigkeiten als auch Wissen aus verschiedenen Bereichen: Zunächst ist für die Identifikation von Intertextualität das Bewusstsein der Rezipient(inn)en notwendig, dass ein Text durch den Autor bzw. eine andere Person veränderbar ist. Weiter müssen Rezipient(inn)en sprachliches Wissen von Formen der Markierung intertextueller Verweise (Anführungszeichen, Kursivierungen) haben, um die Textstellen zu erfassen, die auf einen anderen Text hinweisen. ‚Enzyklopädisches Wissen' im Sinne eines umfassenden literarischen Textkorpus und damit im konkreten Fall die Kenntnis des Prätexts ist unabdingbar. Konnten die Rezipient(inn)en den Textstellen sowie dem zugrunde liegenden Prätext gewahr werden, benötigen sie schließlich intertextuelles Wissen, um aus der Bedeutung der intertextuellen Bezüge einen neuen Sinn des Hypertexts zu konstituieren (ebd., S. 215).

Mit dem Fehlen metaliterarischer Aufmerksamkeit von Grundschüler(inne)n – genauer gesagt, dem Nichterkennen intertextueller Verweise bzw. fehlendem enzyklopädischen Wissen – spielt Timo Parvela in *Ella in der Schule*, wenn er mit Pekka einen Schüler zeichnet, der anders als seine Mitschüler(innen) *Rotkäppchen* nicht (er)kennt. Pekka verläuft sich im Theater auf dem Weg zur Toilette und landet auf der Bühne:

> Rotkäppchen stand gerade vor dem Bett mit dem verkleideten Wolf, als Pekka wieder auftauchte: oben, bei den beiden auf der Bühne.
>
> „Ei, Großmutter, was hast du für große Augen?", fragte Rotkäppchen.
>
> „Ist das ein Hund?", wollte Pekka von ihm wissen.
>
> „Dass ich dich besser sehen kann", sagte der Wolf, und Rotkäppchen versuchte, Pekka unauffällig von der Bühne zu schubsen. (Parvela 2007, S. 67f.)

Diese Szene erheitert die (kindlichen) Rezipient(inn)en, die in Kenntnis des *Rotkäppchen*-Märchens sind, weil durch Pekkas Unkenntnis – die in der Frage gipfelt, ob es sich bei dem Tier in Großmutters Bett um einen Hund handelt – Komik erzeugt wird. Leser(inne)n, die wie Pekka das Märchen nicht kennen, bleibt diese Lesart zwar vorenthalten, dennoch steht die Unkenntnis des Prätexts dem Verstehen des Hypertexts nicht entgegen, da ein literarisches Werk auch isoliert von seinem Prätext gelesen und verstanden werden kann (Wicke 2012, S. 51).

Dass ein Autor sich beim Abfassen seines Texts nicht nur der Verwendung anderer Texte bewusst ist, sondern auch davon ausgeht, dass die Rezipient(inn)en die Beziehung zwischen diesem und anderen Texten als vom Autor intendiert und als wichtig für das Textverständnis erkennen (Broich 1985, S. 31), muss in Bezug auf die Kinderliteratur spezifiziert werden: Nicht alle intertextuellen Verweise, die sich in kinderliterarischen Texten finden, richten sich an die kindlichen Rezipient(inn)en. So denkt beispielsweise der Kinderbuchautor Paul Maar beim Schreiben zugleich an den erwachsenen Mit- bzw. Vorleser, den er sich als belesen vorstellt (Lange 2007, S. 10). Mit intertextuellen Verweisen, die sich an erfahrenere Mitleser(innen) richten, versucht der Autor, dem ungleichen Verhältnis, das kindliche und erwachsene Rezipient(inn)en zum Text haben, entgegenzuwirken und auch mit den erwachsenen Mitleser(inne)n in Kommunikation zu treten. Dass die kindlichen Leser(innen) aufgrund ihres auf die Kinderliteratur begrenzten enzyklopädischen Wissens Verweise, die auf Werke aus der Erwachsenenliteratur rekurrieren, nicht erkennen können, steht dem Verstehen des Texts jedoch nicht entgegen.

Eine wichtige Voraussetzung für das Erkennen intertextueller Verweise ist die Kenntnis der zitierten Prätexte, die eine gewisse literarische Belesenheit der Rezipient(inn)en erfordert, sowie das Wissen um literarische Bezugssyteme. Daneben kann das Erkennen intertextueller Anspielungen und Zitate den Rezipient(inn)en aber durch vom Autor vorgenommene Markierungen und Positionierungen erleichtert werden. Zur Markierung können Elemente des Buchs wie der Titel, Motti, Fußnoten oder typografische Hervorhebungen eingesetzt werden, womit unterschiedliche Formen der Einflussnahme auf die Rezipient(inn)en verbunden sind: Weist der Autor etwa bereits im Titel seines Werks auf den Prätext hin, lesen Rezipient(inn)en dieses von vorneherein unter einem intertextuellen Aspekt. Dass sich dafür in der Kinderliteratur zahlreiche Beispiele finden, lässt sich mit dem Bemühen des Autors erklären, das Kind „mit dem intertextuellen Verweis vertraut zu machen“ (Kümmerling-Meibauer 2003, S. 216): So ändert Kirsten Boie den Titel von Mark Twains Roman *Der Prinz und der Bettelknabe* nur in *Der Prinz und der Bottelknabe* (1997) ab, um den kindlichen Rezipient(inn)en das Erkennen des Prätexts möglich zu machen. Ähnlich agiert Paul Maar, der in seiner Geschichtensammlung *Der tätowierte Hund* (1967) unter anderem *Die Geschichte vom bösen Hänsel, der bösen Gretel und der Hexe* erzählt. Bereits der Titel lässt kindliche Rezipient(inn)en ahnen, dass Paul Maar das Märchen in einer anderen Version wiedergeben wird. Auch (Zwischen-)Motti wie in Cornelia Funkes *Tintenherz* können als Hinweise für Rezipient(inn)en dienen, auf das intertextuelle Spiel der Autorin aufmerksam zu werden. Während diese Beispiele durch die Positionierung im Titel, in der Kapitelüberschrift bzw. im (Zwischen-)Motto hervorgehoben sind, werden Zitate und Anspielungen innerhalb des Texts von manchen Autor(in-n)en auf unterschiedliche Weise markiert, um ein Erkennen zu ermöglichen: Timo Parvela, der in *Ella und der Superstar* (OA 2004, dt. EA 2010) auf den Comic *Donald Duck* referiert, weist die kindlichen Rezipient(inn)en auf diesen intertextuellen Verweis hin, indem er eine Erklärung in einer Fußnote folgen lässt:

> „Ich bin Pekkas Manager", erklärte ihm Timo. […] „Sein Manager, so, so. Und wer sind die anderen? Das Fähnlein Fieselschweif* beim Gruppentreffen?", fragte der Mann.
>
> * „Fähnlein Fieselschweif" heißt die Pfadfindergruppe von Donald Ducks Neffen Tick, Trick und Track – nur falls das irgendjemand nicht weiß.
>
> (Parvela 2010, S. 92)

Andere, weniger deutlich hervorgehobene Formen der Markierung sind Veränderungen im Schriftbild: So können Zitate durch Anführungszeichen oder Kursivierung der zitierten Textstellen kenntlich gemacht werden. Letzteres zeigt sich in der oben zitierten Textpassage aus *Ella in der Schule*, da der Titel des Märchens *Rotkäppchen* kursiv gedruckt wurde.

Neben Markierungen und Positionerungen der intertextuellen Verweise sind für das Erkennen auch qualitative und quantitative Kriterien ausschlaggebend (vgl. Pfister 1985, S. 26–30). Qualität meint dabei, welche Form des intertextuellen Bezugs vom Autor gewählt wurde, ob also nur auf den Prätext angespielt oder dieser konkret im Hypertext zitiert oder gar parodiert wird; unter Quantität wird die Häufigkeit der Bezugnahmen verstanden. Am Beispiel des Kapitels „Im richtigen Theater" aus dem Band *Ella in der Schule* lässt sich eindeutig zeigen, dass dem Autor Timo Parvela daran gelegen ist, das Märchen *Rotkäppchen* als Prätext für die Rezipient(inn)en sichtbar zu machen: Die Ich-Erzählerin Ella nennt nicht nur den Titel des Bühnenstücks, sondern beschreibt auch die Aufführung, innerhalb derer auf der Bühne immer wieder bekannte Sätze aus dem Märchen zitiert werden.

Dass das Märchen *Rotkäppchen* in *Ella in der Schule* als Bühnenstück aufgeführt wird, kann als intertextueller Verweis auf eine mediale Umsetzung interpretiert werden – wie auch der Verweis auf die Weihnachtsgeschichte, die Ella und ihre Klasse im Folgenden als Krippenspiel einüben und vorführen. Parvela spielt hier mit intertextuellen Bezugnahmen auf traditionsreiche Texte – wie Volksmärchen und Bibel –, die er aber durch die Aufführungssituation in ein anderes mediales Bezugssystem überführt. Neben diesen ‚kanonisierten' Prätexten finden sich immer wieder auch Anspielungen auf Comics in den *Ella*-Bänden. Beispielsweise wenn Timo Parvela Pekka einmal mehr als ‚unbelesen' zeigt:

> Unser Lehrer ist zur Zeit auf Hochzeitsreise. Wir hoffen alle, dass es eine richtig schöne Reise ist. Zu lesen hat er jedenfalls genug dabei. Wir haben ihm nämlich den Koffer mit seinen Kleidern gegen einen anderen voller Mickymaushefte ausgetauscht.

> Heute ist eine Postkarte von ihm gekommen. „Schöne Grüße aus Entenhausen", stand darauf.
>
> „Ich dachte, die fahren nach Riihimäki", wunderte sich Pekka, der nie was versteht. (Parvela 2007, S. 49)

Pekka kann die Verknüpfung der Comic- und Zeichentrick-Figuren Micky Mouse und Donald Duck nicht herstellen, von denen letzterer in der fiktiven Stadt Entenhausen wohnt. Interessant ist an dieser Stelle, dass der Rezipient sein enzyklopädisches Wissen über Micky Mouse und Donald Duck aus zwei medial verschiedenen Quellen speisen kann: So kann die Kenntnis sowohl Eingang über Comic-Hefte gefunden haben, als auch über das Sehen der Zeichentrickserie erlangt worden sein. Über mehrere mediale Zugangsweisen, die aus der (derzeitigen) Mediatisierung (der Kindheit) rühren, können Leser(innen) auch im Besitz des Wissens um folgende Prätexte sein, da von den genannten Büchern weiter Verfilmungen existieren:

> Wir holten unsere Schreibsachen und jeder schrieb einen Brief. Hanna schrieb Harry Potter, Tiina schrieb den 101 Dalmatinern, und ich schrieb Gandalf aus dem „Herrn der Ringe". Timo schrieb den Vereinten Nationen, und wusste sogar, was das ist, Mika schrieb seiner Mama, und der Rambo drohte, seinem Vater zu schreiben, wenn jemand verlangte, dass er einen Brief schrieb. (Parvela 2009, S. 91)

Während hier nicht eindeutig zu identifizieren ist, ob Timo Parvela beispielsweise bei der Anführung von Harry Potter das Buch oder dessen Verfilmung im Blick hatte, ist die Bezugsquelle des Films in *Ella in der zweiten Klasse* (OA 1999, dt. EA 2008) eindeutig:

> Dafür gab ihm Rambo eins auf die Nase. Dann trat er Hanna gegen den Knöchel, rammte Mika den Ellenbogen in die Seite und schnippte Tiina sein Lineal gegen die Stirn. Mir haute er auf den Kopf und ich überlegte mir, wieso es Filme gibt, in denen Außerirdische gutherzige, freundliche Kreaturen sind. Ich glaube, E.T. ist von vorne bis hinten erfunden. (Parvela 2008, S. 63)

Von dem neuen Mitschüler, der aufgrund seiner Aggressivität den (filmischen) Spitznamen ‚Rambo' bekommt, glaubt die Klasse, dass er von einem anderen Planeten stammen müsse, da er so anders ist als sie. Dies ruft bei der Ich-Erzählerin Ella den Vergleich mit dem (Kinder-)Film *E.T. – Der Außerirdische* hervor.

Neben traditionsreichen Texten (Märchen, Bibel), Comics (Donald Duck, Micky Mouse), Kinderbüchern (Harry Potter) und (Kinder-)Filmen (E.T., Rambo) bindet Timo Parvela auch kinderlyrische Texte in die *Ella*-Bände ein: In *Ella und der Neue in der Klasse* (OA 2007, dt. EA 2013) sollen die Schüler(innen) die Nationalhymne singen. In Unkenntnis darüber entscheiden sie sich, das Kinderlied *Die Affen rasen durch den Wald* vorzutragen.

Doch nicht nur im Text können Verweise auf Prätexte erfolgen – auch die Illustrationen bieten hier einen Spielraum, den die Illustratorin Sabine Wilharm in den

Ella-Bänden nutzt, um die intertextuellen Bezugnahmen durch das Bild zu unterstreichen: In *Ella in der Schule* illustriert sie das Kapitel „Im richtigen Theater" mit einer Vignette, die das Thalia-Theater zeigt, in dem – wie aus dem Plakat hervorgeht – *Rotkäppchen* gespielt wird. Um auch die kindlichen Rezipient(inn)en zu erreichen, die des Lesens noch nicht mächtig sind, lässt sie übergroß hinter dem Theater den als Großmutter verkleideten Wolf erscheinen.

Dass diese intertextuellen Bezugnahmen nicht wahllos in den Text eingebaut und losgelöst vom eigentlichen Geschehen sind, soll hier nur kurz anhand des Bands *Ella und der Superstar* aufgezeigt werden. Auf verschiedenen Ebenen wird darin der Kampf eines vermeintlich Schwächeren gegen einen vermeintlich Stärkeren aufgezeigt: Zum einen kämpft die Klasse (gegen den Lehrer) dafür, dass Pekka nicht sitzen bleiben muss; zum anderen kämpft der Lehrer (gegen den Vermieter) dafür, dass er aufgrund seiner heulenden Hunde Koj und Ote nicht ausziehen muss; und zuletzt kämpft die Klasse (gegen den Bärtigen) dafür, dass Pekka nicht mit ihm auf Welttournee gehen muss. Intertextuell werden diese ‚Kämpfe' mit der Bibelgeschichte von David und Goliath sowie dem Kampf des Volks von Gondor gegen den dunklen Herrscher Sauron aus *Der Herr der Ringe* verwoben (Parvela 2010, S. 74f.).

Neben intertextuellen Verweisen auf Texte anderer Autor(inn)en nutzt Timo Parvela nicht zuletzt die Sonderform der Selbstreferenzialität, indem er in Fußnoten innerhalb der einzelnen *Ella*-Bücher immer wieder auf bereits erschienene Ella-Bände verweist, wodurch die Rezipient(inn)en gleichzeitig auf die Serialität der Bände aufmerksam werden:

> Zu der Zeit waren die Fingernägel unseres Lehrers schon ganz kurz, weil er sich solche Sorgen machte. Er machte sich Sorgen, weil er sich von seinen zwei Hunden trennen sollte. Sie hießen Koj und Ote, und unser Lehrer hatte sie aus Lappland mitgebracht*. […]
>
> * Wer nachlesen will, wie das war: Es steht in dem Buch „Ella auf Klassenfahrt", wo die ganze Klasse in den Süden reisen will, aber aus Versehen ins Flugzeug nach Lappland steigt. (Parvela 2010, S. 6)

Sprachspiele – wie z. B. die Namensnennung der Hunde – und insbesondere die vielfältigen intertextuellen Verweise, die auf verschiedenste Prätexte rekurrieren, zeigen deutlich die Mehrfachadressiertheit der *Ella*-Bände. Timo Parvela gelingt es damit, die unterschiedlichsten Rezipient(inn)en für sich zu gewinnen – auch wenn nicht jeder Rezipient jede Bezugnahme versteht und auch nicht verstehen muss. Ob ein Indikator für den Erfolg der Kinderbücher um *Ella*, die jüngst auch verfilmt wurden, im intertextuellen Spiel sowie der Mehrfachadressiertheit zu suchen ist, kann an dieser Stelle nicht abschließend beantwortet werden.

Die Ausführungen zeigen die vorherrschende Präsenz intertextueller Verweise in der aktuellen Kinderliteratur und deren Vielgestaltigkeit: Es wird deutlich, dass sich Zitate und Anspielungen in kinderliterarischen Werken auf Texte, Bilder und

Filme an Rezipient(inn)en unterschiedlichen Alters richten und verschiedene Absichten des Autors verfolgen können. Diese für den Unterricht fruchtbar zu machen und damit das literarische Lernen in Bezug auf den Umgang mit Fiktionalität sowie auf das literarhistorische Bewusstsein zu befördern, muss Teil eines modernen, kompetenzorientierten Deutschunterrichts sein.

1.4.3 E-Reader und Tablet

In aktuellen **Studien zum Medienverhalten** kristallisiert sich immer deutlicher heraus, dass digitale Speichermedien und ihre Nutzung einen tief greifenden Einfluss auf die Sozialisation haben. Medien durchdringen den Alltag von Kindern und ihren Familien und eröffnen ihnen verschiedene Räume: Mit Hilfe des Internets können Kinder reale Räume jederzeit kommunikativ überwinden und sich an neuen virtuellen Treffpunkten verabreden; die Portabilität der Mediengeräte, wie Smartphones, Tablets und Laptops, sichert den Zugang zu diesen Treffpunkten – jederzeit und ortunabhängig (Tillmann/Hugger 2014, S. 34). Diesen mobilen Endgeräten kommt eine zentrale Funktion im Alltag von Kindern und Familien zu. Dies bestätigt sich auch in der Interrogare Trendstudie 2012, in der Personen im Alter zwischen 30 und 49 Jahren zur Nutzung solcher mobiler Endgeräte befragt werden. Als ein zentrales Ergebnis gilt, dass Geräte situationsbezogen Verwendung finden: Smartphones kommen als digitale Kommunikationsmedien während des gesamten Tags zum Einsatz, Tablets entwickeln sich zum bevorzugten privaten Unterhaltungs- und Internetmedium. Die Mediennutzung verteilt sich auf verschiedene Geräte und es gilt, diesen fragmentierten Gerätebesitz gezielt in den Blick zu nehmen: „Smartphone und Tablet sind die Taktgeber für die neue Mediennutzung und beschleunigen die digitale Fragmentierung.“ (Interrogare Trendstudie 2012) Die in der Studie herausdestillierten Erkenntnisse einer fragmentierten Mediennutzung sind auch bezogen auf Sozialisationsprozesse bedeutsam, handelt es sich doch bei den befragten Personen um Mütter und Väter bzw. um die Generation der Großeltern, die mit Erziehungs- und Entwicklungsaufgaben von Kindern betraut sind. Sie werden zum Teil als ‚Digital Natives‘, zum Teil als ‚Digital Immigrants‘ bezeichnet; unter ‚Digital Natives‘ werden die nach 1985 geborenen Personen verstanden, die mit dem Internet aufgewachsen sind und es ganz selbstverständlich nutzen. ‚Digital Natives‘ sind immer online, an sozialen Prozessen interessiert und gut informiert. Daher nutzen sie intensiv die Möglichkeiten von Social Media und verstehen Virtualität nicht als Gegensatz von Realität. Im Unterschied dazu greift die Generation ihrer Eltern und Großeltern auf das Internet gezielt und selektiv zu, insbesondere zur E-Mail-Korrespondenz und zur Beschaffung von Informationen. Hinsichtlich des Einflusses von Virtualität auf ihr Leben halten ‚Digital Immigrants‘ an einer Trennung von Virtualität und Realität fest (Reisch/Bietz 2011, S. 5).

‚Digital Natives'	**‚Digital Immigrants'**
Multi-Tasking	Konzentration auf eine Aufgabe
non-lineares Denken	lineares Denken
multimodale Verarbeitung (Sprache, Ton, Bild)	sprachlicher Text im Zentrum
kollaborative Zusammenarbeit	individuelles Lernen
mobiles Lernen	ortsgebundenes Lernen

Tab. 6: Mediennutzung der ‚Digital Natives' und ‚Digital Immigrants' (nach Moser 2014, S. 327)

Interessant ist nun die Frage, wie die Kinder der ‚Digital Natives' – ‚**Digital Native Kids**' – aufwachsen. Nimmt man den internetfähigen Gerätebesitz in den Blick, dann ergibt die repräsentative Befragung von Müttern und Vätern von Kindern im Alter zwischen zwei und acht Jahren – initiiert von der „Stiftung Lesen" – folgendes Bild: In vier von fünf Haushalten (81 %) ist mindestens ein Smartphone vorhanden, jede vierte der befragten Familien besitzt ein Tablet. Demgegenüber sind Lesestifte und E-Reader seltener vorhanden: Acht Prozent der Familien verfügen über einen Lesestift, sieben Prozent über einen ‚klassischen' E-Reader (Ehmig/Reuter 2013, S. 73f.). Der oft beschworene Unterschied zwischen sogenannten bildungsnahen und bildungsfernen Schichten nivelliert sich im Hinblick auf den Gerätebesitz, da 74 % der Familien mit niedriger Bildung und 82 % der Familien mit hoher Bildung ein Smartphone ihr Eigen nennen; 27 % der Familien mit niedriger Bildung und 26 % der Familien mit hoher Bildung besitzen ein Tablet: „In der Tatsache, dass Familien mit niedriger Bildung beim Besitz elektronischer Lesegeräte nicht benachteiligt sind, liegt ein Zugangsweg und ein Potenzial, das Vorlesen in solchen Familien zu stärken." (Ehmig/Reuter 2013, S. 74)

Mit diesem Gerätebesitz geht ein altersbezogenes Nutzungsverhalten in den Familien einher. In der repräsentativen KidsVerbraucherAnalyse 2013 ergab die Befragung von Kindern (im Vorschulalter und im Alter zwischen sechs und 13 Jahren) und ihrer Erziehungsberechtigten ein aufschlussreiches Bild: Kinder im Alter von vier und fünf Jahren dürfen an den Computer (22 %) und verfügen über erste Interneterfahrung (17 %); Smartphones und Tablets sind für sie nicht von Bedeutung, sondern sie nutzen in der Regel einen stationären Computer. Die Hälfte der über zehnjährigen Internetnutzer ist fast täglich online, bei den Sechs- bis Neunjährigen sind es 10 %. Bei ihnen sind Tablets und Smartphones sehr begehrt, jedoch werden sie von „Eltern nur zögerlich Kinderhänden überlassen" (KidsVerbraucherAnalyse 2013). Die internetfähigen Geräte dienen der Kommunikation und dem Spielen und treten damit in Konkurrenz zu rein elektronischen Spielgeräten (Konsolen und Handhelds) (ebd.). Die KidsVerbraucherAnalyse 2013 widmet sich aber auch der Nutzung von gedruckten Medien und verweist auf die Koexistenz gedruckter und digitaler Medien: 81 % der Sechs- bis 13-Jährigen lesen in ihrer Freizeit mindestens einmal wöchentlich ein Buch und 82 % greifen zu Zeitschriften. Nur eine Minderheit von 10 % liest E-Books.

Fasst man die Ergebnisse zusammen, so kennzeichnet die Generation ‚Digital Native Kids' eine **fragmentierte Mediennutzung**, die sowohl auf Gedrucktes und Digitales als auch auf unterschiedliche Speichermedien zugreift. Von Seiten der Erziehungsberechtigten wird abgewogen, in welchem Alter welche Medien zu welchem Zweck und in welcher personellen Konstellation eingesetzt werden. Diese Differenzierung ist möglich, da die Familien – unabhängig vom sozioökonomischen Status – über eine sehr gute Medienausstattung verfügen; die Dichotomie zwischen Bildungsnähe und Bildungsferne löst sich im Hinblick auf den digitalen Gerätebesitz auf. Vielmehr verstärkt sich der Gegensatz zwischen der Medienausstattung und der damit verbundenen Mediennutzung der Familien und der Schulen; zwar ist auch die Schule kein ‚tabletfreier Raum' mehr, allerdings halten digitale Medien aufgrund der Höhe der Finanzierungskosten in der Breite verzögert Einzug in Klassenzimmer (Hauck 2013, S. 16). Festzuhalten ist, dass einerseits die Begegnung mit dem Internet in familiären Konstellationen bereits im Vorschulalter erfolgt, andererseits ist damit noch nichts über die Qualität und Intensität der Nutzung gesagt. Erste diesbezügliche Hinweise werden in internationalen Studien publiziert, die den Unterschied hinsichtlich ‚literacy habits' bildungsnaher und bildungsferner Schichten in den Blick nehmen: „[Despite] transforming the provision of material resources, differences in ‚literacy habits' around print and electronic media appeared to widen between middle and low-income families." (Mifsud 2014, S. 124) Daher gilt es, ein dichtes Netzwerk zwischen Eltern und Institutionen, wie Schule und Bibliotheken zu spannen, um die Vorzüge digitaler Medien für sozialisatorische Prozesse fruchtbar zu machen.

Die **FIM-Studie 2011**, die Erziehungsberechtigte und ihre Kinder im Alter von sechs bis elf und im Alter von zwölf bis 19 Jahren befragt, dokumentiert eine große Wertschätzung des Internets bei Kindern und Erwachsenen; jedoch geben nur 13 % der Erziehungsberechtigen an, regelmäßig im Internet gemeinsam mit ihren Kindern zu surfen: „Trotz der jeweils relativ hohen Nutzung bei Eltern wie bei Kindern hat sich – im Gegensatz zum Fernsehen – hier bislang noch keine Kultur der gemeinsamen Nutzung etabliert." (FIM-Studie 2011, S. 81) Auch hier findet sich die Tendenz einer fragmentierten Mediennutzung, da sich Individuen virtuelle soziale Räume erschließen – aber diese nicht notwendigerweise real mit ihrer Familie teilen. Per se muss dies nicht als Nachteil gewertet werden, jedoch sollte gerade im Kindesalter nicht einer Vereinzelung das Wort geredet werden, sondern Austausch in und über digitale(n) Medien erfolgen.

Aus didaktischer und pädagogischer Sicht ergeben sich aus der fragmentierten Mediennutzung einige Herausforderungen, die die Vermittler(innen) von Literatur in Familie und Schule mit Fragen der Auswahl geeigneter Angebote konfrontieren. Betrachtet man die **E-Reader** näher, so geht aus den erwähnten Studien und Befragungen ihre Randstellung hervor. Sie werden hier berücksichtigt, da zunehmend auch E-Reader mit interaktiven Funktionen ausgestattet sind, was sich in der Konzeption der darauf zu lesenden E-Books widerspiegelt, und die ‚Gerätegrenze' zwischen E-Readern und Tablets in Auflösung begriffen ist. Ein Beispiel dafür ist die Entwicklung der Kindle-Lesegeräte von Amazon: Aus einem Lesegerät für Printversionen von Texten wird zunehmend ein digitales mit interaktiven Funktionen ausgestattetes Produkt, das wie ein Tablet zu bedienen ist. Als einfachste Variante eines E-Books ist eine PDF oder eine **E-Publikation** zu nennen, die – neben der Veränderung von Schriftgröße und dem Setzen von Lesezeichen bzw. Markierungen – an der Printversion von Texten orientiert ist (Hauck 2013, S. 17). Davon kann das **enhanced E-Book** (erweitertes E-Book) unterschieden werden, das mit Hotspots (Verknüpfungen) angereichert ist. Der Text ist mit Erklärungen zu einzelnen Begriffen sowie Visualisierungen (Bilder, Videos, Karten) versehen, um das Informationsbedürfnis der Leser(innen) zu stillen; des Weiteren können Erklärungen über und von den Autor(inn)en sowie Spiele und Bastelanleitungen abgerufen werden. Oft sind die Texte in mehreren Sprachen verfügbar. Der E-Book-Leser von Patrick Nees' *Sieben Minuten nach Mitternacht* (2011) kann an jeder beliebigen Stelle in die Hörbuchversion wechseln; in einem für das (Vor-)Schulalter konzipierten Band *Pixi feiert Ostern* (2012) wird das vorgelesene Wort farblich markiert und soll den Schulanfänger(inne)n das Mitlesen erleichtern; zu nennen ist auch die Reihe *Tiger-Team* (Schneider), die den Leser in die Handlung integriert, indem dieser nach Hinweisen und Verdächtigen sucht (ebd., S. 17f.). Schließlich ist das **interaktive E-Book** anzuführen, das – als Weiterentwicklung des enhanced E-Book – die Interaktivität zwischen Leser(inne)n untereinander sowie zwischen Leser(inne)n und Autor(inn)en stärkt: So können sich Leser(innen) während der Lektüre zwischen zwei Möglichkeiten der Handlung entscheiden; zudem wird an die Netzcommunity appelliert, Empfehlungen für den Fortgang der Geschichte an Autor(inn)en zu geben, sodass sich auch die Bedingungen des Schreibens von Kinder- und Jugendliteratur verändern (ebd., S. 19f.). Kinder partizipieren und interagieren im Medium des E-Books. Wie an den Beispielen der Varianten von E-Books deutlich wird, geht mit der Entwicklung von technischen Geräten auch eine Veränderung der Textstruktur einher: Texte werden nicht nur medial aufbereitet, sondern es wird auch ein Kosmos an Informationen bereit gestellt; dieser Kosmos schließt ausdrücklich die Vernetzung zwischen Leser(inne)n und Autor(inn)en ein. Was bei all diesen Veränderungen nicht übersehen werden sollte, sind die bislang noch nicht untersuchten und absehbaren Veränderungen im Leseverhalten. Nur so viel sei konstatiert: Die Tendenz zu kurzen, den Online-Formaten entsprechenden Textstrukturen im Bereich der Kinderliteratur ist unübersehbar (ebd., S. 20).

Wendet man sich dem **Tablet** als Gerät zu, so können damit – neben E-Books – **Apps** rezipiert werden. Unter Apps versteht man Anwendungsprogramme für Tablets und Smartphones; diese Anwendungsprogramme finden auch auf dem Medienmarkt für Kinder verstärkt Einzug, indem an- und ausschaltbare Erzählstimme, Aufnahmefunktion, Bewegungs- und Spielelemente mit Erzähltexten kombiniert werden (Allgemeine Leseempfehlungen: Bilderbuch-Apps, S. 1). Selbstredend können Apps auch auf Smartphones geladen werden, die sich in der Bedienung des Wischens und Klickens ähneln. Kennzeichnend für Apps sind die Fülle an Animationen, die zum Text angeboten werden: „Gamefiction heißt das Zauberwort, mit dem Buchinhalte nach möglichen Spielideen abgeklopft und der Spieltrieb und das Sammeln nach Punkten, nach Belohnung weidlich genutzt werden.“ (Hauck 2013, S. 20) Gerade im Bereich des Kinder- und Bilderbuchs ist eine Fülle von Angeboten erschienen, für die – abgesehen von den Entwicklungskosten – ein ‚anything goes‘ gilt. Ob es sich hierbei noch um printbasiertes Lesen oder um netzbasiertes Spielen handelt, sollte je nach App und den damit intendierten Zielen ihrer Verwendung entschieden werden. Zentral ist bei der Auswahl, wie die Benutzerfreundlichkeit für Kinder umgesetzt und der Zugang zu virtuellen Kommunikationsräumen gesichert ist. Auch der Kostenfaktor – käuflich zu erwerben oder umsonst speicherbar – stellt ein Auswahlkriterium dar. Grundsätzlich ist zwischen einer Kinderbuch-App, einer Spiele-App und einer Lern-App zu unterscheiden: Bei ersterer dienen die spielerischen Elemente der Vertiefung des Inhalts und der Einbeziehung des Lesers, sodass die Handlungslogik des Erzählten nicht vernachlässigt wird. Bei Spiele-Apps wird das Erzählte instrumentalisiert, um mittels einer Figur durch das Spiele-Angebot zu lotsen (Allgemeine Leseempfehlungen: Bilderbuch-Apps, S. 2). Bezüglich der Lern-Apps steht die Vermittlung von Wissensinhalten im Vordergrund, wobei in besonderer Weise (Vorläufer-)Fähigkeiten des Schriftspracherwerbs zum Gegenstand gemacht werden.

Bei einem Großteil der auf dem Kinderbuch-Markt verfügbaren Apps handelt es sich um Adaptionen erfolgreicher Bücher; so sind im App-Store Text-, Bild-, Ton- und Spieleanimationen zu den *Olchis* ebenso erhältlich wie zum *Räuber Hotzenplotz* und *Pippi Langstrumpf*. Nur vereinzelt wird der umgekehrte Weg von der App zum Buch beschritten, wie etwa bei der weltweit erfolgreichen *Schlaf gut*-App, die zum Bilderbuch von Heidi Wittlinger führt. Um einen Überblick über den sich ausdifferenzierenden Markt an Apps zu erhalten, sei die Liste „Allgemeine Leseempfehlungen: Bilderbuch-Apps“ der „Stiftung Lesen“ empfohlen, die in enger Verbindung zur Vorlesestudie 2012 steht. Darin geben die befragten Erziehungsberechtigen ein Bündel an Motiven für den Einsatz von Apps an: Da die Apps den Kindern gefallen, werden diese genutzt; zudem erhofft man sich fördernde Aspekte, indem zum Lesen ‚verführt‘ werden soll. Auch soll die Aktivität der Kinder gesteigert werden, indem multimedial mit Text, Bild und Geräuschen gearbeitet wird. Des Weiteren finden die Eltern selbst Gefallen an den Angeboten und sehen Vorteile in der Nutzung; die Vorteile beziehen sich sowohl auf die Kosten als auch auf die Möglichkeit, unterwegs mehrere Bücher dabei zu haben (Ehmig/Reuter 2013, S. 75f.). Allerdings entfaltet die Minderheit der befragten Eltern (16 %) Vorleseaktivitäten mit und durch Apps; vielmehr zeigt sich auch gegenwärtig eine Bindung der Eltern an das Buch, gerade im vorschulischen Bereich:

„Sowohl Mütter als auch Väter schreiben dem Vorlesen mit dem Buch häufiger fördernde Eigenschaften zu als dem Vorlesen mit Smartphone oder Tablet.“ (Ebd., S. 77)

Wie deutlich geworden sein dürfte, sind weitere Forschungen zum Einsatz digitaler Geräte vonnöten, um Aussagen über das Lesen von Kinderliteratur im 21. Jahrhundert in Schule und Familie treffen zu können. Es gilt zu prüfen, inwiefern Geräte und ihre Nutzung durch die ‚Digital Natives‘ und ihrer ‚Kids‘ Medienproduktion und Medienrezeption verändern. Vernetzung und Partizipation werden als Argumente in der Diskussion immer wieder erwähnt, wie auch auf den fördernden Aspekt solcher Angebote verwiesen wird. Bislang sind sich die befragten Eltern bewusst, dass das digitale Vorlesen keine ‚Babysitter-Funktionen‘ übernehmen sollte, sondern vielmehr gemeinsames Erleben und die Beschäftigung mit dem Kind die Auseinandersetzung mit Literatur und Medien prägen sollte (ebd., S. 82). Andererseits bewegen sich Kinder mit zunehmendem Alter selbstständig im Internet und werden hier nur wenig begleitet. An dieser Stelle gilt es an die Verantwortung von Elternhaus und Schule zu appellieren, damit Kinder auf dem Weg in vernetzte Angebote auf verschiedenen digitalen Speichermedien nicht allein gelassen werden. Erste diesbezügliche Ansätze zur Prüfung von Internetangeboten für Kinder hat die EU in Form einer „Checkliste: Kriterien für gute Online-Angebote für Kinder (4 bis 12 Jahre)“ zusammengestellt. Neben Fragen der Bedienungsfreundlichkeit und dem Schutz der Privatsphäre der kindlichen Nutzer(innen) findet die Interaktion Berücksichtigung: „Das Angebot animiert zu positiver Online- und/ oder Offlineinteraktion mit Gleichaltrigen und der Familie.“ (Checkliste: Kriterien, S. 1) Die fragmentierte Mediennutzung sollte nicht in Vereinzelung und Individualisierung münden; um solche Tendenzen zu verhindern, bedarf es Zeit, die sich Erziehungsberechtigte für ihre Kinder nehmen, und es bedarf eines Dialogs, um über Erfahrungen und Erlebnisse im Netz einen Austausch zu befördern.

1.5 Umgang mit Kinderliteratur in der Grundschule

1.5.1 Heterogenität und Individualisierung

Wendet man sich der schulischen Auseinandersetzung mit Kinderliteratur im Medienverbund zu, so wird in aktuellen Diskussionen kaum mehr an der Position einer eigenständigen Didaktik der Kinder- und Jugendliteratur festgehalten. Vielmehr hat sich die Auffassung durchgesetzt, dass in der Schule das sozialisatorische Potenzial der Kinder- und Jugendliteratur in stärkerem Maße genutzt werden sollte (Hurrelmann 2006, S. 145). Die Schule als Vermittlungsinstanz von Kinder- und Jugendliteratur gilt als etabliert, was institutionell den Deutschunterricht ebenso umfasst wie den Auf- und Ausbau von Schul- und Klassenbüchereien sowie die Entwicklung von Projekten und die Teilnahme an Wettbewerben (Weinkauff/Glasenapp 2010, S. 236). Kinderliteratur wird eine „doppelte Brückenfunktion“ (O’Sullivan/Rösler 2013, S. 45) zugeschrieben: Zum einen vermag sie, einen Bezug zur Erfahrungswelt der kindlichen Leser(innen) zu schaffen, entwicklungsspezifische Bedürfnisse zu befriedigen und aktuelle Themen aufzugreifen. Im Kapitel 1.3 dieses Bandes wird deutlich, welche Vielfalt und Ausdifferenzierung der kinderliterarische Markt aktuell erfährt. Zum anderen ist das lesesozialisatorische Potenzial zu nennen, da die Kinderliteratur einen bedeutenden Beitrag für die Genese zum Leser bzw. zur Leserin leistet: „Kinder und Jugendliche lernen lesend das Lesen, und das, was sie lesen, beeinflusst auch ihre sonstige Entwicklung, wenn die Lektüre zur Lösung von Entwicklungsaufgaben beiträgt.“ (Graf 2007, S. 17) Dies schließt ausdrücklich die Medienerfahrungen der Kinder an der Schnittstelle von thematischer Vielfalt und sozialisatorischer Prägekraft ein.

Mit Blick auf den Unterricht werden Lehrkräfte vor die Herausforderung gestellt, dass sie mit einer heterogenen Schülerschaft konfrontiert sind und ihre Unterrichtsmedien und -angebote individualisiert anpassen müssen. Dies hat auch die im Jahr 2011 durchgeführte IGLU-Studie belegt; IGLU (Internationale Grundschul-Lese-Untersuchung) ist die deutsche Ausgabe von PIRLS (*Progress in International Reading Literacy Study*), die in 22 Mitgliedsstaaten der Europäischen Union und in 24 Mitgliedsstaaten der *Organisation for Economic Cooperation and Development* (OECD) durchgeführt wurde. Dabei werden Kompetenzen von Schüler(inne)n der 4. Jahrgangsstufe im Lesen mithilfe eines Fragebogens erhoben sowie die Lehrkräfte und Eltern mit einem Fragebogen um Auskünfte gebeten. In Deutschland nahmen knapp 4.000 Schüler(innen) an IGLU 2011 teil; zuvor wurde die Studie 2001 und 2006 durchgeführt, sodass Entwicklungen offengelegt werden. Erfreulich ist, dass im Jahr 2011 ein Großteil der Grundschulkinder in Deutschland dem Lesen gegenüber positiv eingestellt ist. Es wiederholt sich das Ergebnis des Jahres 2006, wenn Grundschüler(innen) bessere Leseleistungen beim Lesen literarischer Texte als beim Lesen von Sachtexten erzielen. Ebenso wie in allen anderen Mitgliedsstaaten schneiden Mädchen im Lesen signifikant besser ab als Jungen, wobei in Deutschland der Leistungsvorsprung im internationalen Vergleich relativ gering ausfällt. Weniger erfreulich sind die Ergebnisse, die Schüler(innen) erzielen, deren Familiensprache nicht Deutsch ist: So erbringen Kinder, die zu Hause nicht Deutsch sprechen (insgesamt 0,8 % der Proband[inn]en), schlechtere Leistungen als ihre Mitschüler(innen), die zu Hause Deutsch sprechen. Nahezu jedes dritte Kind, das zu Hause manchmal oder nie Deutsch spricht, erzielt Leistungen, die unterhalb der Kompetenzstufe III liegen; sie sind somit nicht in der Lage, ‚verstreute' Informationen in einem Text zu verknüpfen. Bezogen auf die gesamte Stichprobe rangieren die Ergebnisse von 15,4 % der in Deutschland getesteten Schüler(innen) unterhalb dieser Kompetenzstufe. Hier wurden im Vergleich zu den Jahren 2001 und 2006 keine nennenswerten Fortschritte erzielt: „Insgesamt ist zu konstatieren, dass die Grundschule in Deutschland nach wie vor ein gutes Zeugnis verdient, jedoch gibt es kaum Veränderungen für den Zeitraum der letzten zehn Jahre." (Tarelli/Valtin/Bos 2012, S. 15)

Diese Ergebnisse sind eine Bestätigung, dass in der Grundschule der elementare Lese- und Literaturunterricht auf verschiedene, heterogene Lernvoraussetzungen der Schüler(innen) trifft (Büker/Vorst 2010, S. 21). Der Begriff ‚**Heterogenität**' stammt aus der Pädagogik und nimmt die Vielfalt von Schülergruppen in den Blick: „Wann immer Lernende nicht individuell (vom Hauslehrer oder Tutor), sondern in Gruppen (wie Schulklassen) unterrichtet werden, entsteht automatisch die Frage, wie mit der Heterogenität in Form interindividueller Unterschiede in den Lernvoraussetzungen umgegangen werden kann." (Helmke 2009, S. 244) Schüler(innen) unterscheiden sich deutlich voneinander; im Zusammenhang mit Heterogenität werden immer wieder vier Lernermerkmale genannt, die für den Unterricht bedeutsam sind:

- **Vorwissen:** Es gilt als das am wichtigsten bereichsspezifische Lernermerkmal und fokussiert auf die Fähigkeiten und Fertigkeiten der Schüler(innen). Bezogen auf den Umgang mit Kinderliteratur im Medienverbund sind darunter sowohl der Zugang und der Umgang mit Medien als auch die erworbenen Muster an Geschichten zu verstehen.
- **Migrationsstatus:** Der Einfluss der sozialen Herkunft und des Sprachhintergrunds sind zu berücksichtigen. Als ungünstiger sozialer Hintergrund gelten Bildungsferne, geringer kognitiver Anregungsgehalt sowie niedriges Ausbildungsniveau der Eltern; der Einfluss des sozialen Hintergrunds ist so stark zu veranschlagen, dass der Sprachhintergrund demgegenüber abfällt. D. h., Schüler(innen) werden nicht aufgrund ihres Migrationshintergrunds benachteiligt; die Benachteiligung erfolgt aufgrund des ungünstigen sozialen Hintergrunds. Unglücklicherweise fallen ungünstiger sozialer Hintergrund und Sprachhintergrund oft zusammen.
- **Entwicklungsstand:** Der Erfolg von Unterricht hängt maßgeblich von dessen entwicklungsgemäßen bzw. -angemessenen Gestaltung ab. Die Lehrkraft muss sich an kindlichen Vorstellungen und Orientierungen ausrichten und daran anknüpfen. Mit Blick auf Auswahl und Einsatz von Kindermedien im Deutschunterricht muss die Lehrkraft über gesicherte

Kenntnisse der aktuellen Tendenzen des kinderliterarischen Markts verfügen, um ein adäquates Angebot für ihre Schülerschaft zu entwickeln.

- **Lernstil:** In der pädagogischen Literatur kursieren diesbezüglich der auditive, der visuelle, der haptische und der intellektuelle Lerntyp. Jedoch sind diese Unterscheidungen empirisch nicht haltbar. Vielmehr geht man bei der Konzeption von Unterricht dazu über, Lernumgebungen abwechslungsreich zu gestalten, um den Schüler(inne)n und ihren Fertigkeiten gerecht zu werden. Die literaturdidaktische Forschung der letzten 30 Jahre hat eine Fülle von Verfahren für den Unterricht entwickelt, sodass Literatur und Medien vielfältig aufbereitet werden können.

Bemüht man sich, Heterogenität als Chance zu begreifen und die unterschiedlichen Voraussetzungen von Schüler(inne)n zu berücksichtigen, dann denkt man zwangsläufig über die **Individualisierung** von Unterricht nach. Wie kann man den verschiedenen Fähigkeiten und Fertigkeiten von Kindern im Unterricht gerecht werden? Und welche Rolle kann dabei Kinderliteratur im Medienverbund spielen? Zur Beantwortung dieser Fragen müssen einige Bedingungen erfüllt sein: Zum einen müssen Lehrkräfte dafür gewonnen werden, die Vielfalt ihrer Schülerschaft zu bejahen; dies setzt insofern einen Einstellungswandel voraus, als man sich von der Fiktion einer homogenen Lerngruppe verabschieden muss. Zum anderen müssen die diagnostischen Kompetenzen der Lehrkräfte geschult werden: Individualisierung macht es nötig, dass sich Lehrkräfte einen Überblick über die kognitiven und motivationalen Lernvoraussetzungen verschaffen und auf diese in adäquater Weise mit Materialien reagieren können. Dies setzt ein hohes Engagement voraus, da nicht immer geeignete Lehrmaterialien zur Verfügung stehen. Und schließlich müssen Lehrkräfte fundierte didaktische Kenntnisse aufweisen: Bedeutsam ist hierbei nicht nur das Wissen um Lernstrategien, Organisation von Sozialformen, Kenntnisse von offenen und direkten Formen des Unterrichtens, sondern auch das bedeutsame Feld der Mehrsprachigkeitsdidaktik (Helmke 2009, S. 244–255).

1.5.2 Aufbau von Kompetenzen

Trotz aller Individualisierung muss auch gewährleistet sein, dass es einen verbindlichen Referenzrahmen gibt, in dem festgehalten wird, über welche Kompetenzen Schüler(innen) am Ende der Grundschulzeit in Deutschland verfügen müssen. Verbindlichkeit haben die sogenannten Bildungsstandards der Kultusministerkonferenz (KMK), die im Jahr 2004 für das Fach Deutsch beschlossen worden sind. Darin wird geregelt, welche Leistungserwartungen und -ergebnisse am Ende der Grundschulzeit in Deutschland zu erwarten sind. Darüber hinaus werden sie auch als Instrumente der Qualitätsentwicklung und -sicherung verstanden, die Lehrerkollegien die Möglichkeit der Entwicklung von Curricula bieten und eine Anpassung des Unterrichts an ihre Schülerschaft ermöglicht (Bremerich-Vos 2009, S. 15f.). In den Ausführungen wird explizit darauf hingewiesen, dass sich diese auf zentrale fachliche Zielsetzungen des Deutschunterrichts konzentrieren. Auch wenn Aspekte der Förderung der personalen und sozialen Kompetenzen nicht angesprochen werden, gelten sie doch als unverzichtbarer Bestandteil grundlegender Bildung in der Grundschule (KMK 2005, S. 7). Damit schließt der Kompetenzbegriff der Bildungsstandards an die von Weinert formulierte Definition an, die in der aktuellen Bildungsdiskussion sehr einflussreich geworden ist: „Kompetenzen sind die bei Individuen verfügbaren oder durch sie erlernbaren, kognitiven Fähigkeiten und Fertigkeiten, um bestimmte Probleme zu lösen, sowie die damit verbundenen motivationalen, volitionalen und sozialen Bereitschaften und Fähigkeiten, um Problemlösungen in variablen Situationen erfolgreich und verantwortungsvoll nutzen zu können.“ (Weinert 2001, S. 27f.) In den KMK-Bildungsstandards werden folgende Kompetenzbereiche für das Fach Deutsch ausgewiesen, die die tradierten Lernbereiche des Fachs abbilden und um Methoden und Arbeitstechniken erweitern (KMK 2005, S. 7): So spielt „Sprechen und Zuhören“ ebenso eine bedeutsame Rolle wie „Schreiben“ und der „Umgang mit Texten und Medien“. Die Kompetenzen in diesen Arbeitsbereichen versinnbildlichen eine Ausrichtung am Lernprozess und weniger am Produkt. Diese Ausrichtung der Prozessorientierung findet seine Bestätigung in den „Methoden und Arbeitstechniken“, die im Zusammenhang mit den Inhalten in jedem Kompetenzbereich erworben werden. Aus der folgenden Tabelle wird ersichtlich, dass dem Kompetenzbereich „Sprache und Sprachgebrauch untersuchen“ eine Sonderrolle zukommt (Bremerich-Vos 2009, S. 17) und dieser als integraler Bestandteil des Deutschunterrichts aufgefasst wird (KMK 2005, S. 15; vgl. auch Bremerich-Vos 2009, S. 17).

<table>
<tr><th>Sprechen und Zuhören</th><th>Schreiben</th><th>Lesen – mit Texten und Medien umgehen</th></tr>
<tr><td>• Gespräche führen
• szenisch spielen
• über Lernen sprechen
• verstehend zuhören
• zu anderen sprechen</td><td>• richtig schreiben
• Texte planen
• Texte schreiben
• Texte überarbeiten
• über Schreibfertigkeiten verfügen</td><td>• Texte erschließen
• Texte präsentieren
• über Leseerfahrungen verfügen
• über Lesefähigkeiten verfügen</td></tr>
<tr><td colspan="3">Methoden und Arbeitstechniken
Methoden und Arbeitstechniken werden jeweils im Zusammenhang mit den Inhalten jedes einzelnen Kompetenzbereichs erworben.</td></tr>
<tr><td colspan="3">Sprache und Sprachgebrauch untersuchen
• an Wörtern, Sätzen, Texten arbeiten
• Gemeinsamkeiten und Unterschiede von Sprachen entdecken
• grundlegende sprachliche Strukturen und Begriffe kennen
• sprachliche Verständigung untersuchen</td></tr>
</table>

Tab. 7: Kompetenzbereiche für das Fach Deutsch (KMK-Standards 2005, S. 7)

Diese Kompetenzbereiche erfahren in den KMK-Standards eine vertiefende inhaltliche Ausgestaltung, die für „Lesen – mit Texten und Medien umgehen" (KMK 2005, S. 11ff.) in Tabelle 8 dargestellt ist. Dabei wird auch die Auseinandersetzung mit Kinderliteratur erwähnt: Einerseits sollen die Schüler(innen) Kinderliteratur kennen, wobei auf Autor(inn)en und Werke sowie Figuren und Handlungen verwiesen wird. Andererseits soll im Rahmen der Präsentation von Texten ein Kinderbuch von den Schüler(inne)n selbst ausgewählt und vorgestellt werden. Des Weiteren finden verschiedene Medien (Zeitungen, Zeitschriften, Hörfunk, Fernsehen, Ton- und Bildträger, Netz) Erwähnung; neben der Materialität werden sie auch als Hilfsmittel für Präsentationen und Recherchen verstanden.

Über Lesefähigkeiten verfügen

- altersgemäße Texte sinnverstehend lesen
- Vorstellungen beim Lesen und Hören literarischer Texte entwickeln

Über Leseerfahrungen verfügen

- verschiedene Sorten von Sach- und Gebrauchstexten kennen
- Erzähltexte, lyrische und szenische Texte kennen und unterscheiden
- Kinderliteratur kennen: Werke, Autor(inn)en, Figuren, Handlungen
- Texte begründet auswählen
- sich in einer Bücherei orientieren
- Angebote in Zeitungen und Zeitschriften, in Hörfunk und Fernsehen, auf Ton- und Bildträgern sowie im Netz kennen, nutzen und begründet auswählen
- Informationen in Druck- und elektronischen Medien suchen
- die eigene Leseerfahrung beschreiben und einschätzen

Texte erschließen

- Verfahren zur ersten Orientierung über einen Text nutzen
- gezielt einzelne Informationen suchen
- Texte genau lesen
- bei Verständnisschwierigkeiten Verstehenshilfen anwenden: nachfragen, Wörter nachschlagen, Text zerlegen
- Texte mit eigenen Worten wiedergeben
- zentrale Aussagen eines Textes erfassen und wiedergeben
- Aussagen mit Textstellen belegen
- eigene Gedanken zu Texten entwickeln, zu Texten Stellung nehmen und mit anderen über Texte sprechen
- bei der Beschäftigung mit literarischen Texten Sensibilität für Gedanken, Gefühle und zwischenmenschliche Beziehungen zeigen
- Unterschiede und Gemeinsamkeiten von Texten finden
- handelnd mit Texten umgehen: z. B. illustrieren, inszenieren, umgestalten, collagieren

Texte präsentieren

- Texte zum Vorlesen vorbereiten und sinngestaltend vorlesen
- Geschichten, Gedichte und Dialoge vortragen, auch auswendig
- ein Kinderbuch selbst auswählen und vorstellen
- verschiedene Medien für Präsentationen nutzen
- bei Lesungen und Aufführungen mitwirken

Tab. 8: Kompetenzbereich „Lesen – mit Texten und Medien umgehen" (KMK 2005, S. 11ff.)

Die KMK-Standards und ihre Ausgestaltung machen deutlich, dass Vorgaben für den schulischen Unterricht von den in einer Gesellschaft vorherrschenden Vorstellungen von Lehren und Lernen abhängig sind. Diese Vorstellungen unterliegen einem historischen Wandel und spiegeln Werte und Normen einer Gesellschaft wider. Aktuell prägt die Diskussion um Unterricht die Auseinandersetzung mit problemlösendem Denken, das mit einer Konzentration auf Kompetenzen einhergeht. Verbunden damit sind die Vorstellungen, Schüler(innen) entsprechend ihrer Fähigkeiten und Fertigkeiten zu fördern und solchermaßen einem individualisierenden Unterricht Vorschub zu leisten. Diese Vorstellungen sind durchaus reizvoll und werden aktuell in vielen Projekten in Wissenschaft und Praxis erprobt und evaluiert. Einige kritische Stimmen warnen vor allzu weit gespannten Hoffnungen. So wird darauf hingewiesen, dass mit den Bildungsstandards der Anspruch verknüpft ist, das Erreichen der formulierten Kompetenzen zentral zu überprüfen. Doch es ist nicht einfach, hierfür geeignete objektive Leistungsfeststellungen zu finden, wenn beispielsweise die eigene Leseerfahrung eingeschätzt und beurteilt werden soll. Zudem wird auf die besondere Qualität literarästhetischer Erfahrungen hingewiesen, die zwar eng verknüpft mit Lesekompetenz gedacht werden kann, jedoch oft nicht eindeutig fixierbaren und zu formulierenden Eigengesetzlichkeiten folgt (Spinner 2010b, S. 48). Die Eigengesetzlichkeit literarischen Lernens gelte es zu bewahren und vor normierenden Eingriffen zu schützen. Auch bergen zentrale Leistungsüberprüfungen die Gefahr, dass sich Unterricht inhaltlich einseitig auf die Vorbereitung von Tests – ‚teaching to the test' – konzentriert und die avisierte Individualisierung unterlaufen wird (ebd., S. 53f.). In der Gemengelage zwischen Individualisierung und Kompetenzorientierung sowie ästhetischer Bildung und Eigengesetzlichkeit von Rezeptionsprozessen ist der Umgang mit Kinderliteratur an den Schulen zu verorten.

In vorliegendem Band wird eindeutig uneindeutig Position bezogen: Es gilt die Autonomie von Lehrkräften zu stärken und sie zur Entwicklung eines Schüler(inne)n zugewandten Unterricht zu befähigen. Lehrkräfte haben sich in einem spannungsreichen Feld zu bewegen: Sie sind an formale Vorgaben gebunden, müssen oft ohne geeignete Instrumentarien Lernstände diagnostizieren und einen individualisierenden Unterricht planen. Ihr Tun wird in zentralen Tests vermeintlich objektiviert. Damit diese Aufgaben bearbeitbar bleiben, bedarf es aus unserer

Sicht zweierlei: Lehrkräfte müssen konsequent vom ‚Können' ihrer Schüler(innen) ausgehen. Dieses ‚Können' muss zu einem Unterricht führen, der sowohl eine Subjektorientierung birgt, als auch Strukturierungen von (literarischen) Lernprozessen umschließt. Um hier eine Balance zu finden, gilt es sorgsam das eigene Tun zu reflektieren: Stellt Leseförderung die zentrale Zieldimension von Unterricht dar, kann exemplarisch auf die grundlegende Veröffentlichung von Rosebrock/Nix (2013) verwiesen werden. Zu literarischen Lernprozessen in der Grundschule liegen aktuell Überlegungen auf empirischer Basis von Kruse (2013) vor. Werden die Medienerfahrungen von Schüler(inne)n zur Grundlage der Planung von Unterricht, versteht sich vorliegender Band als Beitrag für einen zeitgemäßen Deutschunterricht; Lehrkräfte werden mit aktueller Literatur im Medienverbund vertraut gemacht, um auf Anforderungen einer heterogenen Schülerschaft zu reagieren. Dies schließt ein Hinterfragen der eigenen Lektüreerfahrungen ein. Selbstredend kommt es zwischen den Zieldimensionen der Leseförderung, der literarischen Lernprozesse und der Subjektorientierung zu Überschneidungen (Rosebrock 1997). Bedeutsam ist es, dass sich die Lehrkraft bewusst ist, welche der Dimensionen sie ihrem Unterricht jeweils zugrunde legt.

1.5.3 (Unterrichts-)Methoden

Mit der Orientierung an Kompetenzen sind die institutionellen Vorgaben und gesellschaftlichen Erwartungen von Unterricht fixiert, die auf individuelle Voraussetzungen der Schülerschaft treffen. Aus Sicht der allgemeindidaktischen Forschung nehmen die Unterrichtsmethoden zwischen diesen beiden Polen eine Mittlerposition ein: „Unterrichtsmethoden sind auf der Planungs- wie auf der Handlungsebene anzusiedeln und können als Versuch verstanden werden, zwischen den Lernvoraussetzungen und -interessen der Lernenden und den institutionellen und gesellschaftlichen Erwartungen an die Lernergebnisse des Unterrichts zu vermitteln." (Kunze 2012, S. 347) Trotz vielfacher Forschungen liegt keine schlüssige Klassifikation vor, um Unterrichtsmethoden zu ordnen und fachübergreifend festzuschreiben. Verbreitete Ansätze zur Unterscheidung fokussieren auf den Komplexitätsgrad des methodischen Handelns sowie auf den Grad der Lehrer- und Schülerzentriertheit. Intensiv wurde in den 70er- und 80er-Jahren die Relevanz von Unterrichtsmethoden diskutiert; heute sind diesbezügliche Forschungen in Untersuchungen zur Unterrichtsqualität sowie zur Effektivität von Lehr- und Lernprozessen eingebettet; auch wird der fachspezifische Einsatz von Methoden zunehmend reflektiert. Als Konsens gilt in der gegenwärtigen Auseinandersetzung mit Methoden, dass im Hinblick auf die Passung von Zielen, Inhalten und Unterrichtsbedingungen ein Repertoire an Methoden – eine Methodenvielfalt – notwendig ist (ebd., S. 347f.).

In der Fachdidaktik Deutsch findet nur punktuell eine systematische Auseinandersetzung mit Methoden im Deutschunterricht statt. Insbesondere im letzten Drittel des 20. Jahrhunderts ist eine solche Beschäftigung in Misskredit geraten, da man sich seit den 70er-Jahren um eine Gegenposition zur Unterrichtsmethodik bemühte; das mehrbändige Werk Ulshöfers zur *Methodik des Deutschunterrichts* wurde zur Zielscheibe der Kritik und als unwissenschaftliche und gesellschaftlich unkritische ‚Meisterlehre' abqualifiziert (Spinner 2010c, S. 190). Ähnlich wie in der Allgemeindidaktik wird der fachdidaktischen Erforschung von Unterrichtsmethodik größere Aufmerksamkeit geschenkt, wenn Fragen der Lehr- und Lernforschung berührt werden. Bezogen auf die Literaturdidaktik ist man von einer systematischen Arbeit am Begriff der Methoden noch weit entfernt, wie nachstehende Formulierungen aus einem literaturdidaktischen Handbuch dokumentieren: „Für den Literaturunterricht hat sich in den vergangenen Jahrzehnten ein überaus reichhaltiges Angebot an methodischen Möglichkeiten entwickelt, das kaum erschöpfend dargestellt werden kann [...]. Es gibt hier eine große methodische Kreativität bei Lehrkräften und Vertreterinnen und Vertretern der Fachdidaktik." (Spinner 2010a, S. 190)

Im Folgenden werden allgemein- und fachdidaktische (Unterrichts-)Methoden verzahnt und es bleibt nicht bei einer Aufzählung. Ausgangspunkt ist ein Kontinuum an allgemeinen Unterrichtsmethoden, das von den Polen Lehrerzentriertheit und Schülerorientierung gerahmt wird (in Anlehnung an Brand 2010, S. 123).

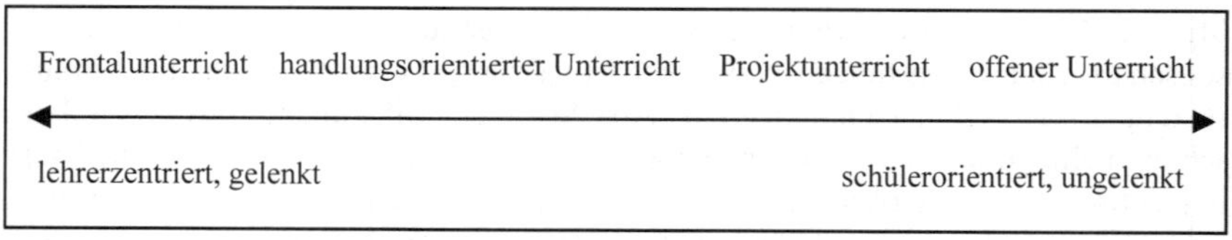

Abb. 3: Kontinuum der Unterrichtsmethoden

Der **Frontalunterricht** erfreut sich ebenso im Fach Deutsch großer Beliebtheit, wird jedoch auch immer wieder stark kritisiert. Unter Frontalunterricht versteht man einen Unterricht, in dem alle Schüler(innen) gemeinsam unterrichtet werden; der Unterricht ist in der Regel thematisch ausgerichtet und erfolgt mündlich, oft in Form des Lehrer-Schüler-Gesprächs. Entscheidend dabei ist, dass die Lehrkraft die Arbeits-, Interaktions- und Kommunikationsprozesse steuert; Inhalte, Methoden und Tempo sind für alle Schüler(innen) gleich (Brand 2010, S. 124). Daher erklärt sich auch der Begriff der direkten Instruktion, d. h., von der Lehrkraft gehen auf die Schüler(innen) belehrende Impulse für das Lernen aus. In der nachstehend abgedruckten Tabelle finden sind Vor- und Nachteile des Frontalunterrichts aufgelistet.

Vorteile	**Nachteile**
Nutzen des Potenzials der gesamten Klasse	Lehr-Lern-Kurzschluss, d. h., es wird nur gelernt, was gelehrt wird
effektive Nutzung der Zeit durch klare Steuerung	Betonen der Lehrerautorität statt des demokratischen Umgangs
Nutzen von Lernmethoden und Strategien des Problemlösens	Vernachlässigen der Lerner-Selbstorganisation und der sozialen Fähigkeiten
Differenzieren und Korrigieren der Lehrkraft durch gezielte Fragetechnik	passives, rezeptives Lernen im Gleichschritt
Fördern der Klassengemeinschaft durch gemeinschaftliches Lernen	Frontalunterricht als ein billiger Massenunterricht
Disziplinierung der Schüler(innen)	äußere Unterrichtsdisziplin

Tab. 9: Vor- und Nachteile des Frontalunterrichts (nach Brand 2010, S. 124)

Handlungsorientierung prägt seit vielen Jahren die Diskussion um Unterricht. Meyer (1980, S. 344), der sich in vielfacher Weise um die Planung von Unterricht verdient gemacht hat, definiert den Begriff wie folgt: „Handlungsorientierung des Unterrichts liegt für mich dann vor, wenn sich die Schüler mit den Unterrichtsabläufen und -ergebnissen identifizieren können, wenn die im Unterricht erarbeiteten Handlungsprodukte für diese Schüler einen sinnvollen Gebrauchswert haben [...]. Rumgammeln ist kein Handeln.“ Meyer versteht unter Handlungsorientierung sowohl eine inhaltliche Ausrichtung an den Interessen der Schüler(innen) als auch ihre aktive Integration in das Unterrichtsgeschehen.

Projektunterricht findet an Schulen oft an dafür vorgesehenen Wochen oder Tagen statt, kann aber auch in den regulären Unterricht integriert werden. Beim Projektunterricht handelt es sich um eine Organisationsform, die den Prozess des Lernens als ebenso bedeutsam erachtet wie das zu entwickelnde Produkt. Zentrale Kennzeichen des Projektunterrichts sind gemeinsame Exploration des Themas, Entwicklung von Fragen, Planung und Durchführung des Arbeitsprozesses durch die gesamte Gruppe sowie die Präsentation der Ergebnisse der Arbeit. Dabei prägen Handlungsorientierung, Interdisziplinarität, Praxisbezug und Schülerorientierung die Arbeitsweise im Projekt (Breuer 2012, S. 37). Frey hat einen idealtypischen Ablauf der Projektmethode mit sieben Komponenten beschrieben. Beginnend mit der Projektinitiative äußern Schüler(innen) und Lehrkräfte Anregungen, Ideen, Aufgaben und Bemerkenswertes. In einem zweiten Schritt – der Auseinandersetzung mit der Projektinitiative – werden die ersten Überlegungen auf ihre Sinnhaftigkeit und Machbarkeit überprüft und als Ergebnis in einer Projektskizze fixiert.

Im weiteren Schritt wird das Betätigungsfeld aufgefächert, wobei die Teilnehmer(innen) ihre Wünsche äußern. Diese werden in einen Projektplan ‚gegossen', der Klarheit darüber verschafft, warum etwas getan werden muss. In der sich anschließenden Phase wird der Projektplan umgesetzt, sodass es verstärkt zu Aktivitäten im Betätigungsfeld kommt. Schließlich gelangt das Projekt in einem fünften Schritt zu seinem Ende und mündet in das angestrebte Produkt. Weitere wichtige Komponenten stellen die Fixpunkte dar, die blinder Betriebsamkeit, Orientierungslosigkeit und fehlender Abstimmung in der Gruppe vorbeugen sollen (Frey/ Frey-Eiling 2011, S. 174). Schließlich ist noch die Komponente Zwischengespräch/Metainteraktion zu nennen, die Abläufe, Aktivitäten und Beziehungsprobleme ggf. zur Sprache bringt.

Bleibt der **offene Unterricht** näher zu bestimmen, dessen vornehmliches Ziel in der Selbstbestimmung zu sehen ist, die im praktischen Erproben von Freiheit gewonnen wird. Merkmale offenen Unterrichts sind die Berücksichtigung individueller Lernwege, Aktivierung und Differenzierung der Arbeitsformen und Methoden sowie die thematische Orientierung an den Interessen der Lernenden und die Gestaltung anregender Lernorte und Lernumgebungen (Brand 2010, S. 129f.).

In diese Darstellung der Unterrichtsmethoden der Allgemeindidaktik werden relevante fachspezifische Verfahren für die schulische Beschäftigung mit Kinderliteratur integriert. Die Auseinandersetzung mit Kinderliteratur pendelt zwischen literarischem Lernen, Leseförderung und Nachdenken über gesellschaftlich und subjektiv relevante Fragestellungen. Aus dieser Vielfalt wird eine Auswahl an Verfahren präsentiert (vgl. auch Kap. 2).

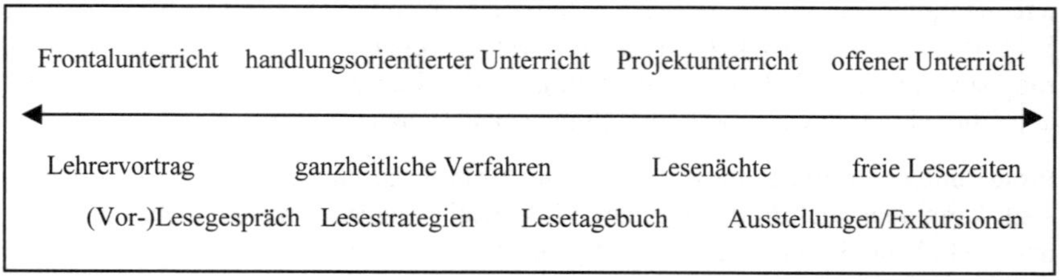

Abb. 4: (Fach-)Didaktische Methoden

Die Mehrzahl der aufgeführten Methoden changiert zwischen den Polen Frontalunterricht und offener Unterricht. Der **Lehrervortrag** ist bis heute sehr beliebt und in seiner Akzeptanz stark von der Persönlichkeit der Lehrkraft abhängig. Man versteht darunter die Monologe einer Lehrkraft über einen längeren Zeitraum, wobei die persönliche Anekdote ebenso wie das Vorlesen einer Erzählung oder das strukturierte Referat gemeint sein können. Der Lehrervortrag ist stark kognitiv ausgerichtet und zeitigt zweifellos Lernzuwächse bei den Schüler(inne)n, jedoch sollte sein Einsatz wohl überlegt sein. Verschiedene Situationen werden funktional als bedeutsam für seinen Einsatz erachtet: Der Lehrervortrag dient der inhaltlichen Einführung in einen Text, ein Thema, einen Film, eine Lektion oder eine Unterrichtseinheit. Darunter sind beispielsweise Informationen zu verstehen, die zum Autor eines kinderliterarischen Werks gegeben werden und damit Kontextwissen berühren. Des Weiteren sind Erklärungen der Lehrkräfte für die Organisation des Unterrichts vonnöten, wenn die Schüler(innen) in Gruppenphasen, Lernzirkeln, Freiarbeit oder Wochenplänen arbeiten. Fast schon eine Selbstverständlichkeit ist die Weitergabe von organisatorischen Informationen zu Exkursionen, Museumsbesuchen und Schulfahrten. Schließlich ist darauf hinzuweisen, dass das Präsentieren eine wichtige Rolle im Deutschunterricht spielt, wie auch die KMK-Bildungsstandards für die 4. Jahrgangsstufe belegen. Daher sollte die Lehrkraft diesbezüglich ein gutes Beispiel geben (Pabst-Weinschenk 2013, S. 400f.). Der Lehrervortrag stellt ein zentrales kommunikatives Bindeglied für die Organisation von Unterricht dar.

Eine spezifische Ausgestaltung der Kommunikation zwischen Lehrkräften und Schüler(inne)n zeigt sich in **Vorlesegesprächen**. Die Sozialisationsforschung hat die Bedeutung des vorschulischen und schulischen Vorlesens offengelegt. Kennzeichen von Vorlesegesprächen ist es, dass das Prinzip des Dialogischen explizit in Prozesse des Vorlesens mit und vor einer größeren Kindergruppe einbezogen wird. Vorlesegespräche finden nicht im Anschluss an die Rezeption statt, sondern begleiten diese: „Die Kinder können in einem überschaubaren Bezugsrahmen Erfahrungen mit dem Sprechen über Literatur machen, weil die Impulse ihnen die Möglichkeit eröffnen, auf einen begrenzten Ausschnitt des präsentierten Textes imaginationsorientiert und spontan zu reagieren." (Kruse 2012, S. 105) Die Lehrkraft kann dabei in zweifacher Weise Impulse setzen: Zum einen sind die Assoziationen, die Interessen und das Wissen der beteiligten Schüler(innen) zu berücksichtigen. Zum anderen schafft die Struktur des Texts Anlässe, über die Handlung und ihren Fortgang sowie die Personenkonstellationen und emotionale Verflechtungen zu sprechen. Vergegenwärtigen sollte sich die Lehrkraft, dass die mediale Rezeption als eine aktive Sinnkonstruktion zu verstehen ist und die initiierte Aktivierung sorgsam bedacht werden sollte (ebd., S. 105f.; Kap. 2.1).

Im Zusammenhang mit den (Vor-)Lesegesprächen ist das **Literarische Unterrichtsgespräch** zu erwähnen. Entwickelt wurde es an der Pädagogischen Hochschule Heidelberg, um im Unterricht Lehrkräfte und Schüler(innen) zu ‚wirklicher Kommunikation' über literarische Texte zu befähigen. Dabei ist das Unterrichtsgespräch weniger als eine Methode (!) als vielmehr eine Haltung zu verstehen, die von den Kommunikationspartner(inne)n eine Offenheit gegenüber dem Text erfordert (Steinbrenner/Wiprächtiger-Geppert 2006). Damit dies gelingt, werden strukturierende Vorschläge gemacht, die in diesem Band in Kapitel 2.2 nachgelesen werden können. Die Einordnung zwischen Lehrervortrag und ganzheitlichen Verfahren erscheint tragfähig, da die Gesprächspartner(innen) in großer Offenheit über ihre Assoziationen zum Text sprechen können (ganzheitliche Verfahren). Explizit wird eine Leitung bestimmt, die das Gespräch vorbereitet und strukturiert.

Ihr wird eine moderierende Rolle zugesprochen, die weg vom Monolog und hin zum Dialog führt.

Die Einordnung der **Lesestrategien** für das stille Lesen aus dem Kontinuum zwischen Lehrer- und Schülerorientierung fällt nicht leicht; ausschlaggebend für die Nähe zur Lehrerzentrierung ist die Notwendigkeit der direkten Instruktion, um Schüler(innen) mit ihnen vertraut zu machen. Des Weiteren fordern die Lesestrategien die kognitiven Fähigkeiten der Schüler(innen), da sie dem Verstehen der Texte dienen. In der Grundschule gelten folgende Lesestrategien als bedeutsam, die in Anlehnung an Teilprozesse der Lesekompetenz dargestellt werden: ‚Vor dem Lesen' machen sich Kinder bewusst, mit welcher Absicht sie sich einem Text bzw. einem Buch zuwenden. Dazu können der Titel des Buchs, die Kapitelüberschriften sowie das Durchblättern hilfreich sein. Auch können Kinder ermuntert werden, vor der Lektüre über ihr Wissen zum Thema nachzudenken (Spinner 2010b, S. 53f.). ‚Auf der Wortebene' ist zweierlei zu berücksichtigen: Kinder werden dazu angehalten, wichtige für den Textzusammenhang, ihnen aber unbekannte Wörter mithilfe des Kontexts oder eines Wörterbuchs zu erschließen. Darüber hinaus ist ‚auf der Satzebene' darauf zu achten, dass Kinder ihnen unverständliche Sätze wiederholt lesen bzw. im Kontext noch einmal verorten. Im Hinblick ‚auf die Textebene' kann der Text in Absätze gegliedert und die darin enthaltenen wichtigen Wörter unterstrichen werden. Und schließlich überlegen die Kinder ‚nach dem Lesen', welchen Sinn und Zweck und welches Vergnügen sie der Lektüre entnehmen konnten (ebd.).

Einfacher gestaltet sich die Einordnung der als **ganzheitlich** titulierten **Verfahren**, worunter im Folgenden die Methoden des handlungs- und produktionsorientierten Literaturunterrichts gefasst werden. In der Fachdidaktik Deutsch wird der Begriff der Handlungsorientierung oft mit dem Begriff der Produktionsorientierung verknüpft, den Haas 1984 in den fachdidaktischen Diskurs eingebracht hat. Handlungs- und Produktionsorientierung von Unterricht hat seine spezifische Prägung im unterrichtlichen Umgang mit Literatur erhalten: „Unter handlungs- und produktionsorientiertem Literaturunterricht versteht man einen methodischen Ansatz, bei dem sich die Schülerinnen und Schüler gestaltend, d. h. weiter- und umschreibend, Textstellen ergänzend, Textmuster imitierend, malend, vertonend und szenisch spielend mit Literatur beschäftigen." (Spinner 2010a, S. 311) Entstanden ist das Konzept in Abgrenzung zu einem Unterricht, der auf Lehrervortrag und Unterrichtsgesprächen – auf Frontalunterricht – beruht. Demzufolge steht nicht nur der begrifflich-analytische Umgang mit Literatur im Mittelpunkt, vielmehr sollen Schüler(innen) ganzheitlich mit Texten handeln und produzierend auf sie reagieren (ebd.). Leitende Vorstellung ist, dass die Schüler(innen) im handelnden und produktiven Umgang mit Literatur ein für sie relevantes Verständnis von Literatur entwickeln. Daraus hat sich eine „Vielfalt an Richtungen" (Niklas 2013, S. 53) innerhalb der handlungs- und produktionsorientierten Verfahren entwickelt. Im Hinblick auf einen handlungsorientierten Umgang mit Medien wird auf die Chance hingewiesen, Rezeptions- und Produktionsprozesse miteinander zu verknüpfen, auch im Rahmen einer mediengestützten Leseförderung; idealiter kommt es zu einer Verbindung von Mitbestimmungsmöglichkeiten, Persönlichkeitsentwicklung und Motivation der Schüler(innen) (Vach 2013, S. 213). Die Kritiker weisen nicht zu Unrecht auf die Gefahren der „Werkel-, Bastel- und ‚Alle wollen Maoam'-Pädagogik" hin (Niklas 2013, S. 43): Die Aktivitäten der Schüler(innen) können den Text vergessen lassen (zur empirischen Erprobung vgl. Fritzsche et al. 2006).

textproduktiv	Restauration oder Antizipation eines Texts, Transformation eines vorgelegten Texts in eine andere Textform	zu Überschrift, Cover, Textauszügen weiterschreiben, eine Vorgeschichte zu einem Text oder einer Figur erfinden, Schreiben aus der Sicht einer Person, Steckbriefe erstellen, aus einem Gedicht einen Zeitungsbericht erstellen, poetisches Schreiben zu Texten (Elfchen, Haiku, …)
szenisch	Standbilder, Rollenspiel, Pantomime, szenische Interpretation	Texte oder Filme nach- und weiterspielen, mit selbst hergestellten Puppen spielen, Standbilder zu Schlüsselszenen, Verfilmungen und Vertonungen von Textpassagen entwickeln
visuell	Transformationen von medialen Formen, Illustrationen, künstlerische Gestaltungsmöglichkeiten	Bilder zu einem Text oder einer Person zeichnen, Collagen erstellen, Gefühle in Farben umsetzen, digitale Fotografien zum Text anfertigen
akustisch	lautes Lesen, Einsatz von technischen Hilfsmitteln oder Musikinstrumenten zur Unterstützung der klanglichen Dimension des Unterrichts	verschiedene Vortragsweisen erproben, chorisches Sprechen, Textstellen mit Instrumenten vertonen, Texte als Hörspiel gestalten
medial	Kombination von Text, Bild und Ton	eine selbst gestaltete Geschichte filmen, einen Videoclip drehen, eine Fotostory umsetzen

Tab. 10: Handlungs- und produktionsorientierte Verfahren (nach Brand 2010, S. 126; Niklas 2013, S. 52)

Lesetagebücher, **Lesenächte**, **Ausstellungen** und **Exkursionen** sowie **freie Lesezeiten** stehen exemplarisch für Formen der literaturbezogenen **Leseanimation**: „Unter dem Begriff der Leseanimation können diejenigen Vorgehensweisen zusammengefasst werden, mit denen den Schülerinnen und Schülern Lust am Lesen vermittelt werden soll.“ (Spinner 2010c, S. 191) Die folgende Zusammenstellung (Tab. 11) gibt wichtige Methoden wieder, die im Umgang mit Kinderliteratur Bedeutung gewinnen; sie erhebt aber keineswegs einen Anspruch auf Vollständigkeit (vgl. dazu Kap. 2.3).

Lesetagebuch	In einem Lesetagebuch halten die Schüler(innen) ihre Leseeindrücke fest, äußern sich zu Textstellen und Figuren, sammeln Informationen zu den Autor(inn)en, fertigen Illustrationen an. Ziel ist die individuelle Reflexion des Lektüreprozesses.
Lesenacht	Lesenächte gelten oft als Höhepunkt einer Auseinandersetzung mit Kinderliteratur im Klassenverband. Die Schüler(innen) entwickeln zur Lektüre Angebote, oft mit spielerischem Charakter, bringen Bücher zur Vorstellung mit und übernachten in der Schule. Ziel ist es, das Lesen als gemeinschaftsstiftende Aktivität zu erleben.
Ausstellung	In Auseinandersetzung mit Literatur und Medien wird eine Ausstellung geplant, die im Schulhaus die Beschäftigung mit dem Medium sichtbar macht. Ziel ist es, einen Beitrag zur Lesekultur in der Schule zu leisten.
Exkursion	Es werden außerschulische Angebote von externen Anbietern (Museen, Theater, Kino) genutzt und damit der Weg aus der Schule ins kulturelle Leben beschritten.
freie Lesezeit	In Zeiten des regulären Unterrichts erhalten die Schüler(innen) Gelegenheit, ein Buch ihrer Wahl im Klassenverband zu lesen. Ziele sind eine Förderung des Lesens sowie die Erfahrung der stillen Konzentration in der Gruppe.

Tab. 11: Auswahl leseanimierender Verfahren

Der Einsatz dieser Methoden soll den Lern- und Übungscharakter des Lesens im Anfangsunterricht abfedern und die Herausbildung einer schulischen Lesekultur unterstützen, die auch Verbindungen zum kulturellen Leben der Gegenwart sucht. Leitend ist die Vorstellung, dass die Lesefreude positive Ausprägungen auf die Lesekompetenz zeitigt und dass Kinder das Lesen als gewinnbringend erfahren. Kinderliteratur spielt dabei eine wichtige Rolle, indem sie einem individualisierenden Unterricht Vorschub leistet und aufgrund ihrer Themen- und Formenvielfalt differenzierende Zugangsmöglichkeiten im Medienverbund schafft.

Die hier vorgenommene Verknüpfung von allgemeindidaktischen und fachdidaktischen (Unterrichts-)Methoden versteht sich als eine Hilfestellung für die Planung unterrichtlicher Prozesse, die sich der Individualisierung und Differenzierung verpflichtet sieht: Zum einen gilt es, sich Klarheit über Strukturierungsmöglichkeien von Unterricht zu verschaffen; damit wird eine Anbindung an den Diskurs über Unterrichtsqualität angestrebt, die der Heterogenität der Schüler(innen) Rechnung trägt. Zum anderen ist diese Zusammenschau als erstes Gerüst an Verfahren für den Umgang mit Kinderliteratur im Medienverbund zu verstehen, das im Laufe des Studiums und der beruflichen Tätigkeit sukzessiv zu erweitern ist. Insbesondere die Integration von Medienerfahrungen der Schüler(innen) stellt noch in weiten Teilen ein Desiderat dar, dem wir mit dem Unterrichtsvorschlag „Helden!“ in Kapitel 2.4 Rechnung tragen.

2 Werkanalysen und Unterrichtsvorschläge

2.1 K. Kimura/Y. Murakami: *999 Froschgeschwister ziehen um*

Text	Ken Kimura
Illustrationen	Yasunari Murakami
Erscheinungsjahr	OA 2003 (dt. EA 2011)
Übersetzung	Hana Christen
Verlag	NordSüd
Umfang	48 Seiten
Altersstufe	ab 4 Jahren
Buchgattung	Bilderbuch
Genre	Tiergeschichte
Themen	Familie, Umzug
Medienverbund	Bilderbuch *999 Froschgeschwister wachen auf* (2013)
Auszeichnung	Nominierung für den Deutschen Jugendliteraturpreis (2012)

Aus 999 Eiern werden 999 Kaulquappen und schließlich 999 kleine Frösche – doch für 999 Froschgeschwister ist der Teich zu eng und so heißt es für Mama und Papa Frosch mit ihren 999 Froschkindern umzuziehen und eine spannende Reise anzutreten ...

Als an einem warmen Frühlingsmorgen aus den abgelegten Eiern 999 Kaulquappen schlüpfen, sind Mama und Papa Frosch glücklich. Doch aus den Kaulquappen werden Frösche, zu viele Frösche für den kleinen Teich. Und so beschließen die Froscheltern umzuziehen. Voller Freude drängen die Froschgeschwister aus dem Teich und folgen Papa Frosch. Auf dem Weg über die große Wiese fangen sie zu quengeln an: „Ich habe Hunger!“, „Ich habe Durst!“, „Ist es noch weit?“. Papa Frosch ermahnt die Kleinen und warnt vor den großen Gefahren der Rast: Es könnte eine Schlange auftauchen und die Frösche verschlingen. Da zerren die Froschgeschwister auch schon etwas herbei, das genau zu Papa Froschs Beschreibung passt. Und tatsächlich: Es ist eine Schlange! In Panik treiben die Froscheltern ihre Kinder über die Wiese, wo schon die nächste Gefahr – dieses Mal aus der Luft – lauert. Ein Falke stürzt herab und schnappt sich Papa Frosch. Mama Frosch will ihren Mann retten und greift nach seinem Bein. Die Froschkinder tun es ihr gleich und hängen sich Bein an Bein in einer langen Froschkette an ihre Eltern. Der Falke fliegt mit seiner Beute immer höher und während die Froscheltern ängstlich mahnen, dass keiner den anderen loslassen dürfe, haben die Froschgeschwister Spaß am Fliegen. Doch nach einiger Zeit beginnen sie erneut zu quengeln und zappeln solange hin und her, bis der Falke ins Schwanken gerät. Dabei wird ihm seine Beute zu schwer und er lässt Papa Frosch los. Die Frösche fallen in die Tiefe und landen … in einem Teich, einem riesigen Teich, der Platz für alle 999 Froschgeschwister und Mama und Papa Frosch bietet. Glücklich über das neue Zuhause stimmen die 999 Froschkinder ein Lied an: „Quak quak quaaak ..."

2.1.1 Werkanalyse

Der Text dieser **Tiergeschichte** von Ken Kimura lädt die kindlichen Rezipient(inn)en ein, sich mit den Froschkindern zu identifizieren: Sie kennen die Situation einer langen Reise – sei es zu Fuß oder im Auto –, auf der sie ähnliche Fragen stellen wie die Froschgeschwister und nicht müde werden, diese zu wiederholen. Die Möglichkeit der Identifikation unterstützt Kimura durch die Wortwahl des Texts, wenn er den Fröschen – vermenschlicht – Arme und Beine gibt, mit denen sie zappeln oder sich aneinander festhalten, und die Verhaltensweisen von Erwachsenen den Froscheltern sowie von Kindern den Froschgeschwistern zuweist. Dieser sprachliche Aspekt verstärkt den inhaltlichen Eindruck des Texts, dass die Geschichte fabelhafte Züge trägt (Vrachliotis 2011, S. 1) – mit der moralischen Schlussfolgerung, dass Zusammenhalt in der Familie v. a. in schwierigen Situationen wichtig ist. Auch das Thema des Umzugs – aufgrund von Familienzuwachs – ist der Lebenswelt der Kinder entnommen. Kimura versteht es, die Themenbereiche Umzug und Reise (einer Familie) gekonnt miteinander zu verbinden.

Das **Bilderbuch** *999 Froschgeschwister ziehen um* besticht durch die schlichten Illustrationen von Yasunari Murakami, die jedoch keine Bilddetails vermissen lassen. Der durchgängig weiße Hintergrund lässt die kräftigen Farben der Aquarell-, Bunt- und Wachsmalstifte ausdrucksstark zur Geltung kommen und öffnet den Bildern Raum (Becker 2012, S. 46). Mit den Perspektiven spielt Yasunari Murakami, indem er teilweise aus der Frosch-, dann wieder aus der Vogelperspektive zeichnet und damit die Sichtweise der Protagonisten (Frösche und Falke) des Texts einfängt.

Bereits die **Illustration** auf der Umschlagvorderseite weist auf das Thema des Bilderbuchs, wenn ein mit Fröschen überfüllter Teich angedeutet wird. Der Innentitel zeigt die Froscheltern im Teich vor dem abgelegten Laich sitzend. Während auf der ersten Doppelseite die Kaulquappen geschlüpft sind, sind aus diesen auf der zweiten Seite kleine Frösche geworden. Die Überfüllung des Teichs wird bildlich durch die nah aneinandergereihten Froschköpfe deutlich, sowie dadurch, dass die zeichnerische Umrandung des Teichs – durch eine blaue Linie markiert – nicht mehr sichtbar ist. Auf der dritten Doppelseite drängen die kleinen Frösche aus dem Teich und hüpfen – als Pageturner angelegt – aus dem rechten Bildrand. Bei der Überquerung der Wiese werden die Froschkinder aufgrund der Entfernung nur noch abstrakt als grüne Punkte dargestellt, die in einer Art Froschschlange ihrem

Papa folgen. Damit nimmt der Illustrator das Sprachspiel des Texts auf und deutet bereits auf die Gefahr hin, vor der Papa Frosch auf der folgenden Seite warnt, wenn er eine Schlange mimt. Ein Exemplar dieses Fressfeinds ziehen die Froschkinder auf den folgenden Doppelseiten durch das Bild, bis Papa Frosch zur Flucht auffordert. Diese Flucht verfolgt – markiert durch einen Perspektivwechsel – der Falke aus der Luft und schnappt sich Papa Frosch, wobei hier nur noch der bedrohliche Schatten und die Krallen des Falken im Bild gezeigt werden. Die Froschkette, die sich an Papa Froschs Bein bildet, wird auf den Folgeseiten abwechselnd als abstrakte Aneinanderreihung grüner Punkte bzw. ausschnitthaft als Kette von Froschkindern dargestellt, die sich durch das Bild ‚schlängelt'. Als der Falke Papa Frosch loslässt, purzeln die Frösche über die ganze Seite verteilt in die Tiefe, um in den Seiten füllenden, ausschnittweise gezeigten Teich zu fallen. Die Erkenntnis, dass die Frösche in einem Teich gelandet sind, der groß genug für alle ist, wird durch den im Bild gezeigten Uferbereich deutlich – das glückliche Ende wird mit einem im Wasser abgebildeten Regenbogen symbolisiert.

2.1.2 Unterrichtsvorschlag

Jahrgangsstufe	1./2. Klasse
Zeitumfang	2 Unterrichtsstunden
Bildungsstandards	„Sprechen und Zuhören“: • Inhalte zuhörend verstehen • Perspektiven einnehmen • sich in eine Rolle hineinversetzen und sie übernehmen „Lesen – mit Texten und Medien umgehen“ • lebendige Vorstellungen beim […] Hören literarischer Texte entwickeln • handelnd mit Texten umgehen, z. B. illustrieren […]
Didaktik/Methodik	Vorlesegespräch
Differenzierung	Gesprächsimpulse, Identifikationsfiguren
Materialien	blaue Wolle; schwarze, laminierte Locherschnipsel; Kaulquappen aus Tonpapier; Origami-Frösche; Froschreporter-Mikrofon; Schlange aus Tonpapier; Falke aus Tonpapier an Nylonfaden befestigt; Papier im Fotoformat; Fotoalbum

Didaktisch-methodische Überlegungen

Der Einsatz eines Bilderbuchs in der Schule stellt die Lehrperson vor die Aufgabe, ein Vorlesegespräch in einer Klasse „als Brücke zwischen alltäglicher und literarischer Erfahrung des Kindes“ (Wieler 1997, S. 88) zu gestalten. Das erzählende Bilderbuch *999 Froschgeschwister ziehen um* bietet sich hier aufgrund der alltagsbezogenen Thematik der Reise an. Die Einbettung der Geschichte in einen familiären Kontext, der durch die Bezeichnungen ‚Mama Frosch‘, ‚Papa Frosch‘ und ‚Froschkinder‘ bzw. ‚Froschgeschwister‘ immer wieder aufgerufen wird, erleichtert den Schüler(inne)n die Perspektivenübernahme. Neben der thematischen Angepasstheit an die kindlichen Rezipient(inn)en und der Identifikationsmöglichkeit begründet auch die einfache sprachliche Gestaltung die Arbeit mit diesem Bilderbuch in der Primarstufe.

Jedoch erschweren zwei Faktoren die gemeinsame Bilderbuchrezeption im Klassenzimmer: Zum einen findet das Vorlesegespräch – anders als im familiären Kontext – in einer Großgruppe statt, zum anderen bringen die Schüler(innen) unterschiedliche Voraussetzungen in Bezug auf Weltwissen und literarische Sozialisation mit. Im Folgenden werden nun Ansätze des dialogischen Bilderbuchlesens skizziert sowie mit den von Spinner beschriebenen Gesprächseinlagen in der schulischen Vorlesesituation verknüpft, um eine Möglichkeit aufzuzeigen, wie Bilderbücher in einer Großgruppe erschlossen werden können.

Bereits bei der Bilderbuchrezeption mit (Klein-)Kindern weisen empirische Studien die Relevanz des Gesprächscharakters nach: Die Partizipation des Kinds an der **dialogisch-angelegten Vorlesesituation** befördert den Spracherwerb sowie die metakognitiven Fähigkeiten (Wieler 2002, S. 133). Dabei ist es – Bezug nehmend auf Vygotskijs Theorie der „Zone der nächsten Entwicklung“ – für den Auf- und Ausbau von (Sprach-)Kompetenzen notwendig, die (Vorlese-)Situation an die Fähigkeiten des Kinds anzupassen, sich aber gleichzeitig auch an einer höheren Entwicklungsstufe zu orientieren, die das Kind nur mit der Hilfestellung des Erwachsenen sowie in Kooperation mit diesem erreichen kann (Vygotskij 2002). Für die Vorlesesituation bedeutet dies, während des Vorlesens Gesprächsanreize zu geben, die dem Kind ermöglichen, als aktiver Mitleser bzw. -gestalter an der Bilderbuchrezeption teilzunehmen (Wieler 2002, S. 143). Die Möglichkeiten der Gesprächsanlässe reichen dabei von der einfachen Frage-Antwort-Routine über Kommentierungen inhaltlicher und illustratorischer Elemente bis hin zum Nachsprechen einzelner Textteile (ebd., S. 144). Damit steht beim dialogischen Lesen die Aktivität des Kinds im Mittelpunkt. Die permanente Interaktion zwischen Vorlesendem und Kind wird durch den Vorlesenden zum einen durch Gesprächsanreize aufrecht erhalten, zum anderen werden die Kommentare des Kinds aufgenommen und erweitert (Kraus 2005, S. 110ff.).

Kinder, die diese Erfahrungen in der vorschulischen literarischen Sozialisation noch nicht gemacht haben, sind hier auf die Institution Schule angewiesen. Spinner (2004) hat daher didaktisch-methodische Überlegungen zur Umsetzung schulischer Vorlesegespräche angestellt, die auch in der Großgruppe durchgeführt werden können. Für die Vorlesepraxis formuliert er fünf Typen zentraler **Gesprächsimpulse**: Da das Verstehen immer auf der Verbindung mit dem Vorwissen basiert, muss zunächst die **Aktivierung eigener Erfahrungen** erfolgen. Als Anknüpfungspunkt eignet sich insbesondere die Frage nach Gefühlen in bestimmten, evtl. schon erlebten Situationen, die die individuellen Voraussetzungen der einzelnen Schüler(innen) fokussiert und im Vergleich mit dem Text eine (erste) Verbindung zu diesem darstellt. Mit **Antizipation** ist die Ausgangslage für gelingende Textrezeption benannt, da das Interesse am weiteren Verlauf der Geschichte grundlegend ist. Als Gesprächsanlass können Antizipationen vornehmlich an Textstellen dienen, an denen das Geschehen seinen Höhepunkt erreicht oder sich Figuren in Problemsituationen befinden. Für **Anregungen zur Perspektivenübernahme** bietet sich in der Kinderliteratur meist der Protagonist der Geschichte an, zu dessen Emotionen oder Gedanken Fragen formuliert werden können. Indem die Schüler(innen) sich in die fiktive Figur einfühlen, wird die Empathiefähigkeit gefördert. Regt der Vorlesende die Schüler(innen) durch entsprechende Fragen weiter dazu an, das Handeln des Protagonisten nachzuvollziehen, wird eine **Reflexion von Figurenverhalten** vorgenommen. Diese intensive Auseinandersetzung mit literarischen Figuren führt oft dazu, dass Schüler(innen) die Überlegungen, wie sie in dieser Situation reagieren oder handeln würden, auf die fiktive Geschichte transferieren. Als fünften Typ eines Gesprächsimpulses nennt Spinner die **Interpretationsfragen**. Mithilfe derer sollen die Schüler(innen) Bezüge erschließen, die nicht explizit im Text genannt wurden, auf die aber Hinweise im Text gegeben werden.

Die Überlegungen zu Vorlesegesprächen wie zum dialogischen Vorlesen von Bilderbüchern sind Grundlage des im Folgenden beschriebenen Unterrichtsvorschlags. Gegenüber der Darstellung Spinners, die sich nicht auf Text-Bild-Kombinationen bezieht, muss hier die Ebene des Bilds berücksichtigt werden: Dies sowohl in der Präsentation, die die Bilder für alle Schüler(innen) zugänglich macht (mithilfe eines Bilderbuchkinos), als auch in der Wahl der Impulse. Die folgenden Überlegungen konzentrieren sich vornehmlich auf Gesprächsimpulse des Typs „Perspektivenübernahme". Diese ermöglicht den Schüler(inne)n ein Eintauchen in eine fiktive Figur. Das Verbleiben in einer Identifikationsrolle und die daraus resultierende imaginative Verstrickung machen längere Gesprächseinlagen möglich, ohne ein Abschweifen vom Text zu riskieren.

Strukturierung der Unterrichtseinheit

Vorlesen und Identifikationsmöglichkeiten schaffen (1 Unterrichtsstunde)

Die im Bilderbuch angelegte Möglichkeit der Identifikation mit den Froschgeschwistern wird zum Ausgangspunkt der folgenden Unterrichtseinheit genommen, in der die Schüler(innen) mit der Froschfamilie auf die Reise gehen:

Die Schüler(innen) werden in einen bereits durch ausgelegte Teppichfliesen vorbereiteten Halbkreis am Boden gebeten, in dessen Mitte sich ein durch eine blaue Schnur angedeuteter Teich befindet. Die abstrakte Darstellung des Teichs durch die blaue Schnur nimmt Bezug auf die reduzierten Illustrationen Yasunari Murakamis. Auf jeder Teppichfliese liegen ein schwarzer, laminierter Locherschnipsel – symbolisch für ein in die Gallerthülle eingeschlossenes Ei des Froschlaichs –, eine aus Tonpapier ausgeschnittene Kaulquappe sowie ein Origami-Frosch. Vorab sollten die Schüler(innen) mit den Legematerialien sowie mit dem Froschreporter-Mikrofon der Lehrperson, das als eine Art „Sprechstein“ fungiert, vertraut gemacht werden.

Zu Beginn der Bilderbuchrezeption kann die Illustration auf der Umschlagvorderseite als Bildimpuls dienen, zu der Überlegungen zum Inhalt des Bilderbuchs angestellt werden können, da hier der mit Fröschen überfüllte Teich gezeigt wird. Eine andere Möglichkeit wäre, die vor den Kindern liegenden Materialien (Ei, Kaulquappe, Frosch) als Impuls für die Entwicklungsstadien des Froschs zu nutzen.

Während der Bilderbuchrezeption übernimmt die Lehrperson (neben der Froschreporter-Rolle) die Positionierung der Froscheltern sowie der Fressfeinde. Die Schüler(innen) zeichnen für ihre Legematerialien verantwortlich, mithilfe derer sie symbolisch die Rolle eines der 999 Froschgeschwister einnehmen. Durch Gesprächsimpulse, die Bezug auf die ersten Seiten des Bilderbuchs nehmen („Was macht man als Kaulquappe den ganzen Tag?“), wird der Perspektivwechsel der Schüler(innen) angebahnt, die nun – über das ganze Bilderbuch hinweg – aus der Sicht der Froschgeschwister antworten. (Das Hineinversetzen in die Froschgeschwister erleichtert den Kindern die Perspektiveinnahme, da sie im familiären Kontext diese Rolle innehaben und damit deren Gedanken und Gefühle leicht nachvollziehen können. Anspruchsvoller – und eine denkbare Differenzierungsaufgabe für die stärkeren Kinder – wäre ein Hineinversetzen in die Froscheltern, da die Kinder hier aus einem für sie neuen Blickwinkel denken müssten.) Damit die Schüler(innen) imaginativ in die Froschgeschwister eingebunden bleiben, kann die Lehrperson an geeigneten Stellen Impulse formulieren: So bietet es sich beispielsweise an, die Kinder zu fragen, was sie von Papa Froschs Umzugsidee halten oder welche Gefahren Mama Frosch meinen könnte. Aber auch im Text angelegte Impulse wie „Die 999 Froschgeschwister beginnen zu quengeln.“ können genutzt werden, indem die Lehrperson als Froschreporter – stumm – das Mikrofon in die Runde hält. Ohne die Perspektivenübernahme aufzulösen, können auch antizipatorische Fragen gestellt werden, die auf einen möglichen weiteren Handlungsverlauf abzielen. Weiter bietet das Bilderbuch die Möglichkeit, die Schüler(innen) in das Vorlesen mit einzubeziehen: Als die Froschfamilie in dem großen Teich gelandet ist, fragt ein Froschkind nach dem anderen: „Wo sind wir gelandet?“ An dieser Stelle kann das Froschreporter-Mikrofon reihum gereicht werden und die Schüler(innen) können ihrem Nachbarn diese Frage stellen. Ähnlich kann auch mit dem folgenden Satz „Wir sind in einem großen Teich gelandet!“ verfahren werden.

Zum Abschluss bietet es sich an, einen Gesprächsimpuls zu formulieren, mithilfe dessen die Schüler(innen) das Verhalten der Froschfamilie reflektieren und interpretative Schlüsse ziehen können („Wie habt ihr es denn geschafft, dem Falken zu entkommen und ein neues Zuhause zu finden?“). Hier werden insbesondere die leistungsstärkeren Kinder gefordert.

Inhaltliche Vertiefung durch Auseinandersetzung mit Text und Bild (1 Unterrichtsstunde)

In der folgenden Stunde kann die Reise der 999 Froschgeschwister mithilfe eines Froschlieds, das an den Froschgesang am Ende des Bilderbuchs anknüpft, sowie mithilfe der Legematerialien wiederholt werden: Die Lehrperson fragt die Schüler(innen), an welche Reisestationen der Froschfamilie sie sich erinnern und dichtet als inhaltliche Wiederholung gemeinsam mit den Kindern ein Froschlied. (Als Grundlage hierfür kann beispielsweise das Kinderlied *Wir Fröschelein* von Ralf Kiwitt, Sybille Bierögel und Antje Hemming dienen.)

Im Anschluss an das Lied besteht die Möglichkeit, die Kinder ein Bild anfertigen zu lassen, auf welchem ein Ereignis der Froschreise zu sehen ist, das sie fotografiert hätten, wenn sie einen Fotoapparat dabei gehabt hätten. Hierfür können Materialien zur Verfügung gestellt werden wie blaue Wolle, grüne und schwarze Locherschnipsel. Indem den Kindern die Wahl gelassen wird, welchen Aspekt der Reise sie herausgreifen und wie sie das Bild anfertigen – ob mit bereit stehenden Materialien oder ohne –, findet insofern eine Differenzierung statt, als sie nach ihren Möglichkeiten arbeiten und eigene Bilder umsetzen. Die erstellten ‚Fotografien‘ können zum Abschluss der Unterrichtseinheit von den Schüler(inne)n vorgestellt und dem Ablauf der Reise im Bilderbuch entsprechend in ein gemeinsames Fotoalbum geklebt werden, das die lange Reise der 999 Froschgeschwister festhält.

Für die Weiterarbeit mit dem Bilderbuch kann der zweite Band *999 Froschgeschwister wachen auf* herangezogen werden, in dem die kleinen Frösche allerlei Schlafmützen aus dem Winterschlaf bzw. der Winterruhe aufwecken, um ihnen die Schönheit des Frühlings zu zeigen. Unter den Tieren ist auch die rote Schlange aus dem ersten Band, die von der Froschkinderkette im bereits bekannten Hau-Ruck-Verfahren aus ihrem Erdloch gezogen wird.

2.2 H. Janisch: *Kommt ein Boot ... Ein Gedicht in 11 Bildern und vielen Sprachen*

Herausgeber	bookolino/Literaturhaus Graz/Veronika Erwa-Winter
Text	Heinz Janisch
Illustrationen	Helga Bansch, Maria Blazejovsky, Renate Habinger, Verena Hochleitner, Willy Puchner, Michael Roher, Dorothee Schwab, Annett Stolarski, László Varvasovszky, Sibylle Vogel, Linda Wolfsgruber
Erscheinungsjahr	2012
Verlag	Residenz
Umfang	24 Seiten
Altersstufe	ab 5 Jahren
Buchgattung	Bilderbuch
Genre	Lyrik
Themen	Fantasiereise, Interkulturalität, Mehrsprachigkeit
Auszeichnung	Kollektion zum Österreichischen Kinder- und Jugendbuchpreis (2013)

Ein Gedicht in elf Sprachen abgedruckt und von elf Illustrator(inn)en mit elf unterschiedlichen Assoziationen bildlich umgesetzt – ein mehrsprachiges Bilderbuch, das mithilfe eines poetischen Texts die Sprachenvielfalt der Welt zeigt und die Vielgestaltigkeit von Vorstellungen sichtbar macht.

> Kommt ein Boot durch die Luft geflogen,
> Boot aus Papier, aus Gras, aus Vorgestern.
> Landet auf meiner Handfläche,
> vor meinem Fuß, auf meinem Bett.
> Erzählt mir vom offenen Fenster,
> vom Meer, von der Insel mit den Honigbäumen.
> Schon schlafe ich, schon bin ich wach,
> schon sind wir aus dem Haus und
> hoch über der Stadt ...

Heinz Janischs Gedicht erzählt von einer Begegnung eines lyrischen Ichs mit einem durch die Luft fliegenden Boot – einem Boot, das als aus Papier, aus Gras, aus Vorgestern bestehend beschrieben wird. Dieses Boot landet zunächst auf der Handfläche des lyrischen Ichs, dann vor seinem Fuß und schließlich auf seinem Bett, um ihm vom offenen Fenster, vom Meer sowie von einer Insel mit Honigbäumen zu erzählen. In einer Art Traumzustand begibt sich das lyrische Ich anschließend gemeinsam mit dem Boot auf eine Reise und fliegt mit ihm aus dem Haus und über die Stadt hinweg.

2.2.1 Werkanalyse

Mit dem Thema ‚Traumreise' knüpft das Gedicht an ein nicht nur für die Kinderliteratur typisches Motiv an, wie man es schon aus Theodor Storms *Der kleine Häwelmann* (1849) oder Gerd von Bassewitz' *Peterchens Mondfahrt* (1912) kennt. Insbesondere in Bilderbüchern wird das Motiv der Traumreise oft mit einer Schifffahrt verknüpft, bei der das Schiff als Verbindungsobjekt zwischen Traum und Realität fungiert wie in Maurice Sendaks Bilderbuchklassiker *Wo die wilden Kerle wohnen* (OA 1963, dt. EA 1967) oder dem von Jorge Lujan geschriebenen und Julia Friese illustrierten *Papierschiff ahoi!* (2009).

Das einstrophige Gedicht „Kommt ein Boot ..." besteht aus neun Versen und ist in freien Rhythmen verfasst. Die Strukturierung des Gedichts von Heinz Janisch erfolgt durch das sprachliche Material und dessen Anordnung: Am Anfang der in den Versen 1, 3 und 5 beginnenden Sätze steht jeweils die finite Verbform. Der letzte Satz, der in Vers 7 beginnt, grenzt sich insofern von den vorhergehenden ab, als er mit dem Temporaladverb „schon" eingeleitet wird. Auch hier steht die finite Verbform („schlafe") vor dem Subjekt („ich"). Diesen syntaktischen Aufbau wiederholen symmetrisch auch die beiden folgenden, durch Kommata abgetrennten Sätze. Verstärkt wird der Parallelismus der Satzglieder in den Versen 7 und 8 durch den jeweiligen Beginn mit „schon". Die dreifachen Wiederholungen können als ein Gliederungselement des Gedichts benannt werden, das durchgängig zum Einsatz kommt: Bereits in Vers 2 findet sich eine dreifache Aufzählung, wenn die Beschreibung des Boots „aus Papier, aus Gras, aus Vorgestern" erfolgt. Ebenso in dreifacher Reihung wird in den Versen 3 und 4 die Landung des Boots geschildert und in Vers 5 und 6 erzählt das Boot „vom offenen Fenster, / vom Meer, von der Insel mit den Honigbäumen".

Neben diesen Formelementen fungieren die sprachlichen Mittel auch als Auslöser metaphorischer Prozesse sowie als Erzeuger von Kommunikationsstrukturen (Ehlers 2010, S. 199): Mit der Beschreibung des „aus Vorgestern" (V. 2) bestehenden Boots ist beispielsweise eine Deutungsoffenheit gegeben, die aufgrund des metaphorischen Gebrauchs Erinnerungen der Rezipient(inn)en an das vorgestern Erlebte erzeugt und damit ganz unterschiedliche, individuelle Vorstellungen evoziert. Auf metaphorischer Ebene ist weiter die Personifizierung des Boots – aufgrund seiner Fähigkeit zu sprechen – anzuführen, die sich in der Aussage des lyrischen Ichs in dem fünften Vers widerspiegelt. Während sich das Redesubjekt (lyrisches Ich) in den ersten sieben Versen mit Possessiv- und Personalpronomina im Singular artikuliert, zeigt der Wechsel zum Personalpronomen „wir" in Vers 8, dass sich das lyrische Ich nun gemeinsam mit dem Boot auf den Weg macht. Wohin die Reise geht, bleibt (deutungs-)offen und wird auf Ebene der Interpunktion durch drei Auslassungspunkte am Ende markiert.

Das Gedicht von Heinz Janisch wird noch in zehn weiteren Sprachen abgedruckt: zum Teil in schulischen Fremdsprachen wie Englisch, Französisch und Spanisch, aber auch in Sprachen, die in den Nachbarländern Österreichs gesprochen werden, wie Slowenisch und Ungarisch sowie in sogenannten Migrantensprachen Österreichs (Farsi, Kroatisch, Russisch, Serbisch, Türkisch). Auf jeder Doppelseite befinden sich neben der Übersetzung des Gedichts in eine der angeführten Sprachen fünf Schlüsselwörter (Boot, Hand, Haus, Luft, Meer), die in weitere Sprachen (Albanisch, Arabisch, Bosnisch, Chinesisch, Italienisch, Mazedonisch, Polnisch, Rumänisch, Suaheli, Tschechisch) übertragen wurden. Mit der Anordnung je eines Gedichts und der jeweiligen Schlüsselwörter in einer weiteren Sprache auf einer Doppelseite lässt sich das Bilderbuch der additiv mehrsprachigen Literatur zuordnen (vgl. Kap. 1.4.1), die sich durch die professionelle Übersetzung eines Texts in eine bzw. in diesem Fall mehrere Zielsprachen beschreiben lässt.

Die Illustrationen der Doppelseiten wurden von elf österreichischen Künstler(inne)n vorgenommen, die im Bilderbuch alphabetisch nach ihren Nachnamen angeordnet sind. Einige der Illustrator(inn)en weisen biografische Bezüge zu den Ländern bzw. Sprachen auf, deren Übersetzung sie bebildert haben: So hat Annett Stolarski Wurzeln in Russland, László Varvasovszky in Ungarn und Linda Wolfsgruber kam mit Farsi, der persischen Sprache, in Kontakt, als sie ein Jahr im Iran lebte. Der Text wird bis auf die von László Varvasovszky bebilderte Doppelseite im Block abgedruckt – nur in wenigen Fällen wird die neunversige Variante des Deutschen übernommen, was einen Sprachvergleich ohne Kenntnis der Zielsprache an manchen Stellen erschwert. Die Verteilung der Schlüsselwörter auf den Doppelseiten nimmt keinen inhaltlichen Bezug auf die Illustrationen; lediglich auf der Doppelseite, die Dorothee Schwab bebildert hat, sind die Schlüsselwörter der jeweiligen bildlichen Umsetzung zugeordnet. Durch diverse bildnerische Stile und Techniken, die die Künstler(innen) verwendet haben, sowie den unterschiedlichen inhaltlichen Ansatzpunkten, die zum Anstoß der Bilder wurden, zeichnet sich das Bilderbuch durch eine bildnerische Pluralität aus, die die vielfältigen Assoziationen der Illustrator(inn)en zu dem Gedicht widerspiegelt.

Den 13 bebilderten Doppelseiten folgt eine Doppelseite, auf der den Rezipient(inn)en Raum gegeben wird, eigene Vorstellungen in Sprache und Bild zu dieser oder einer anderen Geschichte von einem Boot niederzulegen:

> Dieses Buch erzählt die Geschichte vom Boot in vielen Sprachen und Bildern. Vielleicht kennst du ganz andere Boot-Geschichten und magst sie erzählen oder zeichnen?
> Oder du hast deine Muttersprache hier nicht gefunden?
> Dann schreib doch deine eigene Übersetzung auf. Für all dies ist hier Platz!

Auf der letzten Doppelseite findet sich eine „Anleitung zum Bootfalten“ sowie ein Nachwort von Veronika Erwa-Winter, der Initiatorin des Bilderbuchs, die einen kurzen Einblick in dessen Entstehungsgeschichte gibt.

2.2.2 Unterrichtsvorschlag

Jahrgangsstufe	3./4. Klasse
Zeitumfang	2 Unterrichtseinheiten
Bildungsstandards	„Schreiben“: • nach Anregungen (Texte, Bilder, Musik) eigene Texte schreiben „Lesen – mit Texten und Medien umgehen“ • eigene Gedanken zu Texten entwickeln […] und mit anderen über Texte sprechen „Sprache und Sprachgebrauch untersuchen“ • Gemeinsamkeiten und Unterschiede von Sprachen entdecken (Deutsch – Fremdsprache, […] Deutsch – Muttersprachen der Kinder […])
Didaktik/Methodik	Literarisches Unterrichtsgespräch
Differenzierung	mehrsprachige Zugänge
Materialien	weiße Papierboote; Audiodatei(en) mit dem Gedicht in anderen Sprachen; mehrere MP3-Player mit Kopfhörern; großformatige, farbige Kopien der einzelnen, illustrierten Doppelseiten; Kopien der ‚leeren‘ Doppelseite; leere ‚Büchlein‘; Schlüsselwörterkarten

Didaktisch-methodische Überlegungen

Um mit einem mehrsprachigen Bilderbuch, dem ein lyrischer Text zugrunde liegt – der zudem in verschiedene Sprachen übersetzt wurde –, im Unterricht arbeiten zu können, muss zunächst mit dessen Besonderheiten vertraut gemacht werden. So kann mithilfe des sogenannten Heidelberger Modells des literarischen Unterrichtsgesprächs (Härle 2011; Steinbrenner/Wiprächtiger-Geppert 2006) eine Annäherung an die poetische Sprache sowie die Mehrstimmigkeit des Texts erfolgen:

Für diese Form des literarischen Unterrichtsgesprächs eignen sich insbesondere lyrische Texte, da sie „durch ihre Mehrdeutigkeit, Rätselhaftigkeit und ihre ungewöhnliche sprachliche Gestaltung einen Anreiz für ein Gespräch bieten“ (Steinbrenner/Wiprächtiger-Geppert 2006, S. 234). Heinz Janischs Gedicht „Kommt ein Boot …“ wird diesen Anforderungen gerecht, da es mit dem aus „Vorgestern“ bestehenden Boot polysemantische Assoziationen hervorruft oder durch die syntaktische Struktur der Verberststellung von der „Norm-Schriftsprache“ abweicht.

Als **Einstieg** formuliert die Lehrperson zunächst auf der Metaebene die Gesprächsregeln. Ist eine ruhige und konzentrierte Lernatmosphäre hergestellt, findet die **Textbegegnung** statt. Die Lehrperson trägt das Gedicht (mehrmals) vor. Im Anschluss daran erfolgt die **erste Runde**, in der die Lehrperson einen Impuls gibt, der „im Idealfall eine Verbindung zwischen dem Text und den einzelnen Gesprächsteilnehmern" (ebd., S. 235) schafft und dialektischen Charakters ist. Als Impuls bietet sich hier die Frage „Wohin würde das Boot mit mir fahren, wenn ich mit ihm unterwegs wäre?" an, da sie zum einen eine Verbindung zwischen Gedicht und Gesprächsteilnehmer(in) herstellt und zum anderen aufgrund der Offenheit der Fragestellung jedem Kind einen eigenen Gesprächsbeitrag ermöglicht. Nachdem sich alle Schüler(innen) geäußert haben, schließt die erste Runde mit dem Beitrag der Lehrperson, die anschließend mit einem neuen Impuls in das **offene Gespräch** überleitet. Ein möglicher Impuls wäre beispielsweise die Thematisierung des aus „Vorgestern" bestehenden Bootes: „Wie sieht für mich das Boot aus ‚Vorgestern' aus?" Diese Frage erweist sich insofern als geeignet, da diese Stelle des Gedichts verschiedene Assoziationen bei den Rezipient(inn)en auslöst und unterschiedliche Vorstellungen fomuliert werden. In dieser offenen Phase des literarischen Unterrichtsgesprächs ist es Aufgabe der Lehrperson, zum einen (an geeigneten Stellen) gesprächsfördernde Impulse zu geben, die zur vertiefenden Auseinandersetzung mit Inhalten und Themen sowohl des Texts als auch eigener Erfahrungen der Gesprächsteilnehmer(innen) führen. Gesprächsfördernde Impulse während des offenen Gesprächs könnten auf das Erzählen des Boots vom offenen Fenster, vom Meer und von der Insel mit den Honigbäumen zielen, ergeben sich oft aber erst während der Durchführung. Zum anderen kann es zu Verstößen gegen die eingangs vereinbarten Gesprächsregeln kommen, worauf die Lehrperson mit gesprächsorganisierenden Impulsen auf der Metaebene reagieren muss. Nach ca. 20 Minuten beendet die Lehrperson die offene Phase und gibt in der **Schlussrunde** noch einmal allen Schüler(inne)n die Möglichkeit, sich abschließend zu äußern. Dabei können die Kinder zusammenfassend ihre Gedanken zu dem Gedicht artikulieren. Mit dem Beitrag der Lehrperson, der am Ende der Schlussrunde steht (Härle 2004, S. 132ff.), kommt es nach ca. 30 Minuten zum endgültigen **Abschluss des Gesprächs.**

Wurde mithilfe des literarischen Gesprächs mit der Mehrstimmigkeit des Texts sowie der poetischen Sprache vertraut gemacht, kann an dem mehrsprachigen Bilderbuch *Kommt ein Boot ...* und seinen Besonderheiten in Illustration und Sprache weitergearbeitet werden. Um den individuellen Voraussetzungen der (mehrsprachigen) Schüler(innen) gerecht zu werden, bietet sich die Methode des Stationenlernens an, da ihrer Konzeption zufolge alle Arbeitsaufträge „in einem thematischen Zusammenhang stehen [und] unabhängig voneinander und in unterschiedlicher Reihenfolge" (Reich 2008, S. 1) von den Lernenden bearbeitet werden können. Die Arbeitsaufträge, die sich an unterschiedlichen Stationen im Klassenzimmer befinden, sind insofern auf die individuellen Voraussetzungen der Kinder ausgerichtet, als sie verschiedene Sinneskanäle und Zugangsweisen ansprechen

(Bauer 2011, S. 24f.). Während die Arbeit an den Stationen die Lerngeschwindigkeiten sowie die unterschiedlichen Möglichkeiten der einzelnen Schüler(innen) berücksichtigt, bietet sich als Abschluss dieser Methode eine Plenumsphase an, in der den Kindern die Möglichkeit gegeben wird, sich über Ergebnisse und Erfahrungen auszutauschen.

Strukturierung der Unterrichtseinheit

Phase 1 – Textbegegnung (1 Unterrichtsstunde)

Zu Beginn der ersten Unterrichtseinheit werden die Schüler(innen) in den Sitzkreis gebeten und jede(r) erhält ein kleines, weißes Papierboot. Sodann werden die Kinder mit den Gesprächsregeln und dem Rahmen des literarischen Unterrichtsgesprächs nach dem Heidelberger Modell vertraut gemacht. Herrscht eine ruhige Gesprächsatmosphäre, trägt die Lehrperson das Gedicht „Kommt ein Boot ..." vor. Dabei ergänzt sie den Text um gestische Handlungen, die den Inhalt des Gedichts aufnehmen und in die das Papierboot mit einbezogen werden kann.

Nach dem ersten Vortrag des Gedichts fordert die Lehrperson die Schüler(innen) auf, das Gedicht – soweit wie möglich – bereits mitzusprechen und die Gesten mitzumachen. (Viele Kinder werden die gestischen Handlungen schon während des ersten Vortrags unaufgefordert mitgemacht haben.) Die Gesten sollen dabei als Erinnerungsstütze dienen, da auf eine Ausgabe des Texts in schriftlicher Form verzichtet wird. Ist der Text den Schüler(inne)n nach mehrmaligem Wiederholen präsent, kann das literarische Gespräch (s. o.) geführt werden.

Phase 2 – Spiel mit Mehrsprachigkeit (2 bis 4 Unterrichtsstunden)

Im Anschluss an das literarische Unterrichtsgespräch stellt die Lehrperson den Schüler(inne)n das Bilderbuch *Kommt ein Boot ...* kurz vor, indem sie ihnen die ersten drei Doppelseiten zeigt. Dabei entdecken die Schüler(innen), dass das Bilderbuch in mehreren Sprachen verfasst ist. Dies wird von der Lehrperson bestätigt und – wenn noch nicht von den Kindern festgestellt – darauf aufmerksam gemacht, dass es sich immer um dasselbe Gedicht handelt, das in verschiedene Sprachen übersetzt wurde.

Sodann werden die Schüler(innen) mit der Stationenarbeit vertraut gemacht: Im Klassenzimmer befinden sich vier Stationen zu dem Bilderbuch *Kommt ein Boot ...*, die allesamt zu durchlaufen sind. Dabei wird den Kindern freigestellt, in welcher Reihenfolge sie diese absolvieren. Damit die Lernenden einen Überblick haben, an welcher Station sie bereits gearbeitet haben, dient das zu Beginn der ersten Unterrichtseinheit ausgegebene Papierboot insofern als ‚Laufzettel', als an jeder Station mithilfe eines dort vorfindlichen Auftrags vermerkt werden soll, dass die Bearbeitung der Aufgaben erfolgt ist. Jede(r) Schüler(in) benötigt für die Stationenarbeit ein Mäppchen mit Stiften, Schere und Kleber.

Die erste Station ermöglicht den Kindern einen akustischen Zugang zu verschiedenen Sprachen: Hierzu sollte das Gedicht vorab in den verschiedenen Sprachen, die sich auch im Bilderbuch finden, idealerweise von Muttersprachler(inne)n eingesprochen und aufgenommen werden. Auf MP3-Playern mit Kopfhörern hören sich die Schüler(innen) dann diese Audiodateien an. Die Kinder sollen die gehörten Sprachen identifizieren und ihre Ergebnisse auf dem ausliegenden Arbeitsblatt festhalten. Als Hilfestellung können an der Station Kärtchen ausgelegt werden, auf denen die Sprachen stehen, die zu hören sind, sodass nur noch eine Zuordnung erfolgen muss. Nach selbstständiger Kontrolle mithilfe eines Lösungsblatts schreibt der Lernende auf sein Papierboot die Sprache, deren Klang ihn besonders fasziniert hat und vermerkt damit, dass er die Station bearbeitet hat.

An der zweiten Station stehen die Illustrationen im Mittelpunkt: Auf dem Stationentisch liegen mehrere großformatige, farbige Kopien der einzelnen Doppelseiten des Bilderbuchs aus – lediglich die vierte, von Verena Hochleitner illustrierte Doppelseite ist nur einmal und laminiert vorhanden, da sich darauf die Schlüsselwörter in deutscher Sprache finden. Die Schüler(innen) wählen sich eine der Kopien aus und suchen in der illustrierten Doppelseite die bildliche Umsetzung der Schlüsselwörter. Haben sie eines oder mehrere gefunden, beschriften sie diese in der Kopie – falls sie die Schlüsselwörter in einer anderen Sprache kennen, dürfen sie auch die fremdsprachigen Begriffe daneben schreiben. Nach Bearbeitung der Aufgaben schneiden die Kinder eine Ecke der von ihnen ausgewählten Doppelseite aus und kleben den ‚Illustrations-Schnipsel' auf ihr Papierboot.

Ziel der dritten Station ist es, dass die Schüler(innen) eine eigene ‚Boot-Geschichte' schreiben: Hierzu liegen Kopien der vorletzten (‚leeren') Doppelseite des Bilderbuchs aus, von denen sich jedes Kind eine nimmt. Der Lernende kann wählen, ob er eine Geschichte erfindet, eine ihm bekannte Geschichte aufschreibt oder das Gedicht von Heinz Janisch in seine Muttersprache übersetzt. Als Vermerk, dass die Station absolviert wurde, schreibt das Kind ein Wort aus seiner Geschichte auf sein Papierboot, das es als besonders wichtig empfindet. (Alle entstandenen Geschichten können von der Lehrperson im Anschluss an die Stationenarbeit in Form eines ‚Klassen-Boot-Büchleins' zusammengebunden werden.)

Die vierte Station fokussiert Schrift und Aussprache verschiedener Sprachen: Auf dem Stationentisch liegen Wortkarten, die in Form der Schlüsselwörter gestaltet sind. Auf der Vorderseite der Wortkarten steht das Schlüsselwort in einer Fremdsprache geschrieben sowie dessen Aussprache, auf der Rückseite die zugehörige Sprache. (Beispiel: Auf der Wortkarte in Form eines Boots ist auf der Vorderseite „брод" sowie „[brod]" zu lesen und auf der Rückseite „Mazedonisch".) Die Schüler(innen) stellen sich nun ihr eigenes Wörterbüchlein zusammen. Dafür nehmen sie eines der leeren ‚Büchlein', wählen eine Sprache aus und schreiben die fremdsprachigen Schlüsselwörter mithilfe der Wortkarten in ihr Wörterbüchlein. Ergänzend können auf dem Tisch ‚echte' Wörterbücher liegen, in denen die leistungsstärkeren Schüler(innen) selbstständig die Schlüssel- und weitere Wörter nachschlagen und in ihr Wörterbüchlein übertragen können. Nach Fertigstellung entscheiden sich die Kinder für ein fremdsprachiges Schlüsselwort, das sie auf ihr Papierboot schreiben.

Am Ende der Stationenarbeit holt die Lehrperson alle Schüler(innen) in den Sitzkreis, um die Lernergebnisse zu überprüfen. Dies soll anhand der Papierboote geschehen, über die wie folgt reflektiert wird: Jedes Kind darf sein Papierboot, das nun individuell gestaltet ist und keinem anderen gleicht, vorstellen und kurz von der gemeinsamen ‚Reise' an den Stationen berichten. Dabei soll Bezug zu den ‚Laufzettel'-Aufgaben genommen werden. (Warum faszinierte diese Sprache? Warum wurde diese Illustration gewählt? Welches Wort ist warum in der eigenen Geschichte wichtig? Warum wurde das Wörterbuch in dieser Sprache angelegt?) Diese Plenumsphase kann unterschiedlich und insbesondere unterschiedlich lang gestaltet werden, dies liegt ganz im Ermessen der Lehrperson. Um einen vertiefenden Abschluss der beiden Unterrichtseinheiten zu gestalten, ist es im Sinne einer interkulturellen Erziehung unerlässlich, mit den Schüler(inne)n über die Verschiedenheit der entstandenen Papierboote zu sprechen: Obwohl alle Kinder dieselben Stationen durchlaufen haben, sind daraus vielfältige Ergebnisse entstanden, die in den Papierbooten sichtbar werden. Um die Schlussphase an das Bilderbuch rückzubinden, legt die Lehrperson von jeder Seite des Bilderbuchs eine Farbkopie in die Mitte des Sitzkreises und macht darauf aufmerksam, dass alle Illustrationen zu ein und demselben Text angefertigt wurden und wie unterschiedlich die einzelnen Bilder sind. Auch eine Rückbindung an das eingangs geführte literarische Gespräch kann an dieser Stelle erfolgen, indem sich die Schüler(innen) an die vielen unterschiedlichen Gedanken, die sie sich zu dem Gedicht gemacht haben, erinnern und so der Verschiedenartigkeit gewahr werden.

2.3 A. Steinhöfel: *Rico, Oskar und die Tieferschatten*

Text	Andreas Steinhöfel
Illustrationen	Peter Schössow
Erscheinungsjahr	2008
Verlag	Carlsen
Umfang	220 Seiten
Altersstufe	ab 8 Jahren
Buchgattung	Kinderbuch
Genre	Detektivgeschichte
Themen	Begabungen, Freunde, Familie,
Medienverbund	Lesung von Andreas Steinhöfel (CD), ab 2014 im Kino
Auszeichnung	Deutscher Jugendliteraturpreis (2009), Katholischer Kinder- und Jugendbuchpreis (2009)

Im Jahr 2008 erscheint erstmals *Rico, Oskar und die Tieferschatten* von Andreas Steinhöfel. Dieser ist schon seit Langem als Autor von Kinder- und Jugendliteratur bekannt; immer wieder findet er Themen und Formen, die die Kinderliteratur bereichern. Als Anerkennung dafür wurde ihm im Jahr 2013 der Sonderpreis des Deutschen Jugendliteraturpreises für sein Lebenswerk verliehen. Mit *Rico, Oskar und die Tieferschatten* gelingt es ihm ein weiteres Mal, seine Leser(innen) in den Bann zu ziehen – und auch dieses Werk wurde vielfach prämiert. Die Geschichte erzählt der Ich-Erzähler Rico, der sich zu Beginn des Buchs als ‚tiefbegabt' vorstellt und damit auf seine Behinderung anspielt, die ihn zum Besuch eines Förderzentrums nötigt. Für sein Handicap nutzt Rico das Bild der ‚Bingokugeln', die es ihm immer wieder erschweren, sich zu konzentrieren, zu orientieren und Äußerungen zu folgen. Rico lebt mit seiner Mutter in einem Mietshaus in Berlin-Kreuzberg, das zum großen Teil seinen Erfahrungshorizont prägt. Sein Leben verändert sich, als er Freundschaft mit Oskar schließt, der sich wiederum als hochbegabtes Kind vorstellt. Die Bindung an Oskar sorgt schließlich auch dafür, dass Rico dem rätselhaften Entführer „Mister 2000" auf die Spur kommt. Die spannende Krimihandlung wird mit Ricos Lebensgeschichte verknüpft und zu einem guten Ende gebracht: Trotz und gerade wegen ihrer Gegensätze werden Rico und Oskar Freunde und tragen zur Lösung des Falls bei.

Die Abenteuer Ricos und Oskars finden im Jahr 2009 ihre Fortsetzung mit *Rico, Oskar und das Herzgebreche*; auch in diesem Band wird die Erzählung der Lebensgeschichte der Protagonisten mit einer Detektivgeschichte kombiniert. Dieses Mal haben Rico und Oskar in ihrem privaten Umfeld – bei Vater und Mutter – zu ermitteln, was nicht ohne „Herzgebreche" vonstattengehen kann. Ein dritter Band – *Rico, Oskar und der Diebstahlstein* – erscheint 2011. Darin machen sich die beiden Helden auf den Weg an die Ostsee und erleben dort spannende Abenteuer.

2.3.1 Werkanalyse

Nähert man sich dem Werk *Rico, Oskar und die Tieferschatten*, dann kann dieses – wie bereits erwähnt – als **Detektivgeschichte** klassifiziert werden. Die von Stenzel (2010, S. 341; vgl. Kap. 1.3.4 in diesem Band) herausgearbeiteten formalen Besonderheiten zeigen sich in Steinhöfels Buch: Die Handlung währt eine knappe Woche von Samstag auf Donnerstag zu Beginn der Sommerferien und spielt größtenteils im Berliner Stadtteil Kreuzberg in Ricos Wohnhaus in der Dieffenbachstraße 93. Zu diesem überschaubaren Zeitrahmen und den Ortsangaben passt auch die begrenzte Figurenzahl, die sich hauptsächlich aus den Bewohner(inne)n des Mietshauses rekrutiert. Dass durch Oskar, der von außerhalb kommt, die Handlung vorangetrieben wird, erschließt sich den Leser(inne)n im Laufe des Werks.

Die **Handlung** kreist um Mister 2000, der in den Sommermonaten Berlin in Atem hält: Er entführt Kinder aus unterschiedlichen Stadtbezirken und verlangt von den Eltern ein relativ geringes Lösegeld – 2000 Euro –, was ihm den Namen „Aldi-Kidnapper" eingebracht hat. Die Opfer stammen in der Regel aus sozial schwachen Verhältnissen und beugen sich den Forderungen des Entführers: „Bis jetzt haben alle Eltern die Polizei erst verständigt, nachdem sie bezahlt haben und ihr Kind am Stück wieder bei ihnen eingetrudelt ist." (Steinhöfel 2011, S. 8) Dieses Vorgehen beunruhigt auch Ricos Mutter, die aufgrund ihrer beruflichen Tätigkeit als Bardame ihren Sohn wenig beaufsichtigen kann. Zu Beginn der Handlung hat der Entführer zwei Jungen und zwei Mädchen, alle nicht älter als sieben Jahre, entführt und wieder frei gelassen. Im Fernsehen wird regelmäßig darüber berichtet und darauf hingewiesen, dass von dem Entführer weiterhin jede Spur fehlt (ebd., S. 41). Dass Rico sich in diesen Fall als Ermittler einschalten wird, ist zu Beginn des Werks nicht ersichtlich. Die Aufklärung des Falls wird maßgeblich durch die freundschaftliche Verbindung zwischen Rico und Oskar beschleunigt: Oskar ‚ermittelt' bereits seit Längerem auf eigene Faust und lässt sich absichtlich vom Entführer ‚verschleppen'. Nun ist es an Rico, seinem Freund zu helfen, ihn aus dem Hinterhaus in der ‚Dieffe 93' zu befreien und dem Entführer – dem Hausbewohner Marrak – das Handwerk zu legen. Oskar setzt dabei auf seinen Freund: „‚Nur für diesen Fall', sagte er [Oskar], immer noch leise, ‚warst du meine einzige Hoffnung. Sie war zwar winzig klein, aber offenbar groß genug.'" (Ebd., S. 205)

Die **kindlichen Detektive** agieren zunächst unabhängig von Erwachsenen, obwohl Simon Westbühl, ein Polizist, im Mietshaus wohnt; dieser ist auch in den Fall involviert, ermittelt dort inkognito, wird jedoch irrtümlicher Weise von Rico als Täter identifiziert, was für Gefahr und Spannung gleichermaßen sorgt. Letztlich kommt der Fall zu einem guten Ende, als der Polizist Simon Westbühl eingreift und Rico und Oskar vor dem Entführer Marrak rettet.

Die Detektivgeschichte wird aus der Perspektive von Rico erzählt. Er ist von seinem Lehrer dazu ermuntert worden, in den Sommerferien Tagebuch zu schreiben. Zu Steinhöfels Text können Traditionslinien innovativ gestalteter Tagebuchromane gezogen werden (Hofmann 2010, S. 72), die sich aktuell großer Beliebtheit in der Kinderliteratur erfreuen (vgl. Kap. 1.1.2). Der Leser trifft auf einen **kindlichen Ich-Erzähler**, der die Welt aus seiner Sicht schildert. Dass Rico sich selbst als ‚tiefbegabt' bezeichnet, sorgt in Verbindung mit der Detektivgeschichte für falsche Fährten – *red herrings* –, auf die er die Leser(innen) lockt. Zwar beobachtet er sehr genau seine Umgebung, jedoch sind seine Schlussfolgerungen nicht immer zutreffend. Als Rico in einer Sondersendung von der Entführung Oskars erfährt, hat er das Bedürfnis, mit einem Erwachsenen darüber zu sprechen. Er geht zu Simon Westbühl, um sich mit ihm auszutauschen. In dessen Wohnung nun verdichten sich für ihn die Hinweise, dass Simon Westbühl der Entführer ist: „Als ich die Zeitung hochhob, um sie zusammenzufalten, kam darunter ein aufgeklappter kleiner Stadtplan von Berlin zum Vorschein. Daneben lag ein Filzstift. Ein paar dicke Punkte auf dem Stadtplan waren damit rot markiert. Es war das Muster, das heute auf jeder Berliner Tageszeitung abgebildet war. Sechs rote Kreise. Sechs Entführungen." (Steinhöfel 2011, S. 169) Unverzüglich macht sich Rico auf den Weg, um seinem Freund zu helfen. Und sein Freund ist es dann, der ihm – und dem Leser – hilft, auf die richtige Fährte zu gelangen.

Aufgrund dieses Erzählverhaltens wird Rico zuweilen in die Nähe der von Sir Arthur Conan Doyle geschaffenen Figur des Dr. Watson gerückt; auch dieser ist ein Ich-Erzähler, der den Leser(inne)n die Ereignisse schildert und dazu beiträgt, dass Meisterdetektiv Sherlock Holmes mit seinen analytischen Fähigkeiten brillieren kann. Oskar wird aufgrund seiner Begabungen mit ihm in Verbindung gebracht, v. a. in den Bänden *Rico, Oskar und das Herzgebreche* sowie *Rico, Oskar und der Diebstahlstein* (Wicke 2013, S. 23ff.). Im ersten Band der Trilogie finden sich demgegenüber verstärkt Hinweise auf Miss Marple und ihre Ermittlungserfolge. Sie ist Rico in der Person der Schauspielerin Margret Rutherford aus gemeinsamen Fernsehabenden mit der Hausbewohnerin Frau Dahling bekannt und wird von ihm des Öfteren erwähnt, wenn es um Kombinieren und Nachdenken geht. Beispielsweise in einem Gespräch mit Oskar, als er dessen Spürsinn loben möchte: „‚Kennst du Miss Marple?', frage ich. ‚Nein. Wohnt die auch im Haus?' Ha! Das war die Gelegenheit, ihn ein bisschen zu verspotten. Die Filme von Miss Marple kennt doch schließlich jeder. Aber vielleicht gucken Hochbegabte kein Fernsehen […]." (Steinhöfel 2011, S. 74) Mit diesen **intertextuellen Verweisen** verwebt der Autor Steinhöfel seine Figuren mit der Geschichte des Kriminalromans und ihrer medialen Adaptionen.

In diesem Zusammenhang ist die **topografische Verankerung der Handlung** zu erwähnen. Ein Kinderkrimi, der in Berlin spielt, ruft *Emil und die Detektive* in Erinnerung. Ähnlich wie dort ist auch in *Rico, Oskar und die Tieferschatten* die Großstadt Berlin eine Bedrohung, die zur Verrätselung der Handlung beiträgt. Ähnlich wie Emil empfindet Rico die Größe der Stadt als Herausforderung, die er zu meistern hat, will er seinem Freund helfen. Ergibt sich bei *Emil und die Detektive* die Größe und Unübersichtlichkeit Berlins aus dem Gegensatz Stadt vs. Land, so resultiert sie bei *Rico, Oskar und die Tieferschatten* aus dem Gegensatz zwischen ‚Tief'- vs. Hochbegabung. Mit der Verankerung der Handlung in Berlin-Kreuzberg ruft Steinhöfel ein spezifisches Milieu auf, das er im Mietshaus in der ‚Dieffe 93' verortet: Hausbewohner verschiedener sozialer Schichten werden mit ihren Besonderheiten vorgestellt. Steinhöfel findet sowohl für die ‚Tiefbegabung' Ricos als auch für die Verortung im sozialen Gefüge das Bild des Bingospiels: Zum einen nutzt Rico das Bild der Kugeln, um dem Leser einen Blick in sein Inneres zu gewähren. Wie Bingokugeln kreisen seine Gedanken im Kopf und lassen sich nicht immer von ihm lenken; zum anderen ist das Spiel Bingo eine gemeinsame wöchentliche Aktivität mit seiner Mutter: „In meinem Kopf geht es manchmal so durcheinander wie in einer Bingotrommel. Bingo spiele ich jeden Dienstag mit Mama im Rentnerclub *Graue Hummeln*. Die Hummeln haben sich in den Gemeinschaftsräumen der Kirche eingemietet. Ich habe keine Ahnung, warum Mama so gern dorthin geht […]." (Ebd., S. 11) Steinhöfel nutzt das Bingospiel, um seine Figuren in ihrer sozialen Zugewandtheit, aber auch in ihrer intellektuellen und finanziellen Bedürftigkeit zu charakterisieren. Da das Spiel ein Kombinationsspiel ist, können auch Verbindungen zum Genre der Detektivgeschichte gezogen werden.

2.3.2 Unterrichtsvorschlag

Jahrgangsstufe	4./5. Klasse
Zeitumfang	8 bis 10 Unterrichtsstunden (inkl. Lektüre des Werks), eine Lesenacht
Bildungsstandards	„Lesen – mit Texten und Medien umgehen" • gezielt einzelne Informationen suchen • handelnd mit Texten umgehen: z. B. illustrieren, inszenieren, umgestalten, collagieren • verschiedene Medien für Präsentationen nutzen
Didaktik/Methodik	Leseanimierende Verfahren
Differenzierung	Entlasten des Leseprozesses durch Tonaufnahmen, Sicherung des Textverstehens
Materialien	buntes Papier, Karton, Spielsteine, Würfel, Stadtplan von Berlin

Didaktisch-methodische Überlegungen

In den vergangenen Jahren sind abwechslungsreiche Materialien für den Unterricht zum Werk von Andreas Steinhöfel publiziert worden, die teils frei verfügbar, teils kostenpflichtig erhältlich sind. Überblickt man die Medien, dann sind zwei

Tendenzen im Umgang mit dem Werk erkennbar: Zum einen wird auf das Thema der Behinderung rekurriert und der Band in einem fächerübergreifenden Unterricht verortet (Voß/Cramer 2011). Zum anderen wird auf lesemotivierende Verfahren gesetzt, die das Buch mit der darin angelegten Detektivgeschichte und Ricos Schreibprozess kombinieren. Rico bindet nämlich in seinen Text immer auch Worterklärungen ein, um sich in seinem Alltag zurecht zu finden (Kliewer 2011).

Anknüpfend an diese Überlegungen wird in vorliegendem Unterrichtsvorschlag eine Verbindung zwischen Lesen und Ermitteln gesucht, da dies durch das Genre der Detektivgeschichte begünstigt wird und auf ein Involviertsein der Leser(innen) abzielt. Der Unterrichtsentwurf richtet sich an Schüler(innen) der 4. bzw. 5. Jahrgangsstufe und stellt **leseanimierende Verfahren** in den Mittelpunkt (vgl. Kap. 1.5.3). Darunter werden Verfahren subsumiert, die Schüler(inne)n Lust am Lesen vermitteln sollen; wünschenswertes Ziel ist die Etablierung einer Lesekultur in der Schule sowie das Schaffen einer anregungsreichen Umgebung, die die Bedeutsamkeit und Relevanz des Lesens auch außerhalb der Schule einschließt (Spinner 2010c, S. 191). Ausgehend von diesen Zieldimensionen – Lust an der Lektüre, Lesekultur, Anregungen über das Lesen hinaus – gilt es, ein motivierendes Setting für die Schüler(innen) zu entwickeln. In Anlehnung an die in Berlin angesiedelte Detektivgeschichte und an das im Buch vielfach konnotierte Bingospiel werden die Schüler(innen) aufgefordert, die Handlung des Buchs in einem Brettspiel umzusetzen. Dafür gibt es im medialen Verbund eine Fülle von Beispielen, die Schüler(inne)n teilweise bekannt sein dürften. Solchermaßen werden Zieldimensionen, Kompetenzen und Themen aufeinander bezogen:

- Lust an der Lektüre
  Die Lektüre des Texts ist geprägt von dem Ziel, das ‚Spiel zum Buch' zu entwickeln. Dies erfordert von Schüler(inne)n genaue Lektüre und sorgfältige Notizen, zu denen sie angeleitet werden. Sie entnehmen die für ihr Spiel nötigen Informationen dem Buch. Dies soll sie motivieren, sich mit dem Text gleichermaßen intensiv und lustvoll auseinanderzusetzen.

- Lesekultur
  Die Gestaltung des Brettspiels steht im Mittelpunkt der Unterrichtseinheit und zielt auf einen handelnden Umgang mit der Lektüre ab, die illustriert, collagiert und gestalterisch umgesetzt wird. Zudem werden die Spiele in einer Lesenacht einander vorgestellt und einem ‚Test' unterzogen, sodass die Fülle an Möglichkeiten der Umsetzung deutlich wird.

- Hinausreichen über die Schule
  Indem die Schüler(innen) sich mit der Detektivgeschichte beschäftigen, erschließen sie sich die Bauform eines äußert produktiven Genres der Gegenwart. Darüber hinaus werden sie mit medialen Adaptionen von Literatur vertraut gemacht.

Strukturierung der Unterrichtseinheit

Phase 1 – Lektüre (ca. 6 bis 8 Unterrichtsstunden sowie häusliche Lektüre)

Zu Beginn der Einheit steht die Lektüre des Texts, für die – je nach Lesekompetenz der Schüler(innen) – sechs bis acht Unterrichtsstunden sowie häusliche Lektüre veranschlagt werden. Zur Unterstützung des Lektüreprozesses und in Vorbereitung auf das anzufertigende Brettspiel empfiehlt es sich, dass die Schüler(innen) eine Mappe anlegen; in dieser sammeln sie ihre Notizen zum Text sowie ihre Ideen zum Spiel. Die Lehrkraft kann – je nach Kenntnisstand der Schüler(innen) – die Struktur der Mappe sehr offen gestalten; Schüler(innen), die stärkere Strukturierung benötigen, können mit online-verfügbaren Materialien unterstützt werden, die das Textverstehen sichern helfen (vgl. die Anregungen unter http://blogs.fhnw.ch/zl/files/2013/10/Einfuehrung_Rico_10_13.pdf). Zudem ist in einem differenzierten Unterricht auch der Einsatz der Lesung auf CD denkbar, die vom Autor selbst eingesprochen ist.

Während des Lektüreprozesses, der sich idealerweise an den Kapiteln orientiert, sollten folgende Schwerpunkte gesetzt werden: Informationen zum Verlauf der Handlung, zur Ermittlung, zum Ort des Geschehens sowie zu den Protagonisten und ihren Vorbildern. Dazu bewältigen Schüler(innen) in Partner- oder Einzelarbeit folgende **Arbeitsaufträge**:

Sammelt während der Lektüre von *Rico, Oskar und die Tieferschatten* wichtige Informationen. Notiert euch dazu auch die jeweiligen Seiten im Buch. Sucht Antworten auf folgende Fragen:

1. Welche Informationen erhaltet ihr über „Mister 2000"?
2. Welche Informationen findet ihr im Text zu Rico und Oskar? Warum spielt Rico so gerne Bingo?
3. Wie lösen Rico und Oskar den Fall? Wer hilft ihnen?
4. An welchen Orten spielt die Handlung? Fertigt eine Skizze an.
5. Wer ist Miss Marple? Recherchiert dazu unter: www.detektiv-klub.de/detektiv-wissen/beruehmte-detektive/index.html
6. Natürlich könnt ihr noch viel mehr notieren.

Während der Bearbeitung der Aufgaben wird immer wieder das Gespräch im Klassenverband gesucht, um das Textverstehen zu sichern und über offene Fragen nachzudenken. Insbesondere sind die Motivationen für das Handeln von Mister 2000 zu berücksichtigen und es ist über die Frage des Bösen nachzudenken, dem die Kinder die Stirn bieten.

Phase 2 – Produktive Auseinandersetzung (ca. 3 bis 4 Stunden sowie Lesenacht)

Im Anschluss an die Phase der Lektüre schließt sich die produktive Auseinandersetzung an: Das Buch wird zum Spiel. Diesbezüglich kann an Erfahrungen der Schüler(innen) angeknüpft werden, da auf dem Markt seit vielen Jahren eine große Vielfalt von Detektiv- und Ratespielen vorhanden ist. Zu nennen sind hier beispielsweise der ‚Spieleklassiker' *Cluedo* (Parker), den es u. a. als *Harry-Potter-*Edition gibt, und das vielfach prämierte *Wer war's* (Ravensburger), in dem ein Team von Spielern dem Dieb eines Zauberrings auf die Spur kommt. Zusätzlich werden beliebte Kinderbuch-Serien, wie etwa die *???* als (Online-)Spiele vermarktet (www.dreifragezeichen-kids.de).

Die Schüler(innen) finden sich nun in Kleingruppen (ca. fünf Personen) zusammen und planen gemeinsam ein Spiel. Folgende **Arbeitsaufträge** sind hilfreich:

Versetzt euch nun in die Lage von Spiele-Entwicklern. Eure Aufgabe ist es, ein Brettspiel zum Buch für mindestens vier Personen zu entwickeln. Dabei sollt ihr die Handlung im Buch berücksichtigen. Folgende Aufträge helfen euch bei der Entwicklung und Planung:

1. Überlegt euch genau, welches Ziel euer Spiel hat.
2. Formuliert Regeln für euer Spiel (Anzahl der Spieler, Alter, Spielfiguren).
3. Setzt Ziel und Regeln in einem Spielplan um. Denkt über die Gestaltung des Spielbretts und möglicher Karten nach.
4. Fertigt euer Spiel nun an.
5. Vergesst nicht, eine Spielanleitung zu verfassen.

Nach dieser Entwicklungsphase werden die Spiele einem ‚Praxistest' unterzogen. Ziel ist es, eine Öffentlichkeit für Spiel und Buch zu finden. Dies kann in einer **Lesenacht** geschehen, die die Einheit zu *Rico, Oskar und die Tieferschatten* beschließt. Im Laufe des Abends wird Zeit gegeben, die Spiele untereinander vorzustellen und zu erproben. Auch könnten im Rahmen der Lesenacht die Fortsetzungsbände vorgestellt werden und Anregungen für weitere Lektüre bieten. Sollte eine Lesenacht aus organisatorischen Gründen nicht möglich sein, wäre als Alternative eine **Ausstellung** im Schulhaus denkbar: Die Schüler(innen) stellen ihre Spiele aus und sorgen dafür, dass das Buch, seine Handlung und seine Themen jenseits der Klassenzimmertür bekannt werden.

2.4 Helden!

Grundlage	Medienerfahrungen der Kinder
Altersstufe	9 bis 10 Jahre
Themen	Helden, Identifikation (Geschlecht), Medien

‚**Helden**' – in diesem Begriff konzentrieren sich vielgestaltige Bedeutungsnuancen. Zum einen kann auf Erzählüberlieferungen der Heldendichtung einer kriegerisch bewegten heroischen Frühzeit angespielt werden. Darunter ist das *heroic age* zur Zeit des Trojanischen Kriegs, zu Zeiten der Germanen, der Völkerwanderungszeit und der Karolingerzeit zu verstehen. „Held" wird aus dem Altsächsischen abgeleitet (*helid*) und bezeichnet einen „Mann" bzw. „Krieger" (Lienert 1997, S. 133). Dieser Bedeutungsumfang des Worts hat sich in einer lang anhaltenden und übernationalen Überlieferungsgeschichte erhalten. Zum anderen wird der Begriff seit dem 18. Jahrhundert als „Hauptperson" einer Dichtung verstanden, womit sich die Bedeutung „Person, um die sich alles dreht" anschließt (Duden 2001, S. 332). Schließlich schwingen die aktuell aus der Medienforschung stammenden Konnotationen mit, wenn die aus Funk und Fernsehen bekannten Lieblingsfiguren der Kinder als deren ‚Helden' bezeichnet werden. Medienhelden der Kinder verkörpern oft Mut, List, Stärke und Fantasie; einige von ihnen sind auch mit Schwächen ausgestattet, die den Kindern vertraut sind. So können Medienfiguren zum Spiegel für eigene Wünsche und Träume werden, die einen Kontrapunkt zum Alltag setzen (Rogge 2007, S. 50). Anknüpfend an dieses Bedeutungsspektrum – Hauptperson, oft kriegerisch, vom Publikum bewundert – wird im Folgenden der Versuch unternommen, Medienerfahrungen von Grundschulkindern für unterrichtliche Zwecke zu erschließen.

2.4.1 Grundlegende Gedanken

Nähert man sich den Medienerfahrungen von Kindern, so zeigt ein Blick in die Sozialisationsforschung die Prägekraft des Geschlechts (vgl. Kap. 1.2): Jungen und Mädchen unterscheiden sich deutlich in ihren Medienpräferenzen und in ihrem Mediennutzungsverhalten. In seiner Studie *Helden lesen! Die Chancen des Heldenmotivs bei der Leseförderung von Jungen* (2009) sucht Weissenburger, das Heldenmotiv für Schüler der Sekundarstufe fruchtbar zu machen. Ausgehend von Parallelen zwischen Computerspielen und Abenteuerliteratur evaluiert er einen diesbezüglichen Zugriff für junge Leser. In ähnlicher Weise argumentiert Garbe, die auf die Prägekraft der Bildschirmmedien für Jungen verweist und zudem einen kritischen Blick auf die in der Kinderliteratur dominierenden ‚Heldinnen' wirft (Garbe 2008; vgl. auch Schilcher 2003). Auch im Fernsehen, das einen selbstverständlichen Teil der Lebenswelt der Kinder darstellt, zeigen sich stereotype und einseitige Darstellungen von Männlichkeit und Weiblichkeit. Interessant ist nun, dass oft Figuren aus den Medien für die Identität der Kinder bedeutsam werden: „Sie [brechen] aus der Komplexität der Medienfigur die für sie attraktiven Teile heraus und integrieren sie in ihre eigene Geschichte, ihre eigene Lebensgeschichte oder einen Teil der Mediengeschichte.“ (Götz 2013, S. 180) Aus diesen Substraten lassen sich Aussagen über Medien und ihre Nutzung, aber auch über ihre Nutzer(innen) und deren Wünsche und Ängste erlangen. Im folgenden Unterrichtsentwurf wird immer wieder changiert zwischen den Begrifflichkeiten ‚Lieblingsfigur‘ und ‚Held‘: Zu Beginn der Einheit wird auf die individuellen Vorlieben der Kinder abgezielt, sodass eher von Lieblingsfiguren gesprochen wird; im weiteren Verlauf wird der Begriff des Helden – so er nicht von den Schüler(inne)n Verwendung findet – thematisiert, um die Medienfiguren vor dem Hintergrund ihrer Stärken und Schwächen zu beurteilen.

2.4.2 Unterrichtsvorschlag

Jahrgangsstufe	3./4. Klasse
Zeitumfang	5 bis 6 Unterrichtsstunden
Bildungsstandards	„Lesen – mit Texten und Medien umgehen“ • Texte begründet auswählen • eigene Gedanken zu Texten entwickeln, zu Texten Stellung nehmen und mit anderen über Texte sprechen • verschiedene Medien für Präsentationen nutzen
Didaktik/Methodik	ganzheitliche Verfahren
Differenzierung	individuelle Medienerfahrungen der Kinder
Materialien	digitale Kamera, Beamer

Didaktisch-methodische Überlegungen

Im Mittelpunkt der Überlegungen steht die produktive und reflektierte Auseinandersetzung mit Medienerfahrungen der Kinder. Damit ein solches Unterfangen dem Aufbau von Medienkompetenz zuträglich ist, muss sich die Lehrkraft in einem ersten Schritt bewusst machen, welche inhaltliche Ausgestaltung Medienkompetenz erfahren soll (Hauck-Thum 2012, S. 12). Als Klammer dienen die Lieblingsfiguren bzw. Helden aus Büchern, Filmen, Fernsehen und Computerspielen. Diese Figuren sind für die Kinder bedeutsam, werden von ihnen vorgestellt und produktiv zu weiteren Heldengeschichten verwoben. Versteht man Medienkompetenz nach Baacke (1999) als Medienkritik, Medienkunde, Mediennutzung und Mediengestaltung (vgl. Kap. 1.1.2) und berücksichtigt man gleichermaßen die geschlechtsspezifischen Mediendifferenzen, so ist ein individualisierender Unterricht anzustreben. Auch gilt es, eine Fülle an medialen Zugangsweisen zu bündeln und Raum in einem offenen Unterrichtssetting für die Auseinandersetzung mit und den Austausch über Mediengeschichten zu bieten.

Damit diese Zieldimensionen erreicht werden, wird methodisch das Verfahren der Stop-Motion-Technik eingesetzt, um den Prozess der Medienproduktion erlebbar zu machen: Die Basis der Technik ist die Vorstellung, dass die Illusion von bewegten Bildern mit unbewegten Motiven erzeugt wird. Die unbewegten Gegenstände in Bewegung zu versetzen, funktioniert ähnlich einem Daumenkino: Mithilfe einer Digitalkamera wird ein Foto von dem Gegenstand und seiner Umgebung gemacht, sodann wird dessen Position nur minimal verändert und ein weiteres Foto geschossen. Dieser Vorgang wird so oft wiederholt, bis der Gegenstand in der Position ist, die seine Bewegung beschließen soll. Werden die Fotos nun schnell hintereinander abgespielt, entsteht durch die vielen Einzelbilder die Illusion einer Bewegung. Um beim Abspielen der Einzelbilder einen sich bewegenden Hintergrund zu vermeiden, empfiehlt es sich, die Kamera auf einem Stativ zu befestigen.

Im Internet gibt es verschiedene Tutorials, die Hilfe für das Drehen von Stop-Motion-Filmen leisten. Bevorzugt werden Knet- oder Legofiguren ‚bewegt', allerdings können durchaus weitere Produkte des Medienverbunds zum Einsatz kommen. Schritt für Schritt wird der Weg von der Idee bis zum Dreh beschritten. Einzelne Seiten bieten auch Tutorials speziell für Kinder an (www.stopmotiontutorials.com/index.php).

Strukturierung der Unterrichtseinheit

Der Einsicht folgend, dass Lehrkräfte die Interessen ihrer Schüler(innen) zugrunde legen und nicht vorschnell normative Setzungen vornehmen, wird ein mögliches Unterrichtssetting skizziert.

Phase 1 – Helden begegnen, Mediennutzung (1–2 Unterrichtsstunden)

Zu Beginn der Einheit werden die Schüler(innen) aufgefordert, sich eine ‚Lieblingsfigur' aus einem Buch oder einem anderen Medium zu wählen. Sie werden angehalten, zu ihrer Lieblingsfigur einen Steckbrief zu gestalten. Folgende Vorgaben haben sie zu erfüllen: Ihre Lieblingsfigur wird medial dargestellt (Zeichnung, Ausdruck, Kopie); des Weiteren notieren sie, was ihnen an dieser Figur gefällt und welche Schwäche(n) die Figur hat (mindestens drei bis vier Sätze). Zudem tragen sie auf einem Zeitstrahl ein, wann sie dieser Figur im Tagesverlauf begegnen bzw. begegnet sind. Die Steckbriefe werden im Klassenzimmer aufgehängt und den Schüler(inne)n wird Gelegenheit gegeben, diese zu betrachten und sich darüber auszutauschen. Je nach Diskussionsverlauf kann über den Begriff des

Helden nachgedacht werden: Handelt es sich um Krieger bzw. Kämpfer? Welche Rolle spielen die Figuren in der Geschichte? Welche Bedeutung hat die Figur für die Kinder?

Phase 2 – Heldengeschichten erzählen, Medienkunde/-gestaltung (3 Unterrichtsstunden)

Hat man solchermaßen die Vielfalt der Medienfiguren der Schüler(innen) sichtbar gemacht, werden Gruppen gebildet; unterschiedliche Varianten sind dabei denkbar: Es finden sich Gruppen mit den gleichen Lieblingsfiguren zusammen; es finden sich Gruppen mit männlichen und weiblichen Lieblingsfiguren zusammen. Ziel dieser Einheit ist es, eine Heldengeschichte zu einer oder mehreren Figuren zu erzählen und diese als zweiminütigen Stop-Motion-Film aufzubereiten. Eingangs werden die Schüler(innen) je nach Ausstattung und Zeit mit der Technik vertraut gemacht; es empfiehlt sich, filmische Beispiele zu zeigen, die inspirieren, und mit Tutorials zu arbeiten, die motivieren und technische Grundlagen legen. Wenn nötig, muss die Lehrkraft unterstützend tätig werden. Für die mediale Umsetzung ist die Einhaltung dieser Reihenfolge hilfreich:

1. Formuliert die Idee und die Handlung: Worum geht es in eurer Geschichte?
2. Entwickelt ein Drehbuch: Wie verläuft die Geschichte? Welche Bilder sind wichtig?
3. Legt die Ausstattung fest: Welchen Hintergrund bzw. welche Gegenstände benötigt ihr? Welche Musik passt?
4. Bereitet den Dreh vor: Welche Bewegungen werden ausgeführt? Wo steht die Kamera?
5. „Film ab!“

Phase 3 – Über Mediengeschichten nachdenken, Medienkritik (2 Unterrichtsstunden)

Die Präsentation der Mediengeschichten erfolgt im Klassenverband. Die Filme werden mit dem Beamer projiziert. Denkbar wäre, dass eine ‚Kinoatmosphäre‘ geschaffen wird und die Schüler(innen) in die Rolle von ‚Filmkritiker(inne)n‘ schlüpfen. Trotz diverser Ausgestaltungsmöglichkeiten ist aber zentral, dass die Schüler(innen) Gelegenheit zum Austausch über die Geschichten erhalten. Mögliche Ansatzpunkte bieten der Vergleich mit den ‚Originalfiguren‘ und ihren Eigenschaften, wobei auf die Erkenntnisse aus den Steckbriefe zurückgegriffen werden kann. Auch bietet es sich an, mit den Schüler(inne)n über ‚neue‘ Helden nachzudenken: Welche Figuren wollen sie kennenlernen? Und – im Rückgriff auf ihren Zeitstrahl – wann finden sie dafür im Tagesverlauf Zeit?

Literatur- und Medienverzeichnis

Primärliteratur

Agcagül, Sevgi/Ragagnin, Elisabetta (2013): Çocuk tekerlemeleri. Türkische Kinderreime. Illustrationen von Buket Topakoglu. München: dtv.

Andresen, Ute (1991): Im Mondlicht wächst das Gras. Gedichte für Kinder und alle im Haus. Ravensburg: Ravensburger.

Austermann, Marianne/Wohlleben, Gesa (2010): Zehn kleine Krabbelfinger. Spiel und Spaß mit den Kleinsten. 29. Auflage. München: Kösel.

Ball, Sara (2011): Krogufant. Klappbilderbuch. 4. Auflage. Weinheim: Beltz & Gelberg.

Baltscheit, Martin (2010): Die Geschichte vom Fuchs, der den Verstand verlor. Berlin: Bloomsbury.

Banscherus, Jürgen (2010): Dicke Luft und falsche Fährten – Kwiatkowskis gefährlichste Fälle. Mit Bildern von Ralf Gutschkow. Würzburg: Arena.

Bär, Anke (2012): Wilhelms Reise – Eine Auswanderergeschichte. Hildesheim: Gerstenberg.

Bassewitz, Gerdt von (2007): Peterchens Mondfahrt. 5. Auflage. München: Bassermann.

Beck, Paul (2008): Expedition Afrika. Abenteuer Safari. Entdecke die Tiere der Savanne. Mit 8 Tiermodellen zum Zusammenbauen und Panoramakulisse. Deutsch von Anke Knefel. Hamburg: Oetinger.

Beck, Paul (2010): Expedition Nebelwald. Abenteuer Insekten. Entdecke die exotischen Tiere im Nebelwald. Mit 8 Tiermodellen zum Zusammenbauen und Panoramakulisse. Deutsch von Annegret Hunke-Wormser. Hamburg: Oetinger.

Berner, Rotraut Susanne (2003): Winter-Wimmelbuch. Hildesheim: Gerstenberg.

Berner, Rotraut Susanne (2004): Frühlings-Wimmelbuch. Hildesheim: Gerstenberg.

Berner, Rotraut Susanne (2005): Herbst-Wimmelbuch. Hildesheim: Gerstenberg.

Berner, Rotraut Susanne (2005): Sommer-Wimmelbuch. Hildesheim: Gerstenberg.

Berner, Rotraut Susanne (2007): Das Hausbuch der Weihnachtszeit. Geschichten, Lieder und Gedichte. Hildesheim: Gerstenberg.

Berner, Rotraut Susanne (2008): Nacht-Wimmelbuch. Hildesheim: Gerstenberg.

Böhme, Franz M. (1897): Deutsches Kinderlied und Kinderspiel. Volksüberlieferungen aus allen Landen deutscher Zunge. Leipzig: Breitenkopf und Härtel (abrufbar unter http://archive.org/stream/DeutschesKinderliedUndKinderspiel #page/n9/mode/2up).

Boie, Kirsten (1989): King-Kong, das Geheimschwein. Hamburg: Oetinger.

Boie, Kirsten (1989): King-Kong, das Reiseschwein. Hamburg: Oetinger.

Boie, Kirsten (1992): King-Kong, das Zirkusschwein. Hamburg: Oetinger.

Boie, Kirsten (1993): King-Kong, das Liebesschwein. Hamburg: Oetinger.

Boie, Kirsten (1995): King-Kong, das Schulschwein. Hamburg: Oetinger.

Boie, Kirsten (1998): King-Kong, das Krimischwein. Hamburg: Oetinger.

Boie, Kirsten (2006): Der kleine Ritter Trenk. Hamburg: Oetinger.

Boie, Kirsten (2010): Der durch den Spiegel kommt. Hamburg: Oetinger.

Boie, Kirsten (2010): King-Kong, das Glücksschwein. Hamburg: Oetinger.

Boie, Kirsten (2011): King-Kong, das Weihnachtsschwein. Hamburg: Oetinger.

Boie, Kirsten (2012): Der kleine Ritter Trenk und das Schwein der Weisen. Hamburg: Oetinger.

Boie, Kirsten (2012): Mit Kindern redet ja keiner. 4. Auflage. Frankfurt a. M.: Fischer.

Boisrobert, Anouck (2011): Das Faultier im Pop-up-Wald. Berlin: Jacoby & Stuart.

Bonsels, Waldemar (2007): Die Biene Maja und ihre Abenteuer. 2. Auflage. München: DVA.

Breznia, Thomas C. (2012): Ein Fall für dich und das Tiger-Team. Fall 48: Der Ruf der Goldeule. Rate-Krimi-Serie. Illustrationen von Naomi Fearn. Köln: Schneider.

Bunge, Daniela (2011): Und dann und wann ein weißer Elefant. Eine literarische Karussellfahrt. Esslingen: Esslinger.

Campe, Joachim H. (2000): Robinson der Jüngere. Stuttgart: Reclam.

Caroll, Lewis (2009): Alice im Wunderland. Frankfurt a. M.: Insel.

Chalatbarie, Farideh/Chosrawani, Scharareh (2012): Busfahrt ins Ungewisse. Übersetzt von Wolfgang Steinke. Berlin: Edition Orient.

Chidolue, Dagmar (1991): Millie in Paris. Hamburg: Dressler.

Chidolue, Dagmar (1991): Millie auf Mallorca. Hamburg: Dressler.

Chidolue, Dagmar (1992): Millie feiert Weihnachten. Hamburg: Dressler.

Chidolue, Dagmar (1994): Millie in Italien. Hamburg: Dressler.

Chidolue, Dagmar (1996): Millie in London. Hamburg: Dressler.

Chidolue, Dagmar (1998): Millie geht zur Schule. Hamburg: Dressler.

Chidolue, Dagmar (2002): Millie auf Kreta. Hamburg: Dressler.

Chidolue, Dagmar (2003): Millie in New York. Hamburg: Dressler.

Chidolue, Dagmar (2005): Millie in Berlin. Hamburg: Dressler.

Chidolue, Dagmar (2005): Millie und die Jungs. Hamburg: Dressler.

Chidolue, Dagmar (2006): Millie in Ägypten. Hamburg: Dressler.

Chidolue, Dagmar (2007): Millie in Hollywood. Hamburg: Dressler.

Chidolue, Dagmar (2008): Millie in Moskau. Hamburg: Dressler.

Chidolue, Dagmar (2009): Millie in Afrika. Hamburg: Dressler.

Chidolue, Dagmar (2010): Millie in Istanbul. Hamburg: Dressler.

Chidolue, Dagmar (2010): Millie kocht. Hamburg: Dressler.

Chidolue, Dagmar (2011): Millie an der Nordsee. Hamburg: Dressler.

Chidolue, Dagmar (2011): Millie gründet eine Bande. Hamburg: Dressler.

Chidolue, Dagmar (2012): Millie am Nordpol. Hamburg: Dressler.

Chidolue, Dagmar (2012): Millie in Wien. Hamburg: Dressler.

Chidolue, Dagmar (2013): Millie in Tirol. Hamburg: Dressler.

Dietl, Erhard (1990): Die Olchis sind da. Hamburg: Oetinger.

Dietl, Erhard (1994): Die Olchis ziehen um. Hamburg: Oetinger.

Dietl, Erhard (1997): Die Olchis fliegen in die Schule. Hamburg: Oetinger.

Dietl, Erhard (1997): Die Olchis und der blaue Nachbar. Hamburg: Oetinger.

Dietl, Erhard (1998): Die Olchis räumen auf. Hamburg: Oetinger.

Dietl, Erhard (1999): Die Olchis feiern Weihnachten. Hamburg: Oetinger.

Dietl, Erhard (2001): Die Olchis im Zoo. Hamburg: Oetinger.

Dietl, Erhard (2002): Die Olchis auf Geburtstagsreise. Hamburg: Oetinger.

Dietl, Erhard (2004): Die Olchis und der faule König. Hamburg: Oetinger.

Dietl, Erhard (2006): Die Olchis werden Fußballmeister. Hamburg: Oetinger.

Dietl, Erhard (2008): Die Olchis und der schwarze Pirat. Hamburg: Oetinger.

Dietl, Erhard (2010): Die Olchis auf dem Schulfest. Hamburg: Oetinger.

Dietl, Erhard (2010): Die stärksten Olchis der Welt. Hamburg: Oetinger.

Dietl, Erhard (2011): Das Olchi-ABC. Hamburg: Oetinger.

Dietl, Erhard (2012): Die Olchis und der Schmuddel-Hund. Hamburg: Oetinger.

Dietl, Erhard (2013): Die Olchis und der Geist der blauen Berge. Hamburg: Oetinger.

Donnelly, Elfie (1984): Servus Opa, sagte ich leise. München: dtv.

Dragt, Tonke (2009): Der Brief für den König. Ein Abenteuer-Roman. Weinheim/Basel: Beltz & Gelberg.

Durian, Wolf (2004): Kai aus der Kiste. Eine ganz unglaubliche Geschichte. Illustrationen von Philip Waechter. Hamburg: Dressler.

Ende, Michael (1989): Jim-Knopf-Doppelband. Mit Zeichnungen von Franz Josef Tripp. Stuttgart: Thienemann.

Ende, Michael (2004): Die unendliche Geschichte. Stuttgart: Thienemann.

Ende, Michael (2005): Momo oder Die seltsame Geschichte von den Zeit-Dieben und von dem Kind, das den Menschen die gestohlene Zeit zurückbrachte. Stuttgart: Thienemann.

Ende, Michael (2007): Der satanarchäolügenialkohöllische Wunschpunsch. Stuttgart: Thienemann.

Ende, Michael/Fuchshuber, Annegert (1978): Das Traumfresserchen. Stuttgart: Thienemann.

Ende, Michael/Krichbaum, Jörg (1985): Die Archäologie der Dunkelheit. Gespräche über Kunst und das Werk des Malers Edgar Ende. Stuttgart: Edition Weitbrecht.

Fels, Verena (2011): Mobile. Eine Kuh auf der Suche nach Freundschaft. Stuttgart: Thienemann.

Feth, Monika (2003): Der Erdbeerpflücker. München: CBT.

Feth, Monika (2011): Der Sommerfänger. München: CBT.

Franz, Cornelia (2012): Rette die Smaragdschlucht. Ein Öko-Entscheidungskrimi. Weinheim/Basel: Beltz & Gelberg.

Fried, Amelie/Hein, Sybille (2006): Ich liebe dich wie Apfelmus. Die schönsten Gedichte für Kleine und Große. 4. Auflage. München: cbj.

Frielinghaus, Jörg/Frielinghaus, Sabine (2012): Mein Bio-Kuschelbuch. Hamburg: Oetinger.

Funke, Cornelia (1996): Der Mondscheindrache. Bindlach: Loewe.

Funke, Cornelia (2003): Tintenherz. Hamburg: Dressler.

Funke, Cornelia (2004): Potilla. Hamburg: Dressler.

Funke, Cornelia (2007): Tintenblut. Hamburg: Dressler.

Funke, Cornelia (2010): Reckless. Steinernes Fleisch. Hamburg: Dressler.

Funke, Cornelia (2013): Gespensterjäger. Sammelband mit Hörspiel. Bindlach: Loewe.

Gelberg, Hans-Joachim (1997): Oder die Entdeckung der Welt. Geschichten, Bilder, Märchen, Lebensbilder, Gedichte. Weinheim/Basel: Beltz.

Gillingham, Sara/Siminovich, Lorena (2012): Auf meinem Baum. Kempen: Moses.

Glück, Gerhard (2012): Narren- und Schelmengeschichten. Oldenburg: Lappan.

Goethe, Johann Wolfgang von/Schössow, Peter (2004): Meeres Stille und Glückliche Fahrt. München: Hanser.

Göhmann, Thomas (2012): Das Geheimnis des Mondritters. Ein Kinderkrimi aus dem Allgäu. Berlin: emons.

Grimm, Jacob/Grimm, Wilhelm (2009): Kinder- und Hausmärchen. Ausgabe letzter Hand. Hrsg. von Heinz Rölleke. Stuttgart: Reclam.

Grün, Max von der (2006): Vorstadtkrokodile. Eine Geschichte vom Aufpassen. München: omnibus.

Guggenmos, Josef (1991): Sonne, Mond und Luftballon. Gedichte für Kinder. Weinheim/Basel: Beltz & Gelberg.

Guggenmos, Josef (2006): Groß ist die Welt. Die schönsten Gedichte. Hrsg. von Hans-Joachim Gelberg. Weinheim: Beltz & Gelberg.

Guggenmos, Josef (2008): Oh, Verzeihung, sagte die Ameise. Weinheim/Basel: Beltz & Gelberg.

Guggenmos, Josef (2013): Was denkt die Maus am Donnerstag? 121 Gedichte für Kinder. 9. Auflage. München: dtv.

Harenski, Rita/Brand, Christine (2004): Zauberwort. Die schönsten Gedichte für Kinder aus vier Jahrhunderten. Würzburg: Arena.

Härtling, Peter (2011): Romane für Kinder. Ben liebt Anna. Oma. Theo haut ab. Alter John. Das war der Hirbel. Weinheim/Basel: Beltz & Gelberg.

Härtling, Peter (2012): Ben liebt Anna. Roman für Kinder. Mit Bildern von Eva Muggenthaler. Weinheim/Basel: Beltz & Gelberg.

Havukainen, Aino/Toivonen, Sami (2010): Tatu und Patu und ihre verrückten Maschinen. Stuttgart: Thienemann.

Havukainen, Aino/Toivonen, Sami (2010): Tatu und Patu und ihr verrücktes Gute-Nacht-Buch. Stuttgart: Thienemann.

Havukainen, Aino/Toivonen, Sami (2011): Tatu und Patu und ihr verrückter Kindergarten. Stuttgart: Thienemann.

Havukainen, Aino/Toivonen, Sami (2013): Tatu und Patu und ihre verrückten Berufe. Stuttgart: Thienemann.

Heine, Heinrich/Schössow, Peter (2013): Der arme Peter. München: Hanser.

Hensgen, Andrea (2003): Darf ich bleiben, wenn ich leise bin? Illustrationen von Daniel Napp. München: dtv.

Hoffmann, E. T. A. (2006): Nußknacker und Mausekönig. Stuttgart: Reclam.

Hoffmann, E. T. A. (2012): Das fremde Kind. Hamburg: tredition.

Hohler, Franz/Schärer, Kathrin (2011): Es war einmal ein Igel. Kinderverse. München: Hanser.

Hole, Stian (2009): Garmans Sommer. München: Hanser.

Hole, Stian (2011): Garmans Straße. München: Hanser.

Hole, Stian (2012): Garmans Geheimnis. München: Hanser.

Hufen, Regina (2011): Am Meer. Schau mal, fühl mal! Münster: Coppenrath.

Jacobsson, Anders/Olsson, Sören (1998): Niklas ist doch kein Weichei. Hamburg: Oetinger.

Jacobsson, Anders/Olsson, Sören (1999): Niklas ist doch keine Strebersau. Hamburg: Oetinger.

Jacobsson, Anders/Olsson, Sören (1999): Niklas ist doch nicht vom Affen gebissen. Hamburg: Oetinger.

Jacobsson, Anders/Olsson, Sören (2000): Niklas ist doch kein Hosenscheißer. Hamburg: Oetinger.

Jacobsson, Anders/Olsson, Sören (2001): Niklas liebt doch nicht jeden. Hamburg: Oetinger.

Jacobsson, Anders/Olsson, Sören (2002): Niklas und sein schusseliger Papa. Hamburg: Oetinger.

Jacobsson, Anders/Olsson, Sören (2003): Niklas und die Super-Mama. Hamburg: Oetinger.

Jacobsson, Anders/Olsson, Sören (2006): Niklas ist doch ein Supertyp. Hamburg: Oetinger.

Jacoby, Edmund/Seelig, Renate (2006): Das Hausbuch der Märchen. Hildesheim: Gerstenberg.

Jandl, Ernst/Junge, Norman (1997): fünfter sein. Weinheim/Basel: Beltz & Gelberg.

Jandl, Ernst/Junge, Norman (2001): ottos mops. 2. Auflage. Weinheim/Basel: Beltz & Gelberg.

Johnson, Pete (2010): Wie man seine Eltern erzieht. Mein Katastrophen-Tagebuch. München: arsEdition.

Kantelhardt, Arnhild/Waechter, Philip (2012): Funken in den Augen, Rosinen im Kopf. Das Hausbuch der Liebe. Hildesheim: Gerstenberg.

Kästner, Erich (2005): Pünktchen und Anton. Ein Roman für Kinder. Mit Illustrationen von Walter Trier. München: SZ.

Kästner, Erich (2007): Der 35. Mai oder Konrad reitet in die Südsee. Mit Illustrationen von Horst Lemke. Hamburg: Dressler.

Kästner, Erich (2009): Das verhexte Telefon. Mit Illustrationen von Walter Trier. Hamburg: Dressler.

Kästner, Erich (2012): Emil und die Detektive. Emil und die drei Zwillinge. Mit Illustrationen von Walter Trier. Hamburg: Dressler.

Kaup, Ulrike (2012): Lustige Reimgeschichten. Mit Illustrationen von Stefanie Reich. Würzburg: Arena.

Kaut, Ellis (2005): Meister Eder und sein Pumuckl. 5. Auflage. München: Lentz.

Kimura, Ken/Murakami, Yasunari (2012): 999 Froschgeschwister ziehen um. 4. Auflage. Zürich: NordSüd.

Kimura, Ken/Murakami, Yasunari (2013): 999 Froschgeschwister wachen auf. Zürich: NordSüd.

Kinney, Jeff (2008): Gregs Tagebuch. Ein Comic-Roman. Bd. 1: Von Idioten umzingelt! Aus dem Englischen von Collin McMahon. Köln: Baumhaus.

Kinney, Jeff (2008): Gregs Tagebuch. Ein Comic-Roman. Bd. 2: Gibt's Probleme? Aus dem Englischen von Collin McMahon. Köln: Baumhaus.

Kinney, Jeff (2009): Gregs Tagebuch. Ein Comic-Roman. Bd. 3: Jetzt reicht's! Aus dem Englischen von Collin McMahon. Köln: Baumhaus.

Kinney, Jeff (2009): Gregs Tagebuch. Ein Comic-Roman. Bd. 4: Ich war's nicht! Aus dem Englischen von Collin McMahon. Köln: Baumhaus.

Kinney, Jeff (2011): Gregs Tagebuch. Ein Comic-Roman. Bd. 5: Geht's noch? Aus dem Englischen von Collin McMahon. Köln: Baumhaus.

Kinney, Jeff (2012): Gregs Tagebuch. Ein Comic-Roman. Bd. 6: Keine Panik! Aus dem Englischen von Dietmar Schmidt. Köln: Baumhaus.

Kinney, Jeff (2012): Gregs Tagebuch. Ein Comic-Roman. Bd. 7: Dumm gelaufen! Aus dem Englischen von Dietmar Schmidt. Köln: Baumhaus.

Kinney, Jeff (2012): Gregs Filmtagebuch. Endlich berühmt! Wie Greg zum Filmstar wurde. Aus dem Englischen von Collin McMahon. Köln: Baumhaus.

Kinskofer, Lotte (2010): Schwarzer Schnee. München: dtv.

Klitzing, Maren von (2010): Entdecke die Welt mit Polo Propeller. Bd. 1: Der Wald. Hamburg: Oetinger.

Klitzing, Maren von (2011): Entdecke die Welt mit Polo Propeller. Bd. 10: Der Bauernhof. Hamburg: Oetinger.

Köntopp, Paul (2004): Weiß weiß Bescheid. Ein Farben-Entdecker-Buch. Leipzig/Frankfurt a. M.: Baumhaus.

Kordon, Klaus (2012): Kiko. Roman für Kinder. Mit Bildern von Ina Hattenhauer. Weinheim/Basel: Beltz & Gelberg.

Krause, Uta (2011): Schläft ein Lied in allen Dingen. Das große Familienliederbuch. Berlin: Tulipan.

Krauß, Irma (2007): Die schönsten Feenmärchen. Mit Bildern von Kirsten Straßmann. Würzburg: Arena.

Kreitz, Isabell (2012): Emil und die Detektive. Ein Comic. Hamburg: Dressler.

Krejtschi, Tobias (2012): Wurzelwärts/Wipfelwärts. Wuppertal: Peter Hammer.

Kruse, Max (1995): Urmel aus dem Eis. Stuttgart: Thienemann.

Kruse, Max (1995): Urmel fliegt ins All. Stuttgart: Thienemann.

Kruse, Max (1996): Urmel wird ein Star. Stuttgart: Thienemann.

Krüss, James (1989): Der wohltemperierte Leierkasten. 12 mal 12 Gedichte für Kinder, Erwachsene und andere Leute. München: cbj.

Krüss, James (1999): Der Leuchtturm auf den Hummerklippen. Mit Illustrationen von Jutta Bauer. Hamburg: Carlsen.

Krüss, James (2005): Mein Urgroßvater und ich. München: SZ.

Krüss, James (2006): Timm Thaler oder Das verkaufte Lachen. Mit Illustrationen von Kathrin Engelking. Hamburg: Oetinger.

Krüss, James (2009): Henriette Bimmelbahn. Mit Illustrationen von Lisl Stich. 14. Auflage. München: dtv.

Krüss, James (2009): Krüss und quer. Allerlei Sinn und Unsinn, tierisches Vergnügen und haarsträubende Lügenverse. Köln: Boje.

Krüss, James (2009): Mein Urgroßvater, die Helden und ich. Hamburg: Oetinger.

Krüss, James (2011): Spatzenlügen und andere seltsame Begebenheiten. Weinheim/Basel: Beltz.

Krüss, James (2011): Von Anfang bis Zebra. ABC-Gedichte mit vielen Bildern von Sabine Wilharm. Hamburg: Carlsen.

Kutik, Christiane/Ott-Heidmann, Eva-Maria (1988): Das Jahreszeitenbuch. Anregungen zum Spielen, Basteln und Erzählen. Gedichte, Lieder und Rezepte zum Jahreslauf. 2. Auflage. Stuttgart: Freies Geistesleben.

Laibl, Melanie/Schwab, Dorothea (2009): Ein Waldwicht fliegt in den Oman. Eine Reise in Reimen. 2. Auflage. Idstein: kookbooks.

Leeuwen, Joke van (2012): Als mein Vater ein Busch wurde und ich meinen Namen verlor. Aus dem Niederländischen von Hanni Ehlers. Hildesheim: Gerstenberg.

Lenk, Fabian (2013): Die Zeitdetektive 28: Mozart und der Notendieb. Mit Illustrationen von Almud Kunert. Ravensburg: Ravensburger.

Lindenbaum, Pija (2002): Franziska und die Wölfe. Frankfurt a. M.: Moritz.

Lindenbaum, Pija (2003): Franziska und die dussligen Schafe. Frankfurt a. M.: Moritz.

Lindenbaum, Pija (2004): Franziska und die Elchbrüder. Frankfurt a. M.: Moritz.

Lindenbaum, Pija (2013): Franziska versteckt sich. Frankfurt a. M.: Moritz.

Lindgren, Astrid (1960): Tomte Tummetott. Bilder von Harald Wiberg. Hamburg: Oetinger.

Lindgren, Astrid (1966): Tomte und der Fuchs. Bilder von Harald Wiberg. Hamburg: Oetinger.

Lindgren, Astrid (1967): Kindertag in Bullerbü. Mit Illustrationen von Ilon Wikland. Hamburg: Oetinger.

Lindgren, Astrid (1971): Pippi außer Rand und Band. Mit Fotos von Bo-Erik Gyberg. Hamburg: Oetinger.

Lindgren, Astrid (1981): Pippi plündert den Weihnachtsbaum. Zeichnungen von Rolf Rettich. Hamburg: Oetinger.

Lindgren, Astrid (1988): Die Kinder aus Bullerbü. Zeichnungen von Ilon Wikland. Hamburg: Oetinger.

Lindgren, Astrid (1996): Kalle Blomquist. Gesamtausgabe. Hamburg: Oetinger.

Lindgren, Astrid (2005): Pippi Langstrumpf. Deutsch von Cäcilie Heinig. Zeichnungen von Rolf Rettich. Hamburg: Oetinger.

Lindgren, Astrid (2007): Karlsson vom Dach. Zeichnungen von Ilon Wikland. Hamburg: Oetinger.

Lindgren, Astrid (2007): Märchen. Zeichungen von Ilon Wikland. Hamburg: Oetinger.

Lindgren, Astrid (2008): Mio, mein Mio. Deutsch von Karl Kurt Peters. Bilder von Ilon Wikland. Hamburg: Oetinger.

Lindgren, Astrid (2011): Die Brüder Löwenherz. Deutsch von Anne-Liese Kornitzky. Bilder von Ilon Wikland. Hamburg: Oetinger.

Lindgren, Astrid (2011): Kindertag in Bullerbü. Illustriert von Katrin Engelking. Hamburg: Oetinger.

Ludwig, Sabine (2008): Leo und Lucy – Privatdetektive. Hamburg: Oetinger.

Ludwig, Sabine (2008): Leo und Lucy und der geheimnisvolle Onkel. Hamburg: Oetinger.

Ludwig, Sabine (2010): Leo und Lucy. Ein klarer Fall? Hamburg: Oetinger.

Ludwig, Sabine (2011): Die fabelhafte Miss Braitwhistle. Illustrationen von Susanne Göhlich. Hamburg: Dressler.

Ludwig, Sabine (2012): Miss Braitwhistle kommt in Fahrt. Illustrationen von Susanne Göhlich. Hamburg: Dressler.

Ludwig, Sabine (2013): Miss Braitwhistle hebt ab. Illustrationen von Susanne Göhlich. Hamburg: Dressler.

Lukesch, Angelika/Jakobs, Günther (2012): Heldenmut und Götterwut. Die schönsten Sagen. Esslingen: Esslinger.

Lunde, Stein Erik/Torseter, Øyvind (2010): Papas Arme sind ein Boot. Hildesheim: Gerstenberg.

Maar, Anne (2009): Ein Wunschhund für Oskar. Mit Bildern von Verena Ballhaus. Berlin: Tulipan.

Maar, Paul (1980): Am Samstag kam das Sams zurück. Hamburg: Oetinger.

Maar, Paul (1984): Lippels Traum. Hamburg: Oetinger.

Maar, Paul (1988): Der tätowierte Hund. Hamburg: Oetinger.

Maar, Paul (1989): Das kleine Känguru auf Abenteuer. Hamburg: Oetinger.

Maar, Paul (1990): Das kleine Känguru lernt fliegen. Hamburg: Oetinger.

Maar, Paul (1991): Das kleine Känguru und der Angsthase. Hamburg: Oetinger.

Maar, Paul (1991): Das kleine Känguru und seine Freunde. Hamburg: Oetinger.

Maar, Paul (1998): Das kleine Känguru in Gefahr. Hamburg: Oetinger.

Maar, Paul (2007): JAguar und NEINguar. Hamburg: Oetinger.

Maar, Paul (2011): Eine Woche voller Samstage. Hamburg: Oetinger.

Maar, Paul (2011): Sams im Glück. Hamburg: Oetinger.

Mai, Manfred (Hg.) (2006): Mein Geschichtenbuch für das 3. und 4. Schuljahr. Mit Illustrationen von Ute Martens. München: dtv.

Mai, Manfred (2012): Die ABC-Detektive. Illustrationen von Marion Goedelt. Berlin: Tulipan.

Matthießen, Wilhelm (2008): Das rote U. Eine Detektivgeschichte. Mit Illustrationen von Fritz Loehr. München: dtv.

Mebs, Gudrun (1997): Sonntagskind. Illustriert von Rotraut Susanne Berner. 12. Auflage. Aarau/Frankfurt a. M./Salzburg: Sauerländer.

Meggendorfer, Lothar (1889): Das Puppenhaus. Eine Festgabe für brave Mädchen. Esslingen/München: Schreiber.

Michaelis, Antonia (2009): Kreuzberg 007. Mission Grünes Monster. Zeichnungen von Annette Swoboda. Hamburg: Oetinger.

Michaelis, Antonia (2010): Kreuzberg 007. Geheimnisvolle Graffiti. Zeichnungen von Annette Swoboda. Hamburg: Oetinger.

Michaelis, Antonia (2011): Papa, ich und die Piraten-Bande. Hamburg: Oetinger.

Michaelis, Antonia (2012): Papa, ich und die Dinosaurier. Hamburg: Oetinger.

Mitgutsch, Ali (1968): Rundherum in meiner Stadt. Ravensburg: Ravensburger.

Morgenstern, Christian (2011): Alle Galgenlieder. 4. Auflage. Wiesbaden: marixverlag.

Morgenstern, Christian/Eisgruber, Elsa (2008): Liebe Sonne, liebe Erde. Ein Kinderliederbuch. Oldenburg: Lappan.

Muszynski, Eva/Teich, Karsten (2007): Cowboy Klaus und sein Schwein Lisa. Berlin: Tulipan.

Muszynski, Eva/Teich, Karsten (2008): Cowboy Klaus und das pupsende Pony. Berlin: Tulipan.

Muszynski, Eva/Teich, Karsten (2009): Cowboy Klaus und der fiese Fränk. Berlin: Tulipan.

Muszynski, Eva/Teich, Karsten (2010): Cowboy Klaus und die harten Hühner. Berlin: Tulipan.

Muszynski, Eva/Teich, Karsten (2011): Cowboy Klaus und Otto der Ochsenfrosch. Berlin: Tulipan.

Muszynski, Eva/Teich, Karsten (2012): Cowboy Klaus und die Rodeo-Rüpel. Berlin: Tulipan.

Muszynski, Eva/Teich, Karsten (2013): Cowboy Klaus und Toni Tornado. Berlin: Tulipan.

Muszynski, Eva/Teich, Karsten (2014): Cowboy Klaus beim Präriehund-Pau-Wau. Berlin: Tulipan.

Negrin, Fabian (2012): SMS Märchen. Grimm & Co. in 160 Zeichen. München: mixtvision.

Neubach-Fessers, Monika (2007): Mein erstes Buch. 7. Auflage. Ravensburg: Ravensburger.

Neubauer, Annette (2011): Sagenhafte Abenteuer. Bd. 7: Das gruselige Burggespenst: Ein Eifel-Krimi für Kinder. Hamburg: Oetinger.

Noack, Hans-Georg (1997): Rolltreppe abwärts. Ravensburg: Ravensburger.

Nöstlinger, Christine (1984): Geschichten vom Franz. Zeichnungen von Erhard Dietl. Hamburg: Oetinger.

Nöstlinger, Christine (1985): Neues vom Franz. Zeichnungen von Erhard Dietl. Hamburg: Oetinger.

Nöstlinger, Christine (1987): Schulgeschichten vom Franz. Zeichnungen von Erhard Dietl. Hamburg: Oetinger.

Nöstlinger, Christine (1988): Neue Schulgeschichten vom Franz. Zeichnungen von Erhard Dietl. Hamburg: Oetinger.

Nöstlinger, Christine (1989): Feriengeschichten vom Franz. Zeichnungen von Erhard Dietl. Hamburg: Oetinger.

Nöstlinger, Christine (1990): Krankengeschichten vom Franz. Zeichnungen von Erhard Dietl. Hamburg: Oetinger.

Nöstlinger, Christine (1991): Liebesgeschichten vom Franz. Zeichnungen von Erhard Dietl. Hamburg: Oetinger.

Nöstlinger, Christine (1993): Weihnachtsgeschichten vom Franz. Zeichnungen von Erhard Dietl. Hamburg: Oetinger.

Nöstlinger, Christine (1994): Fernsehgeschichten vom Franz. Zeichnungen von Erhard Dietl. Hamburg: Oetinger.

Nöstlinger, Christine (1996): Hundegeschichten vom Franz. Zeichnungen von Erhard Dietl. Hamburg: Oetinger.

Nöstlinger, Christine (1998): Babygeschichten vom Franz. Zeichnungen von Erhard Dietl. Hamburg: Oetinger.

Nöstlinger, Christine (2000): Opageschichten vom Franz. Zeichnungen von Erhard Dietl. Hamburg: Oetinger.

Nöstlinger, Christine (2002): Fußballgeschichten vom Franz. Zeichnungen von Erhard Dietl. Hamburg: Oetinger.

Nöstlinger, Christine (2003): Pferdegeschichten vom Franz. Zeichnungen von Erhard Dietl. Hamburg: Oetinger.

Nöstlinger, Christine (2005): Quatschgeschichten vom Franz. Zeichnungen von Erhard Dietl. Hamburg: Oetinger.

Nöstlinger, Christine (2006): Neue Fußballgeschichten vom Franz. Zeichnungen von Erhard Dietl. Hamburg: Oetinger.

Nöstlinger, Christine (2007): Franz auf Klassenfahrt. Zeichnungen von Erhard Dietl. Hamburg: Oetinger.

Nöstlinger, Christine (2010): Detektivgeschichten vom Franz. Zeichnungen von Erhard Dietl. Hamburg: Oetinger.

Nöstlinger, Christine (2011): Das große Nöstlinger Lesebuch. Weinheim/Basel: Beltz & Gelberg.

Nöstlinger, Christine (2011): Freundschaftsgeschichten vom Franz. Zeichnungen von Erhard Dietl. Hamburg: Oetinger.

Nöstlinger, Christine (2011): Wir pfeifen auf den Gurkenkönig. Mit farbigen Bildern von Jutta Bauer. Sonderausgabe mit Hör-CD. Weinheim: Beltz & Gelberg.

Obrecht, Bettina (2008): Eltern zu verschenken. Mit Illustrationen von Barbara Scholz. Stuttgart: Gabriel.

Ortheil, Hanns-Josef (2001): Lo und Lu. Roman eines Vaters. München: Luchterhand.

Pacovská, Květa (1992): grün rot alle. Ein Farbenspielbuch. Ravensburg: Ravensburger.

Parvela, Timo (2007): Ella in der Schule. Mit Bildern von Sabine Wilharm. München: Hanser.

Parvela, Timo (2008): Ella in der zweiten Klasse. Mit Bildern von Sabine Wilharm. München: Hanser.

Parvela, Timo (2009): Ella auf Klassenfahrt. Mit Bildern von Sabine Wilharm. München: Hanser.

Parvela, Timo (2010): Ella und der Superstar. Mit Bildern von Sabine Wilharm. München: Hanser.

Parvela, Timo (2011): Ella in den Ferien. Mit Bildern von Sabine Wilharm. München: Hanser.

Parvela, Timo (2012): Ella und die falschen Pusteln. Mit Bildern von Sabine Wilharm. München: Hanser.

Parvela, Timo (2013): Ella und der Neue in der Klasse. Mit Bildern von Sabine Wilharm. München: Hanser.

Patchett, Fiona (2003): Meerestiere. Übersetzt von Harriet Grunewald. Würzburg: Arena.

Patchett, Fiona (2012): Auf dem Flughafen. Übersetzt von Harriet Grunewald. Würzburg: Arena.

Pausewang, Gudrun (2003): Der Spinatvampir. Mit Illustrationen von Markus Grolik. Hamburg: Carlsen.

Pin, Isabel (2011): Wenn ich ein Löwe wäre. Zürich: Bajazzo.

Pommaux, Yvan (1994): Detektiv John Chatterton. Frankfurt a. M.: Moritz.

Pommaux, Yvan (1996): Lilly. Ein Fall für John Chatterton. Frankfurt a. M.: Moritz.

Pommaux, Yvan (1998): John Chatterton. Der große Schlaf. Frankfurt a. M.: Moritz.

Pousset, Raimund (1991): Fingerspiele und andere Kinkerlitzchen. Spiel-Lust mit kleinen Kindern. Hamburg: Rowohlt.

Press, Hans Jürgen (1996): Die Abenteuer der „schwarzen hand". Ravensburg: Ravensburger.

Pressler, Mirjam (1988): Die Tagebücher der Anne Frank. Frankfurt a. M.: Fischer.

Pressler, Mirjam (2011): Ich sehne mich so. Die Lebensgeschichte der Anne Frank. Weinheim/Basel: Beltz & Gelberg.

Pressler, Mirjam (2012): Bitterschokolade. Weinheim/Basel: Beltz & Gelberg.

Preußler, Otfried (1956): Der kleine Wassermann. Mit Bildern von Winnie Gebhardt-Gayler. Stuttgart: Thienemann.

Preußler, Otfried (1957): Die kleine Hexe. Mit Bildern von Winnie Gebhardt-Gayler. Stuttgart: Thienemann.

Preußler, Otfried (1962): Der Räuber Hotzenplotz. Mit Zeichnungen von Franz Josef Tripp. Stuttgart: Thienemann.

Preußler, Otfried (1966): Das kleine Gespenst. Mit Zeichnungen von Franz Josef Tripp. Stuttgart: Thienemann.

Preußler, Otfried (1969): Neues vom Räuber Hotzenplotz. Mit Zeichnungen von Franz Josef Tripp. Stuttgart: Thienemann.

Preußler, Otfried (1973): Hotzenplotz 3. Mit Zeichnungen von Franz Josef Tripp. Stuttgart: Thienemann.

Preußler, Otfried (2003): Bei uns in Schilda. Die wahre Geschichte der Schildbürger nach den Aufzeichnungen des Stadtschreibers Jeremias Punktum. Mit Illustrationen von Erich Hölle. 23. Auflage. Stuttgart: Thienemann.

Rademacher, Anne (2012): It's quite easy. Einfach Englisch lesen. Illustrationen von Louise Oldenbourg. München: dtv.

Raecke, Renate/Blume, Monika/Raidt, Gerda (2010): Schnick Schnack Schabernack. Das Hausbuch der Reime und Lieder für die Allerkleinsten. 3. Auflage. Hildesheim: Gerstenberg.

Reinhardt, Kirsten (2011): Fennymores Reise oder Wie man Dackel im Salzmantel macht. Mit Illustrationen von David Roberts. Hamburg: Carlsen.

Richter, Jutta (2006): Hechtsommer. Mit Bildern von Quint Bucholz. München: dtv.

Ringelnatz, Joachim (1994): Geheimes Kinder-Spiel-Buch. Für Kinder von 5 bis 15 Jahren. Zürich: Diogenes.

Ringelnatz, Joachim (2006): Kinder-Verwirr-Buch. Wegberg: Aurel.

Ringelnatz, Joachim/Seewald, Richard (1912): Die Schnupftabaksdose. Stumpfsinn in Versen und Bildern. München: Piper.

Rodriguez, Béatrice (2008): Der Hühnerdieb. 5. Auflage. Wuppertal: Peter Hammer.

Roeder, Caroline (2006): Pippi Langstrumpf. Ein Leseprojekt nach dem gleichnamigen Kinderbuch von Astrid Lindgren. Berlin: Cornelsen.

Rowling, Joanne K. (1998): Harry Potter und der Stein der Weisen. Übersetzt von Klaus Fritz. Hamburg: Carlsen.

Rowling, Joanne K. (1999): Harry Potter und der Gefangene von Askaban. Übersetzt von Klaus Fritz. Hamburg: Carlsen.

Rowling, Joanne K. (1999): Harry Potter und die Kammer des Schreckens. Übersetzt von Klaus Fritz. Hamburg: Carlsen.

Rowling, Joanne K. (2000): Harry Potter und der Feuerkelch. Übersetzt von Klaus Fritz. Hamburg: Carlsen.

Rowling, Joanne K. (2003): Harry Potter und der Orden des Phönix. Übersetzt von Klaus Fritz. Hamburg: Carlsen.

Rowling, Joanne K. (2005): Harry Potter und der Halbblutprinz. Übersetzt von Klaus Fritz. Hamburg: Carlsen.

Rowling, Joanne K. (2007): Harry Potter und die Heiligtümer des Todes. Übersetzt von Klaus Fritz. Hamburg: Carlsen.

Rowling, Joanne K. (2008): Die Märchen von Beedle dem Barden. Aus den ursprünglichen Runen übertragen von Hermine Granger und aus dem Englischen übersetzt von Klaus Fritz. Hamburg: Carlsen.

Russel, Rachel R. (2011): DORK Diaries. Nikkis (nicht ganz so) fabelhafte Welt. Ein Comic-Roman. Köln: Schneider.

Salten, Felix (2003): Bambi. Eine Lebensgeschichte aus dem Walde. Frankfurt a. M.: Fischer.

Schärer, Kathrin (2010): Johanna im Zug. 3. Auflage. Zürich: Atlantis.

Scheffler, Ursel (1986): Ätze, das Tintenmonster. Mit Zeichnungen von Erhard Dietl. Ravensburg: Ravensburger.

Scheffler, Ursel (1990): Ätze, das Hosentaschenmonster. Mit Zeichnungen von Erhard Dietl. Ravensburg: Ravensburger.

Scheffler, Ursel (1993): Ätze, das Rucksackmonster. Mit Zeichnungen von Erhard Dietl. Ravensburg: Ravensburger.

Scheffler, Ursel (1995): Ätze, das Zirkusmonster. Mit Zeichnungen von Erhard Dietl. Ravensburg: Ravensburger.

Scheffler, Ursel (1997): Ätze, das Piratenmonster. Mit Zeichnungen von Erhard Dietl. Ravensburg: Ravensburger.

Scheffler, Ursel (1998): Ätze, das Gruselmonster. Mit Zeichnungen von Erhard Dietl. Ravensburg: Ravensburger.

Scheffler, Ursel (2001): Ätze, das Rittermonster. Mit Zeichnungen von Erhard Dietl. Ravensburg: Ravensburger.

Scheffler, Ursel (2002): Ätze, das Weltraummonster. Mit Zeichnungen von Erhard Dietl. Ravensburg: Ravensburger.

Scheffler, Ursel (2004): Ätze, das Computermonster. Mit Zeichnungen von Erhard Dietl. Ravensburg: Ravensburger.

Scheffler, Ursel (2006): Ätze, das Fußballmonster. Mit Zeichnungen von Erhard Dietl. Ravensburg: Ravensburger.

Scheffler, Ursel (2009): Kommissar Kugelblitz. Das entführte Tigerbaby. Illustriert von Johann Brandstetter. Hamburg: Carlsen.

Scheffler, Ursel (2009): Kommissar Kugelblitz. Der perfekte Bankraub. Illustriert von Johann Brandstetter. Hamburg: Carlsen.

Scheffler, Ursel (2009): Kommissar Kugelblitz. Der Rennrad-Dieb. Illustriert von Johann Brandstetter. Hamburg: Carlsen.

Scheffler, Ursel (2009): Kommissar Kugelblitz. Die geklaute Klassenkasse. Illustriert von Johann Brandstetter. Hamburg: Carlsen.

Scheffler, Ursel (2009): Kommissar Kugelblitz. Die Maske des Maya-Königs. Illustriert von Johann Brandstetter. Hamburg: Carlsen.

Scheffler, Ursel (2009): Kommissar Kugelblitz. Die Schrotträuberbande. Illustriert von Johann Brandstetter. Hamburg: Carlsen.

Scheffler, Ursel (2012): Kommissar Kugelblitz. Ratekrimi. Die rote Socke. Illustriert von Hannes Gerber. München: Quinto (Kindle Edition).

Scheffler, Ursel (2013): Kommissar Kugelblitz und die Buchstaben-Detektive. Illustriert von Johann Brandstetter. Hamburg: Carlsen.

Schlüter, Andreas (2004): Level 4 – Die Stadt der Kinder. München: dtv.

Schlüter, Andreas (2006): Level 4.3 – Der Staat der Kinder. Würzburg: Arena.

Schneider, Antonie/Pin, Isabel (2011): Kartoffeln in Pantoffeln. Berlin: Aufbau.

Sendak, Maurice (1967): Wo die wilden Kerle wohnen. Zürich: Diogenes.

Sharmat Weinmann, Marjorie (2006): Nick Nase auf der falschen Fährte. Mit Bildern von Detlef Kersten. Ravensburg: Ravensburger.

Sparschuh, Jens/Straßer, Susanne (2012): Firlefanz. Ganz und gar und gar und ganz. Sinn- und Unsinnsgedichte. Berlin: Tulipan.

Spyri, Johanna (2013): Heidis Lehr- und Wanderjahre. Mit Zeichnungen von Tomi Ungerer. 5. Auflage. Zürich: Diogenes.

Steinhöfel, Andreas (2008): Rico, Oskar und die Tieferschatten. Mit Bildern von Peter Schössow. Hamburg: Carlsen.

Steinhöfel, Andreas (2009): Rico, Oskar und das Herzgebreche. Mit Bildern von Peter Schössow. Hamburg: Carlsen.

Steinhöfel, Andreas (2011): Rico, Oskar und der Diebstahlstein. Mit Bildern von Peter Schössow. Hamburg: Carlsen.

Stohner, Anu (2011): Robert und die Ritter. Das Zauberschwert. Mit Illustrationen von Jörg Mühle. München: dtv.

Stohner, Anu (2012): Robert und die Ritter. Das Turnier. Mit Illustrationen von Jörg Mühle. München: dtv.

Straßer, Susanne (2010): Das Märchen von der Prinzessin, die unbedingt in einem Märchen vorkommen wollte. Rostock: Hinstorff.

Taher, Walid (2009): Mein neuer Freund, der Mond. Übersetzt von Petra Dünges. Berlin: Edition Orient.

Teich, Karsten (2012): Fabeln aus aller Welt. Berlin: Tulipan.

Tetzner, Lisa (1980): Hans Urian oder Die Geschichte einer Weltreise. Reinbek: Rowohlt.

Timm, Uwe (1993): Rennschwein Rudi Rüssel. Mit Bildern von Gunnar Matysiak. München: dtv.

Tolkien, J. J. R. (1998): Der kleine Hobbit. Aus dem Englischen übersetzt von Wolfgang Krege. Stuttgart: Cotta.

Travers, Pamela L. (1999): Mary Poppins. Mit Illustrationen von Horst Lemke. Hamburg: Dressler.

Tuckermann, Anja (2008): Ein Buch für Yunus. Eine deutsch-türkische Geschichte. München: dtv.

Tuckermann, Anja (2011): Adile. Ein Mädchen aus Istanbul. Mit Bildern von Ulrike Barth-Musil. Leipzig: Klett.

Turnbull, Stephanie (2011): Vulkane. Übersetzt von Anne Emmert. Würzburg: Arena.

Turnbull, Stephanie (2012): Von Rittern und Burgen. Übersetzt von Harriet Grunewald. Würzburg: Arena.

Verne, Jules (2012): 20.000 Meilen unter dem Meer. Neu erzählt von Wolfgang Knape. Mit Bildern von Markus Zöller. Würzburg: Arena.

Vogel, Maja von (2006): Die drei !!! Die Handy-Falle. München: dtv.

Waberer, Keto von (2011): Die Kuh aus dem Meer und andere Geschichte aus dem Zauberland. Mit Bildern von Rotraut Suanne Berner. München: Hanser.

Wal, Mats (2006): Kill. Übersetzt von Angelika Kutsch. München: Hanser.

Weber, Benedikt (2011): Ein Fall für die Schwarze Pfote. Hugo auf heißer Spur. Mit Bildern von Zapf. Berlin: Tulipan.

Weidenmann, Alfred (2011): Gepäckschein 666. Bindlach: Loewe.

Weiße, Christian Felix (Hg.) (1779): Der Kinderfreund. Ein Wochenblatt. 13. Teil. Leipzig: Crusius.

Welsh, Renate (1985): Das Vamperl. Zeichnungen von Heribert Schulmeyer. München: dtv.

Wilfert, Stefan (2010): Abgerechnet wird später. 18 1/2 Fälle für Zahlenfans. München: dtv.

Wittlinger, Heidi (2012): Schlaf gut. Das Einschlafbuch. Ravensburg: Ravenburger.

Wölfel, Ursula (2012): Die grauen und die grünen Felder. Wahre Geschichten. Mit Bildern von Bettina Wölfel. Weinheim/Basel: Beltz & Gelberg.

Zaghir, Rania/Ishak, Racelle (2010): Wer hat mein Eis gegessen? Übersetzt von Petra Dünges. Berlin: Edition Orient.

Zöller, Elisabeth (2010): Der Klassen-King. Hamburg: Carlsen.

Sekundärliteratur

Abraham, Ulf (2012): Fantastik in Literatur und Film. Eine Einführung für Schule und Hochschule. Berlin: ESV.

Abraham, Ulf (2013): Medienästhetisches Lernen in der Grundschule – Leitfach Deutsch. In: Abraham, Ulf/Knopf, Julia (Hgg.): Deutsch. Didaktik für die Grundschule. Berlin: Cornelsen, S. 201–211.

Andresen, Ute (1999): Versteh mich nicht so schnell. Gedichte lesen mit Kindern. Weinheim/Basel: Beltz.

Baacke, Dieter (1999): Die 0-5 Jährigen. Einführung in die Probleme der frühen Kindheit. 2. Auflage. Basel/Weinheim: Beltz.

Ballis, Anja (2012a): Mehrsprachigkeit im Deutschunterricht. Einführung in das Themenheft. In: LiU 3, S. 181–188.

Ballis, Anja (2012b): Phantastische Kinderliteratur. Fiktionalitätsbewusstsein entwickeln. In: Pompe, Anja (Hg.): Literarisches Lernen im Anfangsunterricht. Theoretische Reflexionen – Empirische Befunde – Unterrichtspraktische Entwürfe. Baltmannsweiler: Schneider, S. 136–148.

Ballis, Anja (2013): Übersetzungen als Chance für den Deutschunterricht? Überlegungen zu aktueller Kinder- und Jugendliteratur aus Polen. In: Cieslak, Renata/Fromholzer, Franz/Harzer, Friedmann (Hgg.): Polnisch-deutsche Duette. Dresden: Neisse, S. 243–263.

Baobab Books (Hg.) (2011): Fremde Welten 2012/13. 19. Auflage. Basel: Baobab.

Bark, Joachim (1992): Anthologie. In: Ueding, Gert (Hg.): Historisches Wörterbuch der Rhetorik. Bd. 1: A–Bib. Tübingen: Niemeyer, Sp. 678–685.

Bauer, Roland (2011): Lernen an Stationen. In: Die Grundschulzeitschrift 241, S. 22–27.

Becker, Susanne Helene (Hg.) (2012): 99 neue Lesetipps. Bücher für die Grundschule. Seelze: Klett/Kallmeyer.

Belke, Gerlind (2011): „Generatives Schreiben" als Grundlage interkultureller sprachlicher Bildung. Online-Publikation: www.uni-due.de/imperia/md/content/prodaz/generatives_schreiben.pdf (aufgerufen am 14.03.2013).

Belke, Gerlind (Hg.) (2012): Mit Sprache(n) spielen. Kinderreime, Gedichte und Geschichten für Kinder zum Mitmachen und Selbermachen. Baltmannsweiler: Schneider.

Bertschi-Kaufmann, Andrea (2010): Einsichten in Leseverhalten und Lesekönnen. In: Schulz, Gudrun (Hg.): Lesen lernen in der Grundschule. Berlin: Cornelsen, S. 24–36.

Bertschi-Kaufmann, Andrea/Kappeler, Silvana (2010): Gegenwärtiger Stand der empirischen Unterrichtsforschung zur Vermittlung von Lesekompetenz. In:

Kämper-van den Boogaart, Michael/Spinner, Kaspar H. (Hgg.): Lese- und Literaturunterricht. Bd. 2. Baltmannsweiler: Schneider, S. 275–305.

Bettelheim, Bruno (1996): Kinder brauchen Märchen. 19. Auflage. Stuttgart: dtv.

Biermann, Ralf (2014): Medienbiografie. In: Tillmann, Angela/Fleischer, Sandra/Hugger, Kai-Uwe (Hgg.): Handbuch Kinder und Medien. Berlin: VS Springer, S. 125–136.

Bluhm, Lothar (2007): Märchen. In: Burdorf, Dieter/Fasbender, Christoph/Moennighoff, Burkhard (Hgg.): Metzler Lexikon Literatur. Begriffe und Definitionen. Begründet von Günther und Irmgard Schweikle. 3. Auflage. Stuttgart: Metzler, S. 472–474.

Boie, Kirsten (2001): Wir sollten den Kindern dabei helfen, zu Lesern zu werden! Zur besonderen Bedeutung der Erstlesebücher. Online-Publikation: www.kirsten-boie.de/material/reden-auf saetze/8817.pdf (aufgerufen am 26.04.2013).

Boorsma, Gabriele/Lipkowski, Eva (2011): Reime, Abzählverse, Lieder und Spiele zur Sprachförderung im Elementar- und Primarbereich. Online-Publikation: www.uni-due.de/imperia/md/content/prodaz/boorsmalipkowski_reime.pdf (aufgerufen am 14.03.2013).

Börsenverein des deutschen Buchhandels (Hg.) (2007): Kinder- und Jugendbücher. Marktpotenzial, Käuferstrukturen und Präferenzen unterschiedlicher Lebenswelten. Online-Publikation: www.boersenverein.de/sixcms/media.php/976/Kinder-und%20Jugendb%FCcher%20final.pdf (aufgerufen am 20.02.2013).

Brand, Tilman von (2010): Deutsch unterrichten. Einführung in die Planung, Durchführung und Auswertung in den Sekundarstufen. Seelze: Klett/Kallmeyer.

Bräuer, Christoph (2013): Lesegespräche führen. In: Abraham, Ulf/Knopf, Julia (Hgg.): Deutsch. Didaktik für die Grundschule. Berlin: Cornelsen, S. 33–43.

Bredella, Lothar (2004): Die Bedeutung multikultureller narrativer Texte für die Anerkennung von Mehrsprachigkeit und Mehrkulturalität. In: Bausch, Karl-Richard/Königs, Frank G./Krumm, Hans-Jürgen (Hgg.): Mehrsprachigkeit im Fokus. Arbeitspapiere der 24. Frühjahrskonferenz zur Erforschung des Fremdsprachenunterrichts. Tübingen: Narr, S. 16–21.

Bredella, Lothar (2012): Narratives und interkulturelles Verstehen. Zur Entwicklung von Empathie-, Urteils- und Kooperationsfähigkeit. Tübingen: Narr.

Breitmoser, Doris/Bernd, Kristina (Hgg.) (2010): Das Bilderbuch. 13. Auflage. München: Arbeitskreis für Jugendliteratur.

Breitmoser, Doris/Lentge, Julia (Hgg.) (2009): Das Kinderbuch. 6. Auflage. München: Arbeitskreis für Jugendliteratur.

Bremerich-Vos, Albert (2009): Die Bildungsstandards Deutsch. In: Bremerich-Vos, Albert et al. (Hgg.): Bildungsstandards für die Grundschule. Deutsch konkret. Berlin: Cornelsen, S. 14–42.

Breuer, Anne (2012): Projektunterricht. In: Horn, Klaus-Peter et al. (Hgg.): Klinkhardt Lexikon Erziehungswissenschaft. Bd. 3. Bad Heilbrunn: Klinkhardt, S. 37.

Broich, Ulrich (1985): Formen der Markierung von Intertextualität. In: Broich, Ulrich/Pfister, Manfred (Hgg.): Intertextualität. Formen, Funktionen, anglistische Fallstudien. Tübingen: Niemeyer, S. 31–47.

Brunken, Otto (2005): Kinder- und Jugendliteratur von den Anfängen bis 1945. Ein Überblick. In: Lange, Günter (Hg.): Taschenbuch der Kinder- und Jugendliteratur. Bd. 1. 4. Auflage. Baltmannsweiler: Schneider, S. 17–96.

Brunken, Otto (2008): Mittelalter und frühe Neuzeit. In: Wild, Reiner (Hg.): Geschichte der deutschen Kinder- und Jugendliteratur. 3. Auflage. Stuttgart/Weimar: Metzler, S. 1–42.

Büker, Petra/Vorst, Claudia (2010): Kompetenzen und Unterrichtsziele im Lese- und Literaturunterricht der Grundschule. In: Kämper-van den Boogaart, Michael/Spinner, Kaspar H. (Hgg.): Lese- und Literaturunterricht. Bd. 2. Baltmannsweiler: Schneider, S. 21–48.

Burdorf, Dieter (2007): Hausbuch. In: Burdorf, Dieter/Fasbender, Christoph/Moennighoff, Burkhard (Hgg.): Metzler Lexikon Literatur. Begriffe und Definitionen. Begründet von Günther und Irmgard Schweikle. 3. Auflage. Stuttgart: Metzler, S. 305.

Burkard, Mirjam/Seitz, Mirijam (2012): „Meine Wörter reisen“. Streifzüge durch die mehrsprachige Bilderbuchlandschaft. In: LiU 3, S. 189–206.

Conrady, Peter (2004): Leseanfänger sind keine Anfänger im Lesen. Anmerkungen zum Kinderbuch als ERSTLESEBUCH. In: Richter, Karin/Hurrelmann, Bettina (Hgg.): Kinderliteratur im Unterricht. Theorien und Modelle zur Kinder- und Jugendliteratur im pädagogisch-didaktischen Kontext. 2. Auflage. Weinheim/München: Juventa, S. 175–184.

Conrady, Peter (2010): Stolpersteine – beiseite geräumt. In: Praxis Grundschule 2, S. 7.

Dawidowski, Christian (2013): Lesen Digital Natives anders? In: JuLit 2, S. 7–15.

Dierks, Margarete (1995): Anthologie. In: Doderer, Klaus (Hg.): Lexikon der Kinder- und Jugendliteratur. Bd. 1: A–H. Unveränderter Nachdruck. Weinheim/Basel: Beltz, S. 42–44.

Duden (2001): Das Herkunftswörterbuch. Etymologie der deutschen Sprache. 3. Auflage. Mannheim u. a.: Dudenverlag.

Eder, Ulrike (2009): Mehrsprachige Kinder- und Jugendliteratur für mehrsprachige Lernkontexte. Wien: Praesens.

Ehlers, Swantje (2010): Studienbuch zur Analyse und Didaktik literarischer Texte. Baltmannsweiler: Schneider.

Ehmig, Simone C./Reuter, Timo (2013): Vorlesen im Kinderalltag. Bedeutung des Vorlesens für die Entwicklung von Kindern und Jugendlichen und Vorlesepraxis in den Familien. Mainz: Stiftung Lesen.

Ehmig, Simone C./Seelmann, Carolin (2013): Prepare for Life! Raising Awareness for Early Literacy Education. Implications of the International Conference of Experts. In: Mass, Jörg F./Ehmig, Simone C./Seelmann, Carolin (Hgg.): Prepare for Life! Raising Awareness for Early Literacy Education. Results and Implications of the International Conference of Experts 2013. Wiesbaden: Stiftung Lesen, S. 9–13.

Ewers, Hans-Heino (2005): Was ist Kinder- und Jugendliteratur? Ein Beitrag zu ihrer Definition und zur Terminologie ihrer wissenschaftlichen Beschreibung. In: Lange, Günter (Hg.): Taschenbuch der Kinder- und Jugendliteratur. Bd. 1. 4. Auflage. Baltmannsweiler: Schneider, S. 2–16.

Ewers, Hans-Heino (2011): Von der Zielgruppen- zur All-Age-Literatur. Kinder- und Jugendliteratur im Sog der Crossover-Vermarktung. In: Haug, Christine/ Vogel, Anke (Hgg.): Quo vadis Kinderbuch? Gegenwart und Zukunft der Literatur für junge Leser. Wiesbaden: Harrowitz, S. 13–22.

Exner, Christian/Kümmerling-Meibauer, Bettina (Hgg.) (2012): Von wilden Kerlen und wilden Hühnern. Perspektiven des modernen Kinderfilms. Marburg: Schüren.

Feierabend, Sabine/Klingler, Walter (2012): Was Kinder sehen. Eine Analyse der Fernsehnutzung Drei- bis 13-Jähriger 2011. in: Media Perspektiven 4. Online-Publikation: www.media-perspektiven.de/uploads/tx_mppublications/04-2012_ Feierabend_Klingler_01.pdf (aufgerufen am 07.04.2013), S. 203–214.

Fleischer, Sandra (2014): Medien in der frühen Kindheit. In: Tillmann, Angela/ Fleischer, Sandra/Hugger, Kai-Uwe (Hgg.): Handbuch Kinder und Medien. Berlin: VS Springer, S. 303–311.

Forytta, Claus (2006): Bild-Text-Korrelationen im modernen Bilderbuch. In: KIND-BILD-BUCH 2. Online-Publikation: www.bibf.uni-bremen.de/wp-con tent/uploads/2012/06/2-KBB-0206-Web.pdf (aufgerufen am 02.01.2013), S. 26–30.

Franz, Kurt (2000): Märchen-Diskussion heute. Zur Einführung in diesen Band. In: Franz, Kurt/Kahn, Walter (Hgg.): Märchen – Kinder – Medien. Beiträge zur medialen Adaption von Märchen und zum didaktischen Umgang. Baltmannsweiler: Schneider, S. 1–4.

Franz, Kurt (2005): Kinderlyrik. In: Lange, Günter (Hg.): Taschenbuch der Kinder- und Jugendliteratur. Bd. 1. 4. Auflage. Baltmannsweiler: Schneider, S. 201–227.

Frederking, Volker/Krommer, Axel/Maiwald, Klaus (2008): Mediendidaktik Deutsch. Eine Einführung. Berlin: ESV.

Frey, Karl/Frey-Eiling, Angela (2011): Die Projektmethode. In: Wiechmann, Jürgen (Hg.): Zwölf Unterrichtsmethoden. Vielfalt für die Praxis. 5. Auflage. Weinheim/Basel: Beltz, S. 172–179.

Fritzsche, Joachim et al. (2006): Literaturunterricht kontrastiv. Der handlungs- und produktionsorientierte Literaturunterricht auf dem Prüfstand. Baltmannsweiler: Schneider.

Fuhs, Burkhard (2014): Medien in der mittleren Kindheit. In: Tillmann, Angela/ Fleischer, Sandra/Hugger, Kai-Uwe (Hgg.): Handbuch Kinder und Medien. Berlin: VS Springer, S. 313–322.

Fürstenau, Sara (2011): Mehrsprachigkeit als Voraussetzung und Ziel schulischer Bildung. In: Fürstenau, Sara/Gomolla, Mechthild (Hgg.): Migration und schulischer Wandel. Mehrsprachigkeit. Wiesbaden: VS, S. 25–50.

Gansel, Carsten (2010): Moderne Kinder- und Jugendliteratur. Vorschläge für einen kompetenzorientierten Unterricht. 4. Auflage. Berlin: Cornelsen.

Garbe, Christine (2008): „Echte Kerle lesen nicht!?" Was eine erfolgreiche Leseförderung für Jungen beachten muss. Online-Publikation: www.boysandbooks.de/fileadmin/templates/images/PDF/Jungen-und-Lesen_Garbe-Endfassg-ungekuerzt.pdf (aufgerufen am 20.02.2014).

Garbe, Christine (2009): Lesesozialisation. In: Garbe, Christine/Holle, Karl/Jesch, Tatjana: Texte lesen. Lesekompetenz – Textverstehen – Lesedidaktik – Lesesozialisation. Paderborn: Schöningh, S. 167–222.

Garbe, Christine (2010): Literarische Sozialisation – Mediensozialisation. In: Frederking, Volker/Krommer, Axel/Meier, Christel (Hgg.): Taschenbuch des Deutschunterrichts. Bd. 2. Baltmannsweiler: Schneider, S. 21–40.

Garbe, Christine (2010): Wie werden Kinder zu engagierten und kompetenten Lesern? In: Schulz, Gudrun (Hg.): Lesen lernen in der Grundschule. Berlin: Cornelsen, S. 9–24.

Garbe, Christine/Philipp, Maik/Ohlsen, Nele (2009): Lesesozialisation. Arbeitsbuch. Paderborn: Schöningh.

Gien, Gabriele (2012): Lyrische Texte und ihre Didaktik. In: Lange, Günter/Weinhold, Swantje (Hgg.): Grundlagen der Deutschdidaktik. Sprachdidaktik – Mediendidaktik – Literaturdidaktik. 5. Auflage. Baltmannsweiler: Schneider, S. 273–296.

Götz, Maya (2013): Die Bedeutung von Fernsehlieblingsfiguren im Alltag von Mädchen und Jungen (8 bis 11 Jahre). In: Götz, Maya (Hg.): Die Fernsehheld(inn)en der Mädchen und Jungen. Geschlechtsspezifische Studien zum Kinderfernsehen. München: kopaed, S. 174–186.

Graf, Werner (2007): Lesegenese in Kindheit und Jugend. Einführung in die literarische Sozialisation. Baltmannsweiler: Schneider.

Haas, Gerhard (1983): Wozu Märchen gut sind. Überlegungen zur zeitgenössischen Märchendiskussion und Märchendidaktik. In: Doderer, Klaus (Hg.): Über Märchen für Kinder von heute. Essays zu ihrem Wandel und ihrer Funktion. Weinheim/Basel: Beltz, S. 157–174.

Haas, Gerhard (2005): Das Tierbuch. In: Lange, Günter (Hg.): Taschenbuch der Kinder- und Jugendliteratur. Bd. 1. 4. Auflage. Baltmannsweiler: Schneider, S. 287–307.

Hallet, Wolfgang/Königs, Frank G. (2010): Mehrsprachigkeit und vernetzendes Sprachlernen. In: Hallet, Wolfgang/Königs, Frank G. (Hgg.): Handbuch Fremdsprachendidaktik. Seelze: Klett/Kallmeyer, S. 302–307.

Häntzschel, Günter (2007): Anthologie. In: Weimar, Klaus (Hg.): Reallexikon der deutschen Literaturwissenschaft. Bd. I: A–G. Berlin/New York: de Gruyter, S. 98–100.

Härle, Gerhard (2004): Lenken – Steuern – Leiten. Theorie und Praxis der Leitung literarischer Gespräche in Hochschule und Schule. In: Härle, Gerhard/Steinbrenner, Markus (Hgg.): Kein endgültiges Wort. Die Wiederentdeckung des Gesprächs im Literaturunterricht. Baltmannsweiler: Schneider, S. 107–139.

Härle, Gerhard (2011): „...und am Schluss weiß ich trotzdem nicht, was der Text sagt“. Grundlagen, Zielperspektiven und Methoden des Literarischen Unterrichtsgesprächs. In: Steinbrenner, Markus/Mayer, Johannes/Rank, Bernhard (Hgg.): „Seit ein Gespräch wir sind und hören voneinander“. Das Heidelberger Modell des Literarischen Unterrichtsgesprächs in Theorie und Praxis. Baltmannsweiler: Schneider, S. 29–65.

Härle, Gerhard (2012): Klang – Beziehung – Gespräch. Von den Anfängen des literarischen Lernens. In: Pompe, Anja (Hg.): Literarisches Lernen im Anfangsunterricht. Theoretische Reflexionen – Empirische Befunde – Unterrichtspraktische Entwürfe. Baltmannsweiler: Schneider, S. 9–25.

Hattie, John (2014): Lernen sichtbar machen für Lehrpersonen. Überarbeitete deutschsprachige Ausgabe von „Visible Learning for Teachers“, besorgt von Wolfgang Beywl und Klaus Zierer. Baltmannsweiler: Schneider.

Hauck, Stefan (2013): Drüberwischen und weg? In: JuLit 2, S. 16–21.

Hauck-Thum, Uta (2012): Medienarbeit im Deutschunterricht. Weinheim/Basel: Beltz.

Hazard, Paul (1970): Kinder, Bücher und große Leute. Vorwort von Erich Kästner. Hamburg: Hoffmann und Campe.

Heidtmann, Horst (2000): Medienadaptionen von Volksmärchen. In: Franz, Kurt/Kahn, Walter (Hgg.): Märchen – Kinder – Medien. Beiträge zur medialen Adaption von Märchen und zum didaktischen Umgang. Baltmannsweiler: Schneider, S. 82–98.

Heinz, Jutta (2007): Anthologie. In: Burdorf, Dieter/Fasbender, Christoph/Moennighoff, Burkhard (Hgg.): Metzler Lexikon Literatur. Begriffe und Definitionen. Begründet von Günther und Irmgard Schweikle. 3. Auflage. Stuttgart: Metzler, S. 28–29.

Helmke, Andreas (2009): Unterrichtsqualität und Lehrerprofessionalität. Diagnose, Evaluation und Verbesserung des Unterrichts. 2. Auflage. Seelze: Klett/Kallmeyer.

Hengst, Heinz (2013): Kindheit im 21. Jahrhundert. Differenzielle Zeitgenossenschaft. Weinheim/Basel: Beltz/Juventa.

Hengst, Heinz (2014): Kinderwelten im Wandel. In: Tillmann, Angela/Fleischer, Sandra/Hugger, Kai-Uwe (Hgg.): Handbuch Kinder und Medien. Berlin: VS Springer, S. 17–29.

Henning, Franziska (2013): Fragen über Fragen. In: JuLit 1, S. 57–63.

Hocke, Roman/Neumahr, Uwe (2007): Michael Ende – Magische Welten. München: Henschel.

Hoffmann, Dagmar (2010): Plädoyer für eine integrative Mediensozialisationstheorie. In: Hoffmann, Dagmar/Mikos, Lothar (Hgg.): Mediensozialisationstheorien. Modelle und Ansätze. 2. Auflage. Wiesbaden: VS, S. 11–26.

Hoffmann, Dagmar/Mikos, Lothar (2010): Mediensozialisationstheorien. Modelle und Ansätze in der Diskussion. 2. Auflage. Wiesbaden: VS.

Hofmann, Regina (2010): Der kindliche Ich-Erzähler in der modernen Kinderliteratur. Eine erzähltheoretische Analyse mit Blick auf aktuelle Kinderromane. Frankfurt a. M. u. a.: Lang.

Hollstein, Gudrun/Sonnenmoser, Marion (2010): Werkstatt Bilderbuch. Allgemeine Grundlagen, Vorschläge und Materialien für den Unterricht in der Grundschule. 3. Auflage. Baltmannsweiler: Schneider.

Hopp, Gabriele/Lieber, Margarete (2008): Medienaffine Bilderbücher und ihre Potentiale zur Entwicklung von Medienkritik. In: Lieber, Gabriele (Hg.): Lehren und lernen mit Bildern. Ein Handbuch zur Bilddidaktik. Baltmannsweiler: Schneider, S. 293–307.

Hurrelmann, Bettina (2006): Kinder- und Jugendliteratur im Unterricht. In: Bogdal, Klaus-Michael/Korte, Hermann (Hgg.): Grundzüge der Literaturdidaktik. 4. Auflage. München: dtv, S. 134–146.

Hurrelmann, Bettina/Becker, Susanne/Nickel-Bacon, Irmgard (2006): Lesekindheiten. Familie und Lesesozialisation im historischen Wandel. Weinheim/München: Juventa.

Hurrelmann, Klaus (2002): Einführung in die Sozialisationstheorie. 8. Auflage. Weinheim: Beltz.

Institut für Demoskopie Allensbach (Hg.) (2003): Kinder brauchen Märchen. In: allensbacher berichte 12. Online-Publikation: www.ifd-allensbach.de/uploads/tx_reportsndocs/prd_03 12.pdf (aufgerufen am 17.03.2013).

Interrogare Trendstudie 2012 (2013): Digitale Mediennutzung im Zeitalter von Tablets. Online-Publikation: www.interrogare.de/news/news-detailansicht/trend studie-2012-smartphones-und-tablets-dominieren-die-private-mediennutzung-app s-bevorzugt/da3452c23f29844a70a7897ffb5feb0c/ (aufgerufen am 01.11.2013).

Jolles, André (1958): Einfache Formen. Legende, Sage, Mythe, Rätsel, Spruch, Kasus, Memorabile, Märchen, Witz. 2. Auflage. Darmstadt: WBG.

Josting, Petra/Dreier, Ricarda (2010): Kinder- und Jugendliteratur im Literaturunterricht. In: Frederking, Volker/Krommer, Axel/Meier, Christel (Hgg.): Taschenbuch des Deutschunterrichts. Bd. 2. Baltmannsweiler: Schneider, S. 71–99.

Josting, Petra/Maiwald, Klaus (2007): Einführung. Kinder- und Jugendliteratur im Medienverbund. In: Josting, Petra/Maiwald, Klaus (Hgg.): Kinder- und Jugendliteratur im Medienverbund. Grundlagen, Beispiele und Ansätze für den Deutschunterricht (kjl&m 07.extra). München: kopaed, S. 7–9.

Karrenbrock, Helga (2008): Weimarer Republik. In: Wild, Reiner (Hg.): Geschichte der Kinder- und Jugendliteratur. 3. Auflage. Stuttgart/Weimar: Metzler, S. 241–259.

Kautt, Annette (2013): Literatur für und von Kindern im Netz. In: JuLit 2, S. 22–28.

Kliewer, Annette (2011): Kein Mitleid für die „Kleinen Helden in Not“! Andreas Steinhöfels „Rico, Oskar und die Tieferschatten“ im Deutschunterricht der 5./6. Klasse. In: Deutschextra 8, S. 1–4.

Knopf, Julia (2012): Detektivgeschichten und Lesekompetenz. In: Pompe, Anja (Hg.): Literarisches Lernen im Anfangsunterricht. Theoretische Reflexionen – Empirische Befunde – Unterrichtspraktische Entwürfe. Baltmannsweiler: Schneider, S. 205–218.

Kramsch, Claire (2011): Symbolische Kompetenz durch literarische Texte. In: Fremdsprache Deutsch 44, S. 35–40.

Kraus, Karoline (2005): Dialogisches Lesen. Neue Wege der Sprachförderung in Kindergarten und Familie. In: Roux, Susanna (Hg.): PISA und die Folgen. Sprache und Sprachförderung im Kindergarten. Landau: Empirische Pädagogik, S. 109–129.

Kruse, Iris (2012): Gut vorlesen. Textpotenziale entfalten. In: Pompe, Anja (Hg.): Literarisches Lernen im Anfangsunterricht. Theoretische Reflexionen – Empirische Befunde – Unterrichtspraktische Entwürfe. Baltmannsweiler: Schneider, S. 102–121.

Kruse, Iris (2013): Literarisches Lernen in der Grundschule. Das Lesetagebuch als Lern- und Beobachtungsinstrument zur Förderung von literarischen Kompetenzen. In: Gailberger, Steffen/Wietzke, Frauke (Hgg.): Handbuch Kompetenzorientierter Deutschunterricht. Weinheim/Basel: Beltz, S. 70–93.

Kühl, Olaf (2005): Dankesrede. Online-Publikation: www.bosch-stiftung.de/content/language1/html/34452.asp (aufgerufen am 20.02.2013).

Kullmann, Thomas (2008): Englische Kinder- und Jugendliteratur. Eine Einführung. Berlin: ESV.

Kümmerling-Meibauer, Bettina (2003): Kinderliteratur, Kanonbildung und literarische Wertung. Stuttgart: Metzler.

Kümmerling-Meibauer, Bettina (2004): Klassiker der Kinder- und Jugendliteratur. Ein internationales Lexikon. Sonderausgabe. Bd. 2. Stuttgart: Metzler.

Kümmerling-Meibauer, Bettina (2007): Überschreitung von Mediengrenzen. Theoretische und historische Aspekte des Kindermedienverbunds. In: Josting, Petra/Maiwald, Klaus (Hgg.): Kinder- und Jugendliteratur im Medienverbund. Grundlagen, Beispiele und Ansätze für den Deutschunterricht (kjl&m 07.extra). München: kopaed, S. 11–21.

Kümmerling-Meibauer, Bettina (2008): Crosswriting und Mehrfachadressiertheit: Anmerkungen in der Kinderliteratur. In: Metz, Bernhard/Zubarik, Sabine (Hgg.): Am Rande bemerkt. Anmerkungspraktiken in literarischen Texten. Berlin: Kadmos, S. 277–296.

Kümmerling-Meibauer, Bettina (2011): Bilderbuch. In: Ueding, Gert (Hg.): Historisches Wörterbuch der Rhetorik. Bd. 10. Berlin: de Gruyter, Sp. 146–161.

Kümmerling-Meibauer, Bettina (2012a): Bilder intermedial. Visuelle Codes erfassen. In: Pompe, Anja (Hg.): Literarisches Lernen im Anfangsunterricht. Theoretische Reflexionen – Empirische Befunde – Unterrichtspraktische Entwürfe. Baltmannsweiler: Schneider, S. 58–72.

Kümmerling-Meibauer, Bettina (2012b): Kinder- und Jugendliteratur. Eine Einführung. Darmstadt: WBG.

Kümmerling-Meibauer, Bettina (2013): Interaktion von Bild und Text im mehrsprachigen Bilderbuch. In: Glawitzek, Ira/Kümmerling-Meibauer, Bettina (Hgg.): Mehrsprachigkeit und Kinderliteratur. Stuttgart: Fillibach, S. 47–71.

Kümmerling-Meibauer, Bettina/Koebner, Thomas (Hgg.) (2010): Filmgenres. Kinder- und Jugendfilm. Stuttgart: Reclam.

Kunze, Ingrid (2012): Unterrichtsmethoden. In: Horn, Klaus-Peter et al. (Hgg.): Klinkhardt Lexikon Erziehungswissenschaft. Bd. 3. Bad Heilbrunn: Klinkhardt, S. 347–348.

Lampert, Claudia (2014): Kinder und Internet. In: Tillmann, Angela/Fleischer, Sandra/Hugger, Kai-Uwe (Hgg.): Handbuch Kinder und Medien. Berlin: VS Springer, S. 429–440.

Lange, Günter (Hg.) (2005): Taschenbuch der Kinder- und Jugendliteratur. 2 Bde. 4. Auflage. Baltmannsweiler: Schneider.

Lange, Günter (2007): Paul Maars Kinder- und Jugendbücher in der Grundschule und Sekundarstufe I. Baltmannsweiler: Schneider.

Lange, Günter (2010): Einführung in die Märchenforschung und Märchendidaktik. In: Lange Günter (Hg.): Märchen – Märchenforschung – Märchendidaktik. 2. Auflage. Baltmannsweiler: Schneider, S. 3–32.

Lange, Günter (2011): Abenteuerliteratur. In: Lange, Günter (Hg.): Kinder- und Jugendliteratur der Gegenwart. Grundlagen – Gattungen – Medien – Lesesozialisation und Didaktik. Baltmannsweiler: Schneider, S. 252–268.

Leubner, Martin/Saupe, Anja/Richter, Matthias (2010): Literaturdidaktik. Berlin: Akademie.

Lienert, Elisabeth (1997): Heldendichtung. In: Brunner, Horst/Moritz, Rainer (Hgg.): Literaturwissenschaftliches Lexikon. Grundbegriffe der Germanistik. Berlin: ESV, S. 133–135.

Lison, Inger (2010): „Du kennst mich nicht und schreibst trotzdem genau, wie es mir geht!“ Erfolgreiche Rezeption und Innovation in ausgewählten Werken Astrid Lindgrens. Frankfurt a. M. u. a.: Lang.

Lüthi, Max (2004): Märchen. 10. Auflage. Stuttgart: Metzler.

Maiwald, Klaus (2007): Ansätze zum Umgang mit dem Medienverbund im (Deutsch-)Unterricht. In: Josting, Petra/Maiwald, Klaus (Hgg.): Kinder- und Jugendliteratur im Medienverbund. Grundlagen, Beispiele und Ansätze für den Deutschunterricht (kjl&m 07.extra). München: kopaed, S. 35–48.

Maiwald, Klaus (2010): Grundlegende filmanalytische Begriffe und Kategorien. In: Josting, Petra/Maiwald, Klaus (Hgg.): Verfilmte Kinderliteratur. Gattungen, Produktion, Distribution, Rezeption und Modelle für den Deutschunterricht (kjl&m 10.extra). München: kopaed, S. 168–176.

Mayer, Heike (2001): Märchen. In: Ueding, Gert (Hg.): Historisches Wörterbuch der Rhetorik. Bd. 5: L–Musi. Tübingen: Niemeyer, Sp. 945–950.

Medienpädagogischer Forschungsverbund Südwest (2012): FIM-Studie 2011. Familie, Interaktion & Medien. Untersuchung zur Kommunikation und Mediennutzung in Familien. Online-Publikation: www.mpfs.de/?id=26 (aufgerufen am 01.11.2013).

Medienpädagogischer Forschungsverbund Südwest (2013): KIM-Studie 2012. Kinder + Medien. Computer + Internet. Basisuntersuchung zum Medienumgang 6- bis 13-Jähriger in Deutschland. Online-Publikation: www.mpfs.de/fileadmin/KIM-pdf12/KIM_2012.pdf (aufgerufen am 22.04.2013).

Meyer, Hilbert (1980): Leitfaden zur Unterrichtsvorbereitung. 10. Auflage. Berlin: Cornelsen.

Mifsud, Charles L. (2014): Multimodal and Digital Literacies in the Early Years. In: Mass, Jörg F./Ehmig, Simone C./Seelmann, Carolin (Hgg.): Prepare for Life! Raising Awareness for Early Literacy Education. Results and Implications of the International Conference of Experts 2013. Wiesbaden: Stiftung Lesen, S. 121–128.

Mikota, Jana (2013): „Ich lese zweisprachig!" Erstleseliteratur und Mehrsprachigkeit – Eine Bestandsaufnahme. In: Gawlitzek, Ira/Kümmerling-Meibauer, Bettina (Hgg.): Mehrsprachigkeit und Kinderliteratur. Stuttgart: Klett Fillibach, S. 191–212.

Moser, Heinz (2014): Medien in der späten Kindheit. In: Tillmann, Angela/Fleischer, Sandra/Hugger, Kai-Uwe (Hgg.): Handbuch Kinder und Medien. Berlin: VS Springer, S. 323–334.

Müller, Lukas (2008): Digitale Stop Motion Animation im Unterricht. Online-Publikation: www.mal.ch/context/data/ArbeitAnimation.pdf (aufgerufen am 25.02.2014).

Neuhaus, Stefan (2005): Märchen. Tübingen: Francke.

Niklas, Annemarie (2013): Handlungs- und produktionsorientierte Methoden für den Literaturunterricht. In: Abraham, Ulf/Knopf, Julia (Hgg.): Deutsch. Didaktik für die Grundschule. Berlin: Cornelsen, S. 43–52.

Nusser, Peter (2003): Der Kriminalroman. 3. Auflage. Stuttgart: Metzler.

Oetken, Mareile (2008): Bilderbücher der 1990er Jahre. Kontinuität und Diskontinuität in Produktion und Rezeption. Online-Publikation: http://oops.uni-oldenburg.de/747/1/oetbil08.pdf (aufgerufen am 01.01.2013).

Ossowski, Ekkehard/Ossowski, Herbert (2011): Sachbücher für Kinder und Jugendliche. In: Lange, Günter (Hg.): Kinder- und Jugendliteratur der Gegenwart. Grundlagen – Gattungen – Medien – Lesesozialisation und Didaktik. Baltmannsweiler: Schneider, S. 364–388.

Ossowski, Herbert (2005): Sachbücher für Kinder und Jugendliche. In: Lange, Günter (Hg.): Taschenbuch der Kinder- und Jugendliteratur. Bd. 2. 4. Auflage. Baltmannsweiler: Schneider, S. 657–682.

O'Sullivan, Emer/Rösler, Dietmar (2013): Kinder- und Jugendliteratur im Fremdsprachenunterricht. Tübingen: Stauffenburg.

Pabst-Weinschenk, Marita (2013): Vortragen und Präsentieren. In: Gailberger, Steffen/Wietzke, Frauke (Hgg.): Handbuch Kompetenzorientierter Deutschunterricht. Weinheim: Beltz, S. 400–421.

Payrhuber, Franz (2011): Moderne realistische Jugendliteratur. In: Lange, Günter (Hg.): Kinder- und Jugendliteratur der Gegenwart. Grundlagen – Gattungen – Medien – Lesesozialisation und Didaktik. Baltmannsweiler: Schneider, S. 106–124.

Pfister, Manfred (1985): Konzepte der Intertextualität. In: Broich, Ulrich/Pfister, Manfred (Hgg.): Intertextualität. Formen, Funktionen, anglistische Fallstudien. Tübingen: Niemeyer, S. 1–30.

Philipp, Maik (2010): Lesen empeerisch. Eine Längsschnittstudie zur Bedeutung von peer groups für Lesemotivation und -verhalten. Wiesbaden: VS.

Piper, Irene (2010): Lese- und literarische Sozialisation. In: Kämper-van den Boogaart, Michael/Spinner, Kaspar H. (Hgg.): Lese- und Literaturunterricht. Bd. 1. Baltmannsweiler: Schneider, S. 87–147.

Plath, Monika (2010): Lesen Jungen anders als Mädchen? In: Schulz, Gudrun (Hg.): Lesen lernen in der Grundschule. Berlin: Cornelsen, S. 37–47.

Plath, Monika/Richter, Karin (2010): Literatur für Mädchen – Literatur für Jungen. Geschlechtsspezifische Leseinteressen und Rezeptionsmuster. In: Plath, Monika/Richter, Karin (Hgg.): Literatur für Mädchen – Literatur für Jungen. Wege zur Lesemotivation in der Schule. Baltmannsweiler: Schneider, S. 27–61.

Rank, Bernhard (2011): Phantastische Kinder- und Jugendliteratur. In: Lange, Günter (Hg.): Kinder- und Jugendliteratur der Gegenwart. Grundlagen – Gattungen – Medien – Lesesozialisation und Didaktik. Baltmannsweiler: Schneider, S. 168–192.

Rauch, Marja (2012): Jugendliteratur der Gegenwart. Grundlagen – Analysen – Unterrichtsvorschläge. Seelze-Velber: Kallmeyer/Klett.

Rauchhaupt, Silja von (2009): Kathrin Schärers Bilderbuch Johanna im Zug. Jetzt lass uns allein, Autorin! In: FAZ vom 14.10.2009, abrufbar unter: www.faz.net/aktuell/feuilleton/buecher/rezensionen/kinderbuch/kathrin-schae rers-bilderbuch-joha hanna-im-zug-jetzt-lass-uns-allein-autorin-1873638.html (aufgerufen am 12.04.2013).

Reger, Harald (2000): Kinderlyrik in der Grundschule. Literaturwissenschaftliche Grundlegung – Schülerorientierte Didaktik. 4. Auflage. Baltmannsweiler: Schneider.

Rehfeld, Nina (2012): Interview mit Jeff Kinney. „Greg gehört mir nicht mehr“. In: FAZ vom 02.02.2012, abrufbar unter: www.faz.net/aktuell/gesellschaft/inter view-mit-jeff-kinney-greg-gehoert-mir-nicht-mehr-11629571.html (aufgerufen am 23.04.2013).

Reich, Kersten (2008): Stationenlernen. In: Reich, Kersten (Hg.): Methodenpool, abrufbar unter: http://methodenpool.uni-koeln.de/download/stationenlernen. pdf (aufgerufen am 02.11.2013).

Reinmann, Gabi/Vohle, Frank/Gröller, Monika (2010): Erzählend lernen mit Tech Pi und Mali Bu. Technologiegestützte Narration in der Grundschule. In: Bauer, Petra/Hoffmann, Hannah/Mayrberger, Kerstin (Hgg.): Fokus Medienpädagogik. Aktuelle Forschungs- und Handlungsfelder. München: kopaed, S. 264–279.

Reisch, Lucia/Bietz, Sabine (2011): Studie zu Möglichkeiten der Verbraucherinformation für die Zielgruppe „Digital Natives". Online-Publikation: www.verbraucherportal-bw.de/servlet/PB/show/2903476/Abschlussbericht_Digital_Natives_aktualisiert_3%2520_August.pdf+&cd=1&hl=de&ct=clnk&gl=de (aufgerufen am 01.11.2013).

Renner, Bärbel G. (2011): Kommunikationspolitik von Kinderbuchverlagen im Kontext des Marketing-Mix. In: Haug, Christine/Vogel, Anke (Hgg.): Quo vadis Kinderbuch? Gegenwart und Zukunft der Literatur für junge Leser. Wiesbaden: Harrowitz, S. 63–88.

Richter, Karin (2001): Kinderliteratur in der Grundschule. Betrachtungen – Interpretationen – Modelle. Baltmannsweiler: Schneider.

Richter, Karin/Plath, Monika (2007): Lesemotivation in der Grundschule. Empirische Befunde und Modelle für den Unterricht. 2. Auflage. München: Juventa.

Rogge, Jan-Uwe (2007): Kinder brauchen Helden. Einige Gedanken. In: Televizion 20/2, S. 50–53.

Rölleke, Heinz (2009): Kunstmärchen. In: Lamping, Dieter (Hg.): Handbuch der literarischen Gattungen. Stuttgart: Kröner, S. 447–451.

Rölleke, Heinz (2010): Die Brüder Grimm als Märchensammler und -bearbeiter. In: Lange, Günter (Hg.): Märchen – Märchenforschung – Märchendidaktik. 2. Auflage. Baltmannsweiler: Schneider, S. 33–50.

Rosebrock, Cornelia (1997): Kinder- und Jugendliteratur im Unterricht – aus der Perspektive der Lehrerbildung. In: Rank, Bernhard/Rosebrock, Cornelia (Hgg.): Kinderliteratur, literarische Sozialisation und Schule. Weinheim: Deutscher Studienverlag, S. 7–28.

Rosebrock, Cornelia/Nix, Daniel (2013): Grundlagen der Lesedidaktik und der systematischen schulischen Leseförderung. 6. Auflage. Baltmannsweiler: Schneider.

Sahr, Michael (2005): Vom Bilderbuch zum Film. Medienorientierter Umgang mit Bilderbüchern in der Schule. in: Franz, Kurt/Lange, Günter (Hgg.): Bilderbuch und Illustration in der Kinder- und Jugendliteratur. Baltmannsweiler: Schneider, S. 159–174.

Sahr, Michael (2007): Zeit für Märchen. Kreativer und medienorientierter Umgang mit einer epischen Kurzform. 2. Auflage. Baltmannsweiler: Schneider.

Schilcher, Anita (2003): Was machen die Jungs? Geschlechterdifferenzierender Deutschunterricht nach PISA. In: Abraham, Ulf et al. (Hgg.): Deutschdidaktik und Deutschunterricht nach PISA. Freiburg: Fillibach, S. 361–380.

Schuegraf, Martina (2014): Medienkonvergenz und Celebritys im Kindesalter. In: Tillmann, Angela/Fleischer, Sandra/Hugger, Kai-Uwe (Hgg.): Handbuch Kinder und Medien. Berlin: VS Springer, S. 337–349.

Schulz, Gudrun (2010): Mit Geschichten zum Leser werden. In: Schulz, Gudrun (Hg.): Lesen lernen in der Grundschule. Berlin: Cornelsen, S. 101–114.

Seibert, Ernst (2008): Themen, Stoffe und Motive in der Literatur für Kinder und Jugendliche. Wien: facultas wuv.

Sekretariat der Ständigen Konferenz der Kultusminister der Länder in der BRD (Hg.) (2005): Beschlüsse der Kultusministerkonferenz. Bildungsstandards im Fach Deutsch für den Primarbereich. Beschluss vom 15.10.2004. München: Wolters Kluwer.

Simonis, Annette (2005): Grenzüberschreitungen in der phantastischen Literatur. Einführung in die Theorie und Geschichte eines narrativen Genres. Heidelberg: Winter.

Sipp, Katharina/Torzinski, Jan/Kutter, Inge (2013): Es war einmal. In: DIE ZEIT 2, S. 31.

Spinner, Kaspar H. (2004): Gesprächseinlagen beim Vorlesen. In: Härle, Gerhard/ Steinbrenner, Marcus (Hgg.): Kein endgültiges Wort. Die Wiederentdeckung des Gesprächs im Literaturunterricht. Baltmannsweiler: Schneider, S. 291–307.

Spinner, Kaspar H. (2006): Literarisches Lernen. In: Praxis Deutsch 200, S. 6–16.

Spinner, Kaspar H. (2010a): Handlungs- und produktionsorientierter Literaturunterricht. In: Frederking, Volker/Krommer, Axel/Meier, Christel (Hgg.): Taschenbuch des Deutschunterrichts. Bd. 2. Baltmannsweiler: Schneider, S. 311–325.

Spinner, Kaspar H. (2010b): Lesekompetenz ausbilden, Lesestandards erfüllen. In: Schulz, Gudrun (Hg.): Lesen lernen in der Grundschule. Berlin: Cornelsen, S. 48–61.

Spinner, Kaspar H. (2010c): Methoden des Literaturunterrichts. In: Kämper-van den Boogaart, Michael/Spinner, Kaspar H. (Hgg.): Lese- und Literaturunterricht. Bd. 2. Baltmannsweiler: Schneider, S. 190–242.

Spinner, Kaspar H. (2011a): Didaktik der Kinder- und Jugendliteratur. In: Lange, Günter (Hg.): Kinder- und Jugendliteratur der Gegenwart. Grundlagen – Gattungen – Medien – Lesesozialisation und Didaktik. Baltmannsweiler: Schneider, S. 508–524.

Spinner, Kaspar H. (2011b): Prototypentheorie. In: Metzger, Klaus (Hg.): Unterrichtsideen zu Märchen, Fabeln, kurzen Texten. Leseverstehen vertiefen, Kreativität fördern. Berlin: Cornelsen, S. 11–12.

Steffens, Wilhelm (1998): Der psychologische Kinderroman. In: Franz, Kurt/Lange, Günter/Payrhuber, Franz-Josef (Hgg.): Kinder- und Jugendliteratur. Ein Lexikon. Teil 5: Literarische Begriffe/Werke/Medien. Meitingen: Corian, S. 1–21.

Steinbrenner, Markus/Wiprächtiger-Geppert, Maja (2006): Verstehen und Nicht-Verstehen im Gespräch. Das Heidelberger Modell des Literarischen Unterrichtsgesprächs. In: LiU 3, S. 227–241.

Steinlein, Rüdiger (2008): Neubeginn, Restauration, antiautoritäre Wende. In: Wild, Reiner (Hg.): Geschichte der Kinder- und Jugendliteratur. 3. Auflage. Stuttgart/Weimar: Metzler, S. 312–342.

Steinz, Jörg/Weinmann, Andrea (2005): Die Kinder- und Jugendliteratur der Bundesrepublik nach 1945. In: Lange, Günter (Hg.): Taschenbuch der Kinder- und Jugendliteratur. Bd. 1. 4. Auflage. Baltmannsweiler: Schneider, S. 97–136.

Steitz-Kallenbach, Jörg (2005): Bildersachbücher und Sachgeschichten. Wissensvermittlung durch Bild und Text. In: Franz, Kurt/Lange, Günter (Hgg.): Bilderbuch und Illustration in der Kinder- und Jugendliteratur. Baltmannsweiler: Schneider, S. 32–52.

Stenzel, Gudrun (2009): Erstlesebücher. In: Franz, Kurt/Lange, Günter/Payrhuber, Franz-Josef (Hgg.): Kinder- und Jugendliteratur. Ein Lexikon. Teil 5: Literarische Begriffe/Werke/Medien. Meitingen: Corian, S. 1–35.

Stenzel, Gudrun (2011): Kriminalgeschichten. In: Lange, Günter (Hg.): Kinder- und Jugendliteratur der Gegenwart. Grundlagen – Gattungen – Medien – Lesesozialisation und Didaktik. Baltmannsweiler: Schneider, S. 333–348.

Stenzel, Gudrun (2013): An der Zeitenwende. In: JuLit 2, S. 3–6.

Tarelli, Irmela/Valtin, Renate/Bos, Wilfried (2012): IGLU 2011. Wichtige Ergebnisse im Überblick. In: Bos, Wilfried et al. (Hgg.): IGLU 2011. Lesekompetenz von Grundschulkindern in Deutschland im internationalen Vergleich. Münster u. a.: Waxmann, S. 11–25.

Thiele, Jens (2003a): Das Bilderbuch. Ästhetik, Theorie, Analyse, Didaktik, Rezeption. Mit Beiträgen von Jane Doonan, Elisabeth Hohmeister, Doris Reske und Reinbert Tabbert. 2. Auflage. Oldenburg: Isensee.

Thiele, Jens (2003b): Das Bilderbuch. In: Thiele, Jens/Steitz-Kallenbach, Jörg (Hgg.): Handbuch Kinderliteratur. Grundwissen für Ausbildung und Praxis. 2. Auflage. Freiburg i. Br.: Herder, S. 70–98.

Thiele, Jens (2003c): Kinderlyrik. In: Thiele, Jens/Steitz-Kallenbach, Jörg (Hgg.): Handbuch Kinderliteratur. Grundwissen für Ausbildung und Praxis. 2. Auflage. Freiburg i. Br.: Herder, S. 157–181.

Thiele, Jens (2005): Das Bilderbuch. In: Lange, Günter (Hg.): Taschenbuch der Kinder- und Jugendliteratur. Bd. 1. 4. Auflage. Baltmannsweiler: Schneider, S. 228–245.

Tillmann, Angela/Hugger, Kai-Uwe (2014): Mediatisierte Kindheit – Aufwachsen in mediatisierten Lebenswelten. In: Tillmann, Angela/Fleischer, Sandra/Hugger,

Kai-Uwe (Hgg.): Handbuch Kinder und Medien. Berlin: VS Springer, S. 31–45.

Tracy, Rosemarie (2008): Wie Kinder Sprachen lernen. Und wie wir sie dabei unterstützen können. 2. Auflage. Tübingen: Francke.

Vach, Karin (2013): Mit Medien handlungsorientiert umgehen. In: Abraham, Ulf/ Knopf, Julia (Hgg.): Deutsch. Didaktik für die Grundschule. Berlin: Cornelsen, S. 212–220.

Vogel, Anke (2011): Crossreading – publikumszentrierte Ansätze zur Erklärung der All-Age-Booms im Buchmarkt. In: Haug, Christine/Vogel, Anke (Hgg.): Quo vadis Kinderbuch? Gegenwart und Zukunft der Literatur für junge Leser. Wiesbaden: Harrowitz, S. 23–35.

Vollbrecht, Ralf (2010): Mediensozialisation. In: Tillmann, Angela/Fleischer, Sandra/Hugger, Kai-Uwe (Hgg.): Handbuch Kinder und Medien. Berlin: VS Springer, S. 115–121.

Vorlesestudie 2008. Vorlesen im Kinderalltag 2008. Repräsentative Befragung von Kindern im Vor- und Grundschulalter (4 bis 11 Jahre). Online-Publikation: www.stiftunglesen.de/vorlesestudie-2008 (aufgerufen am 20.02.2013).

Vorlesestudie 2012. Digitale Angebote – neue Anreize für das Vorlesen? Repräsentative Befragung von Eltern mit Kindern im Alter von 2 bis 8 Jahren. Online-Publikation: www.stiftunglesen.de/vorlesestudie-2012 (aufgerufen am 20.02.2013).

Vorst, Claudia (2013): Bunte Kuh aus der Balance. Kurzfilm und Bilderbuch *Mobile* von Verena Fels im medienintegrativen Deutschunterricht. In: LiU 1, S. 25–39.

Voss, Marie-Luise (2011): Rico und Oskar: Zusammen unschlagbar. Die Geschichte einer außergewöhnlichen Freundschaft. In: Grundschule Religion 34, S. 8–13.

Vrachliotis, Anja (2011): 999 Froschgeschwister ziehen um. Online-Publikation: www.nord-sued.com/presse/documents/999Froschgeschwister.pdf (aufgerufen am 20.02.2013).

Vygotskij, Lev S. (2002): Denken und Sprechen. Psychologische Untersuchungen. Weinheim/Basel: Beltz.

Wallach, Sabine (2003): Literaturverfilmungen. In: Thiele, Jens/Steitz-Kallenbach, Jörg (Hgg.): Handbuch Kinderliteratur. Grundwissen für Ausbildung und Praxis. Freiburg: Herder, S. 206–230.

Wardetzky, Kristin (1995): Aschenputtel glanzlackiert. Veränderungen der kindlichen Märchenrezeption in den neuen Bundesländern. In: Grundschule 12, S. 10–12.

Wardetzky, Kristin (2000): Märchen als Erzählung und Trickfilm. Eine rezeptionspsychologische Vergleichsuntersuchung. In: Franz, Kurt/Kahn, Walter (Hgg.):

Märchen – Kinder – Medien. Beiträge zur medialen Adaption von Märchen und zum didaktischen Umgang. Baltmannsweiler: Schneider, S. 158–170.

Weinert, Franz E. (2001): Vergleichende Leistungsmessung in Schulen. Eine umstrittene Selbstverständlichkeit. In: Weinert, Franz E. (Hg.): Leistungsmessung in Schulen. Weinheim: Beltz, S. 17–31.

Weinkauff, Gina (2013): Übersetzungen im Deutschunterricht. In: Weinkauff, Gina/Josting, Petra (Hgg.): Literatur aus zweiter Hand. Anregungen zum Umgang mit Übersetzungen im Deutschunterricht. Baltmannsweiler: Schneider, S. 13–22.

Weinkauff, Gina/Glasenapp, Gabriele von (2010): Kinder- und Jugendliteratur. Paderborn: Schöningh.

Weissenburger, Christian (2009): Helden lesen! Die Chancen des Heldenmotivs bei der Leseförderung von Jungen. Eine empirische Untersuchung zum Lektüreunterricht bei Jugendlichen der Klassenstufe 7/8. Baltmannsweiler: Schneider.

Weiße, Suse (2000): Simsala versus Grimm? Eine empirische Untersuchung über die Rezeption von Märchen und Märchentrickfilm in Berliner Grundschulen. In: Franz, Kurt/Kahn, Walter (Hgg.): Märchen – Kinder – Medien. Beiträge zur medialen Adaption von Märchen und zum didaktischen Umgang. Baltmannsweiler: Schneider, S. 145–157.

Wicke, Andreas (2012): „Zeiten ändern sich, Menschen ändern sich, Meinungen ändern sich“. Familie in Andreas Steinhöfels Rico, Oskar …-Trilogie. In: interjuli 02, S. 39–58.

Wicke, Andreas (2013): „Ich mochte Sherlock Holmes lange nicht so gern wie Miss Marple“. Intertextuelle Spuren in Andreas Steinhöfels Rico, Oskar …-Krimis. In: Volkacher Bote 98, S. 19–30.

Wiebe, Katja (2011): Überblicksstudie über die aktuelle Kinder- und Jugendliteratur in Polen, Russland, Slowenien, Tschechien, der Ukraine im Auftrag der Robert Bosch Stiftung. Online-Publikation: www.ijb.de/files/pdf/Osteuropa studie%20RobertBoschStiftung.pdf (aufgerufen am 20.02.2013).

Wieler, Petra (1997): Vorlesen in der Familie. Fallstudien zur literarisch-kulturellen Sozialisation von Vierjährigen. Weinheim/München: Juventa.

Wieler, Petra (2002): „Bimmelt leise ihre Weise …“. Ästhetische und affektive Komponenten des Vorlesegesprächs mit einem kleinen Kind. In: Bonfadelli, Heinz/Bucher, Priska (Hgg.): Lesen in der Mediengesellschaft. Stand und Perspektive der Forschung. Zürich: Pestalozzianum, S. 133–147.

Wilczek, Reinhard (2001): Thriller im Deutschunterricht? Einige didaktische Anregungen zu Henning Mankells *Hunde von Riga*. In: LiU 2, S. 67–79.

Wilczek, Reinhard (2007): Von Sherlock Holmes bis Kemal Kayankaya. Kriminalromane im Deutschunterricht. Seelze: Kallmeyer.

Wild, Reiner (2008): Aufklärung. In: Wild, Reiner (Hg.): Geschichte der Kinder- und Jugendliteratur. 3. Auflage. Stuttgart/Weimar: Metzler, S. 43–95.

Wild, Reiner (2008): Vorbemerkung. In: Wild, Reiner (Hg.): Geschichte der Kinder- und Jugendliteratur. 3. Auflage. Stuttgart/Weimar: Metzler, S. 343–347.

Wildemann, Anja (2003): Kinderlyrik im Vorschulalter. Kinder zwischen Mündlichkeit und Schriftlichkeit. Frankfurt a. M.: Lang.

Willenberg, Heiner (2010): Kompetenzen im Literatur- und Sprachunterricht. In: Frederking, Volker/Krommer, Axel/Meier, Christel (Hgg.): Taschenbuch des Deutschunterrichts. Bd. 2. Baltmannsweiler: Schneider, S. 124–134.

Wrobel, Dieter (2010): Kinder- und Jugendliteratur nach 2000. In: Praxis Deutsch 224, S. 4–11.

Internetquellen

Allgemeine Lesempfehlungen. Bilderbuch-Apps. Vorlesen mal anders!: www.stiftung lesen.de/leseempfehlungen/99 (aufgerufen am 01.11.2013).

Checkliste. Kriterien für gute Online-Angebote für Kinder (4 bis 12 Jahre): www.positivecontent.eu/checklist-de/ (aufgerufen am 01.11.2013).

Faltanleitung „Frosch“: www.naturmuseum-so.ch/07_zeitg/2frosch.html (aufgerufen am 06.03.2013).

Homepage „Benny Blu“: www.bennyblu.de (aufgerufen am 20.02.2013).

Homepage „boys & books“: www.boysandbooks.de (aufgerufen am 20.02.2013).

Homepage „Deutscher Jugendliteraturpreis“: www.jugendliteratur.org (aufgerufen am 20.02.2013).

Homepage *Die drei !!!*: www.diedreiausrufezeichen.de (aufgerufen am 20.02.2013).

Homepage *Die drei ???-Kids*: www.dreifragezeichen-kids.de (aufgerufen am 10.02.2014).

Homepage „Kinder- und Jugendmedien“: www.kinderundjugendmedien.de (aufgerufen am 20.02.2013).

Homepage *Kommissar Kugelblitz*: www.kommissar-kugelblitz.de (aufgerufen am 20.02.2013).

Homepage „Ohrenspitzer“: www.ohrenspitzer.de (aufgerufen am 20.02.2013).

Homepage „Onilo“: www.onilo.de (aufgerufen am 23.02.2014).

Homepage „pikcha.tv“: www.pikcha.tv (aufgerufen am 08.04.2013).

Homepage *Pippi Langstrumpf*: www.efraimstochter.de (aufgerufen am 21.04.2013).

Homepage *Pottermore*: www.pottermore.com (aufgerufen am 20.02.2013).

Homepage *Pumuckl*: www.pumucklhomepage.de (aufgerufen am 20.02.2013).

Homepage „Silbenmethode“: www.silbenmethode.de (aufgerufen am 13.04.2013).

Homepage *SimsalaGrimm*: www.simsalagrimm.de (aufgerufen am 18.03.2013).

Homepage „Stop-Motion-Tutorials“: www.stopmotiontutorials.com (aufgerufen am 20.02.2014).

Homepage „Tech Pi & Mali Bu“: www.techpi-und-malibu.de (aufgerufen am 20.02.2013).

Homepage „The Wizarding World of Harry Potter“: www.universalorlando.com/harrypotter/ (aufgerufen am 20.02.2013).

Homepage „Tommi“: www.kindersoftwarepreis.de (aufgerufen am 12.04.2013).

Homepage „UNDERGROUND. Der Junior-Detektiv-Klub“: www.detektiv-klub.de (aufgerufen am 20.02.2014).

KidsVerbraucherAnalyse 2013: www.ehapa.de/pressemitteilungen/kidsverbraucheranalyse-2013/ (aufgerufen am 01.11.2013).

Wikipedia-Eintrag zu *Die drei ??? Kids*: http://de.wikipedia.org/wiki/Die_drei_%3F%3F%3F_Kids (aufgerufen am 20.02.2013).

Wikipedia-Eintrag zu *Harry Potter*: http://de.wikipedia.org/wiki/Harry_Potter (aufgerufen am 20.02.2013).

Filme

Das Märchen von der Prinzessin, die unbedingt in einem Märchen vorkommen wollte. Realfilm nach dem gleichnamigen Bilderbuch von Susanne Straßer. Produktion: FR Entertainment. Deutschland 2013.

Die Geschichte vom Fuchs, der den Verstand verlor. Animationsfilm nach dem gleichnamigen Bilderbuch von Martin Baltscheit. Produktion: Trikk 17. Deutschland 2011.

Gregs Tagebuch. Von Idioten umzingelt. Realfilm nach dem gleichnamigen Kinderbuch von Jeff Kinney. Produktion: 20th Century Fox. Los Angeles 2010.

Mobile. Animationsfilm von Verena Fels. Produktion: Filmakademie Baden-Württemberg. Deutschland 2010.

Pippi Langstrumpf. TV-Serie in 21 Folgen nach dem gleichnamigen Kinderbuch von Astrid Lindgren. Produktion: Beta Film. Schweden 1969.

Tomte Tummetott und der Fuchs. Stop-Motion-Animationsfilm nach den Bilderbüchern *Tomte Tummetott* und *Tomte und der Fuchs* von Astrid Lindgren und Harald Wiberg. Produktion: OGGLIES. Deutschland 2007.

Wo die wilden Kerle wohnen. Realfilm nach dem gleichnamigen Bilderbuch von Maurice Sendak. Produktion: Warner Bros. Burbank 2009.

Register

A

Abenteuerliteratur 74, 76f., 80, 154
All-Age-Literatur 23, 81f.
Anfangsunterricht 52f., 130
Anschlusskommunikation 39, 66, 89
Anthologie 10, 12ff., 16, 58, 63, 99
App 21, 36, 40, 44, 114f.
Audiovisuelle Medien 28, 32, 38
Aufklärung 11, 54, 56, 62, 92f.

B

Berlin 77, 93, 147–150
Bibliothek 34, 41, 44, 113
Biedermeier 11, 18
Bilderbuch 11ff., 45–52
    erzählend 12, 48, 135
    mehrsprachig 51, 99, 139–142
    postmodern 50
    textlos 11, 47f.
    verfilmt 45f.
Bildungsferne 39, 112f., 118
Bildungsnähe 39, 113
Bildungsstandards 119f., 122, 127
Briefroman 95
Buchgattung 9–12, 14f., 18, 20f., 24

C

Comic 23f., 34, 77, 95, 108f.
Computer Novel 85
Computerspiel 21, 39, 80, 154f.
Crossover-Literatur 23
Crossover-Marketing 82
Crosswriting 82, 88

D

Dekodieren 38
Detektivgeschichte 74–80, 147–151
Dialekt 100
Digital Immigrant 111f.
Digital Native 111f., 116
Digital Native Kids 112f., 116

E

E-Book 23, 25, 75, 81, 113f.
    enhanced 114
    interaktiv 114
E-Reader 37, 111f., 114
Erstlesebuch 9f., 14–18, 21, 24
Erwachsenenliteratur 16, 107
Erzählen 46–100
    fantastisch 84, 87
    realistisch 91f., 95
Eskapismus 88

F

Familie 31ff., 36f., 39ff., 111ff., 116
Fanfiction 81
Fantastik 19f., 72, 83, 87
Fernsehnutzung 45
Fiktionalitätsbewusstsein 88ff.
FIM-Studie 113
Freizeit 34, 40, 113
Frontalunterricht 124ff., 128

G

Gamefiction 115
Generation 53f., 63f., 70, 96, 111
Gerätebesitz 33f., 40, 111ff.
Geschlecht 34, 90f., 98, 154, 156
Gesprächsimpuls 136ff.
Großstadt 18f., 77, 149

H

Handlungsorientierung 125, 128
Hausbuch 13f.
Held 37, 40, 67, 76, 82, 154–157
Heterogenität 119ff.
Holocaust 96
Hörmedien 27, 29, 44

I

Ich-Erzähler 108f., 147, 149
IGLU-Studie 99, 117
Individualisierung 116f., 119, 122
Interaktion 32, 36, 39, 116, 124, 135
Internet 30, 33f., 38, 111ff., 116
Internetnutzung 29, 38
Intertextualität 50, 81, 105–111

J

Jugendliteraturpreis 24, 63, 147

K

KIM-Studie 33, 35, 45, 73
Kinderbuch 9f., 18–21
Kinderfilm 22, 66
Kindergedicht 54, 57f., 62f.
Kinderlied 36, 53f., 58f., 63, 109
Kinderliteratur 9–21
Kinderlyrik 10, 13f., 53–64
Kindermedienverbund 21–25
Kinderreim 54–59, 64f.
Kinderroman 10, 18, 30, 94f.
  komisch 20, 96
  problemorientiert 20, 95
  psychologisch 20, 95
  realistisch 20, 95
Kindheit 11, 20, 32, 35
Kindheitsforschung 31
Klassiker 16, 21, 84
KMK-Standards 119–122, 127
Kompetenz 119–123
Kriminalliteratur 74, 77

L

Lehrervortrag 126ff.
Lehrerzentrierung 128
Lektürepräferenzen 90f.
Lernstil 119
Leseanimation 130
Lesebiografie 27, 29
Leseförderung 25, 52, 98, 123, 129
Leseknick 38
Lesekompetenz 75, 78, 128, 130
Lesekultur 130, 151
Lesesozialisation 32, 39, 41
Lesestrategie 126, 128
Lesestufe 17f.
Literacy 42
Literarisches Lernen 79, 105, 122
Literarische Sozialisation 31ff.

M

Märchen 64–73
  Buchmärchen 71
  Kinder- und Hausmärchen 64–71
  Kunstmärchen 64, 67, 70
  Volksmärchen 61, 64–72

Mediendifferenz 35, 41, 156
Medienkompetenz 26, 98, 155
Medienkonvergenz 33
Mediennutzung 26, 32, 45, 111–116
Mediensozialisation 29, 32, 40f.
Medienverbund 21–26, 37, 39f.
Medienvorbild 39, 41
Medienwechsel 22–25, 47
Mehrsprachigkeit 99f., 103f., 144
Merchandising-Produkt 21–25
Migrationsstatus 118

N

Nachkriegszeit 13
Neue Sachlichkeit 93
New Media Literacy 42

O

Offener Unterricht 124, 126, 156

P

Peergroup 30, 40f., 83
Perspektivwechsel 15, 79, 134
PISA-Studie 99
Präliterarische Praxis 35f.
Projektunterricht 125f.

R

Realismus 20, 92f.
Rekodieren 38
Remediation 22f., 25
Ritual 36
Romantik 11, 13, 54, 62, 71, 86f.

S

Sachbilderbuch 12, 48f., 97
Sachbuch 10, 49, 94, 97
Sachliteratur 37, 90f., 96, 98
Schriftkultur 38, 41
Schriftspracherwerb 17, 40, 53, 115
Schülerzentriertheit 123
Science Fiction 85
Serialität 78f., 110
Serienprinzip 22, 24
Social-Media-Network 40
Sozialisation 32f.
Sozialismus 93
Spielekonsole 33f.
Sprachspiel 16, 54, 59ff., 87, 110
Stop-Motion-Film 46, 156f.
Story-Anchored Curriculum 97

T

Tablet 21, 40, 111–116
Tagebuchroman 22ff., 95f., 148f.
Text-Bild-Kombination 136
Thriller 74, 76
Tiergeschichte 15, 18, 83, 92, 132f.
Trivialliteratur 77

U

Übersetzung 19, 80, 87, 96, 102ff.
(Unterrichts-)Methode 123–131
Unterrichtsqualität 123, 131
Utopie 93

V

Verbrechensgeschichte 74f., 76
Visual Literacy 52
Volkslied 13, 54, 58, 62

Vorlesegespräch 37, 127, 135f.
Vorlesen 14, 16, 28, 39, 112, 116
Vorwissen 25, 118, 136

W

Weimarer Republik 18, 93f.
Wimmelbuch 48
Wirklichkeit 46, 83, 89ff., 92–98

Z

Zeitschrift 34, 56, 99, 113, 121
Zweiter Weltkrieg 11, 13, 19